Transformation –
Unternehmensreorganisation –
Geschlechterforschung

Reihe Geschlecht und Gesellschaft

Herausgegeben von

Ilse Lenz
Michiko Mae
Sigrid Metz-Göckel
Ursula Müller
Marlene Stein-Hilbers

*Band 22*

Hildegard Maria Nickel
Susanne Völker
Hasko Hüning (Hrsg.)

Transformation –
Unternehmensreorganisation –
Geschlechterforschung

Leske + Budrich, Opladen 1999

Gedruckt auf säurefreiem und alterungsbeständigem Papier.

Die Deutsche Bibliothek – CIP-Einheitsaufnahme

Transformation – Unternehmensreorganisation – Geschlechterforschung / Hrsg.:
Hildegard Maria Nickel ... (Hrsg.) - Opladen : Leske + Budrich, 1999
   (Geschlecht und Gesellschaft ; Bd. 22)
   **ISBN 3-8100-2399-X**

© 1999 Leske + Budrich, Opladen

Das Werk einschließlich aller seiner Teile ist urheberrechtlich geschützt. Jede Verwertung außerhalb der engen Grenzen des Urheberrechtsgesetzes ist ohne Zustimmung des Verlages unzulässig und strafbar. Das gilt insbesondere für Vervielfältigungen, Übersetzungen, Mikroverfilmungen und die Einspeicherung und Verarbeitung in elektronischen Systemen.

Druck: Druck Partner Rübelmann, Hemsbach
Printed in Germany

# Inhalt

Vorwort ............................................................................................................... 7

**Paradigmen der Frauen- und Geschlechterforschung**
*Hildegard Maria Nickel*
Erosion und Persistenz
Gegen die Ausblendung des gesellschaftlichen Transformationsprozesses
in der Frauen- und Geschlechterforschung ..................................................... 9

*Gudrun-Axeli Knapp*
Geschlechterdifferenz und Dekonstruktion
Anmerkungen zur Verwendung des Dekonstruktionsbegriffs in der
sozialwissenschaftlichen Frauenforschung .................................................... 35

*Ursula Müller*
Geschlecht und Organisation
Traditionsreiche Debatten - aktuelle Tendenzen ............................................ 53

**Berufe und Beschäftigungsstrukturen im Transformationsprozeß**
*Sabine Gensior*
Zwischen Beschäftigungskatastophe und zu vielen Erwerbswünschen:
Do qualification and competence matter? - Ein Beitrag zur
Beschäftigungssoziologie im ost-westdeutschen Vergleich .......................... 77

*Ursula Rabe-Kleberg*
Wie aus Berufen für Frauen Frauenberufe werden
Ein Beitrag zur Transformation des Geschlechterverhältnisses .................... 93

*Sigrid Quack*
Unternehmensreorganisation, Karrierewege und Geschlecht
Banken im internationalen Kontext .............................................................. 109

**Frauen im betrieblichen Transformationsprozeß - Die Perspektive der Betriebsfallstudien**
*Iris Peinl*
Das Ende der Eindeutigkeiten
Zu Gelegenheitsstrukturen weiblicher Erwerbsarbeit in der
Landesbank Berlin und der Deutschen Bahn AG ........................................ 131

*Alexandra Manske/Hanna Meißner*
„Und wer wollte, wer möchte, wer will, hat seine Chance auch gehabt."
Ehemalige Ostberliner Zweigstellenleiterinnen im betrieblichen
Umstrukturierungsprozeß der Landesbank Berlin ............................................. 155

*Hasko Hüning/Ulrike Stodt*
Regulierte Desintegration
Aspekte des internen Arbeitsmarktes in der Deutschen Bahn AG .................... 175

*Susanne Völker*
Erwerbsorientierungen und betriebliche Transformation
Selbstverortungen und Handlungsstrategien ostdeutscher Frauen
bei der Deutschen Bahn AG ............................................................................... 205

*Die AutorInnen und HerausgeberInnen* ............................................................ 227

# Vorwort

Kann die Transformationsforschung auch zehn Jahre nach der Zäsur der deutschen Vereinigung noch als weitgehend „geschlechtsblind" bezeichnet werden, so gilt für die Frauen- und Geschlechterforschung, daß sie - polemisch formuliert – auf dem Auge der Transformationsforschung blind ist. Mit dem Aufsatzband wird der Versuch unternommen, theoretische und empirische Befunde der Transformations- und Geschlechterforschung aufeinander zu beziehen, wechselseitige Interdependenzen deutlicher zu konturieren und Perspektiven für die aktuelle Diskussion aufzuzeigen. Er versteht sich als ein Diskussionsangebot und erhebt nicht den Anspruch, ein konsistentes, in sich geschlossenes Erklärungskonzept zu liefern. Vielmehr wird an drei Problemstränge (kritisch) angeknüpft: Erstens wird die These vom „doppelten Transformationsprozeß" auf die Wandlungsprozesse des Geschlechterverhältnisses in Deutschland-Ost und -West bezogen und es werden die feministische Debatte zur Geschlechtlichkeit von Organisationen wie auch „dekonstruktivistische" Ansätze auf ihren generellen analytischen Erklärungswert hin befragt. Zweitens werden Transformationsprozesse in Berufs- und Erwerbsstrukturen in Ostdeutschland exemplarisch aufgezeigt. Dabei rückt - bei unterschiedlichen Gewichtungen und Interpretationen im einzelnen - insgesamt der Dienstleistungssektor als jener Bereich, in dem sich die Widersprüchlichkeiten der (Erwerbs)Chancen von Frauen in besonderer Weise verdichten und neu figurieren – wie sich beispielsweise am europäischen Vergleich des Bankensektors zeigt – in den Mittelpunkt. Drittens werden anhand empirischer Befunde zu betrieblichen Reorganisationsprozessen - vor allem aus der Finanzdienstleistungs- und Verkehrsbranche - Gelegenheitsstrukturen und Handlungsoptionen für die Verstetigung von Frauenerwerbsarbeit einerseits sowie zunehmende Differenzierungslinien unter erwerbstägigen (ostdeutschen) Frauen andererseits aufgezeigt. Dabei wird auf die Veränderungen des makro- und mikropolitischen Handlungsrahmens abgehoben und es werden die spezifischen Ambivalenzen von Definitionszwängen und Gestaltungschancen, denen die Akteure unterliegen (so z.B. die Zeitachse des betrieblichen Transformations- und Integrationsprozesses) herausgearbeitet.

In den Aufsätzen ist erstens durchgängig erkennbar, daß die komplexen und gravierenden Wandlungsprozesse im Geschlechterverhältnis auf der Ebene wissenschaftlicher Reflexion nur mittels Mehrebenenanalysen hinreichend zu fassen sind; zweitens, daß die „Verliererinnen-These" die Effekte der Transformation nur unzulänglich beschreibt, und drittens, daß die Sphäre der Erwerbsarbeit von zentralem Stellenwert für die Analyse von Erosion und Persistenz im Geschlechterverhältnis ist. Ein Gesamtplädoyer des Bandes – und das gilt für die theoretischen wie für die eher empirischen Beiträge – lautet: Statt eindimensionaler, reduktionistischer Analyseansätze differenzierte, sich am Gegenstand bewährende Verhältnisbestimmungen von Theorie und Empirie; statt Schwarz-Weiß-Bilder Prozeßaufnahmen, die in der Lage sind, gesellschaftliche Veränderungen, Bewegungen im Geschlechterverhältnis und in der sozialen Organisation von Arbeit abzubilden und Frauen als Akteure in den Blick zu nehmen.

Der Aufsatzband ist im Rahmen eines universitären Kolloquiums 1997/98 entstanden, das die von der Deutschen Forschungsgemeinschaft geförderte Projektforschung „Frauen im betrieblichen Transformationsprozeß. Zu weiblichen Handlungsoptionen in der Finanz- und Verkehrsbranche" zeitweilig begleitet hat. Wir danken Sabine Gensior, Gudrun-Axeli Knapp, Ursula Müller, Sigrid Quack und Ursula Rabe-Kleberg dafür, daß sie ihre Referate für die Publikation zur Verfügung gestellt und bearbeitet haben. Wir danken ebenso Maria Hasterok für ihre Unterstützung bei den Schreib- und Korrekturarbeiten sowie für die Erstellung des Layout.

Alle übrigen im Band versammelten Aufsätze entstammen direkt der genannten Projektforschung und präsentieren in diesem Kontext gewonnene Befunde. Dabei zeigen sich nicht nur bezogen auf die „auswärtigen" Expertinnen neben Gemeinsamkeiten unterschiedliche Handschriften, Schwerpunkte und Interpretationsweisen, sondern auch bei den Projektbeteiligten. Abweichend von üblichen Präsentationsweisen eines Forschungsberichtes haben wir nicht vordergründig versucht, subjektive Sicht- und Darstellungsweisen an- und auszugleichen, sondern begreifen sie als pluralen Indikator des gegenwärtigen Forschungsstandes. Einerseits tragen wir damit der Tatsache Rechnung, daß der eigene Forschungsprozeß nicht abgeschlossen und in diesem Sinne auch noch nicht abgerundet ist; andererseits versteht sich diese „offene" Darstellungsweise als Einladung zu einem kritischen Disput, der hoffentlich alle drei Forschungsrichtungen – die Transformationsforschung, die arbeits- und organisationssoziologische Forschung und die Frauen- und Geschlechterforschung – provozieren wird.

H. Hüning/H.M. Nickel/S. Völker

Berlin, im August 1999

*Hildegard Maria Nickel*

# Erosion und Persistenz
# Gegen die Ausblendung des gesellschaftlichen Transformationsprozesses in der Frauen- und Geschlechterforschung

## 1. Theoretische Schieflagen

Im Zuge des (ostdeutschen) Transformationsprozesses zeigen sich „alte und neuen Grenzen im Geschlechterverhältnis",[1] zeigen sich Verflüssigungen und Erstarrungen, Erosion und Persistenz, allerdings werden sie von der genuszentrierten Forschung kaum debattiert. Lautet insgesamt die Bilanz der sozialwissenschaftlichen Transformationsforschung: Theoretische Innovationen sind ausgeblieben, und die Forschung hat sich entlang der traditionellen Trennungslinie von System- und Akteurstheorien bewegt (Bulmahn 1997), so gilt auch für die Gender-Forschung, daß die erkenntnistheoretische und wissenschaftsstrategische Herausforderung der tiefgreifenden Wandlungsprozesse, die sich quasi vor unseren Augen abspielen, noch nicht wirklich Eingang in die Forschung gefunden hat. Dabei werfen die Transformationsprozesse (nicht nur in [Ost-] Deutschland) zahlreiche, bisher nicht zu beantwortende Fragen auf (Young 1998):

Was passiert - bezogen auf das Geschlechterverhältnis -, wenn gesellschaftliche Strukturen sich fundamental wandeln? Gibt es Ansätze in der Frauen- und Geschlechterforschung, die in der Lage sind, die vielfältigen und widersprüchlichen Dynamisierungen im Geschlechterverhältnis, die sich in der Realität längst abzeichnen, aufzunehmen und abzubilden? Oder schreibt Frauen- und Geschlechterforschung möglicherweise eher das fest, was kritisiert werden sollte: das soziale Konstrukt der Zweigeschlechtlichkeit? Die „Geschlechtsblindheit von Transformationsforschung und -theorie" (Sauer 1996: 133), die Ausblendung des Geschlechterverhältnisses in der Transformationsforschung schließt die gleichzeitige Stilisierung von Ost-Frauen als generalisierte „Opfer" westlicher Modernisierung und als verallgemeinerte „Verursacherinnen der Arbeitsmarktkrise" in den neuen Bundesländern (und

---

[1] In Thesenform war diese Argumentation auch Gegenstand meines Referates auf dem 29. Kongreß der DGS, Plenum X, am 17.9.98, zum Thema: Ambivalenzen des Wandels: Ostdeutsche Frauen im Transformationsprozeß.

darüber hinaus) nicht aus. Diese „Schieflagen" der Transformationsforschung lassen sich mit Birgit Sauer folgendermaßen beschreiben:

- Während sich Wissenschaft*ler* um Theorien der Transformation bemühen und ihre Erklärungsansätze zumeist insofern verkürzen, als diese modernisierungstheoretischer Herkunft (kultursoziologisch und/oder institutionentheoretisch verfeinert) sind, verhalten sich Wissenschaftler*innen* bezogen auf den Transformationsprozeß geradezu theorieabstinent. Im malestream der theoretisierenden Transformationsforschung sind Frauen als Untersuchungsgegenstand wie als Forschende weitgehend abwesend, und Geschlecht als Untersuchungskategorie existiert kaum. „Als Akteurinnen des Übergangs macht Transformationsforschung Frauen unsichtbar ... Ein kategoriales Instrumentarium, das die geschlechtliche Strukturiertheit gesellschaftlicher und politischer Prozesse und die mit dem Geschlecht verbundenen stratifikatorischen Effekte in den Blick nimmt, sucht man vergeblich" (Sauer 1996: 134).
- In der Frauen- und Geschlechterforschung hingegen ist die gesellschaftliche Transformation (im vereinten Deutschland) kein theoretischer Gegenstand und die empirische Forschung in diesem Zusammenhang ist vergleichsweise spärlich bzw. kleinteilig beschreibend, wo auch „große" Fragen zu beantworten wären. Ist unter den Bedingungen radikalen gesellschaftlichen Strukturwandel, der zugleich auch mit der Konfrontation unterschiedlicher Geschlechterregime[2] verbunden ist, die These von einem sich zwar modernisierenden, aber in seiner Asymmetrie gleichbleibendem System der Zweigeschlechtlichkeit beispielsweise einfach aufrechtzuerhalten?
- In einer Reihe von empirischen Untersuchungen – und das gilt nicht nur für die Frauen- und Geschlechterforschung - tauchen Frauen als bevorzugte Problemgruppe auf. Sie sind entweder passive *Verliererinnen* der deutschen Einheit, und zwar im Sinne eines vermeintlich oder tatsächlich verlorenen „Gleichstellungsvorsprungs", vor allem hinsichtlich ihrer Erwerbsintegration; sie sind *Opfer* der Ökonomisierung aller Sozialbeziehungen, mit dem Effekt, daß junge ostdeutsche Frauen kaum noch Lust zeigten, Kinder zu gebären oder sie sind aktive eigensinnige *Quertreiberinnen*, die zu wenig anpassungsbereit sind und trotz veränderter gesellschaftlicher Bedingungen an ihrer „Erwerbsneigung" festhalten.

---

[2] Genderregime sind institutionalisierte Geschlechterpraktiken, Organisationsformen der Geschlechterverhältnisse, die als ein Geflecht von Normen, Regelungen und Prinzipien in den Strukturen gesellschaftlicher Praktiken verankert sind. Sie repräsentieren einerseits eine symbolische Genderordnung und andererseits verkörpern sie eine Arena der Macht, in der die Ressourcen ungleich verteilt sind. Genderregime sind mehr oder weniger hierarchisch und die Machtbalance zwischen den Geschlechtern muß immer wieder neu erkämpft werden. Dazu auch Young 1998:177

# Erosion und Persistenz

In der bundesrepublikanischen sozialwissenschaftlichen Frauen- und Geschlechterforschung geht es momentan vor allem um die hier zentrale Thematik von Profession und Geschlecht.[3] Dies hat zunächst Gründe, die in der gesellschaftlichen Entwicklung selbst liegen: Infolge der westdeutschen Bildungsexpansion in den 60er und 70er Jahren ist das Qualifizierungsdefizit von Frauen aufgehoben worden, gleichwohl kommt es immer noch zum Ausschluß von Frauen im beruflichen Bereich[4]. Die Diskussion fokussiert daher Prozesse der Vergeschlechtlichung und Statusdistribution in Berufsfeldern, deren Zugangskriterium eine akademische Ausbildung ist. Zu den klassischen Professionen gehören Jura, Theologie, Medizin, die *scientific community* der Universitäten generell (Costas 1995: 123). Mit anderen Worten, es geht ganz wesentlich um die „gehobenen", gut dotierten Berufe und um einen Raum, in dem die Forschenden selbst zu Hause sind. Diese Bildungs- und Berufselite habe - so die Argumentation - große gesamtgesellschaftliche Ausstrahlung und Orientierungsfunktion und biete sich daher als Forschungsgegenstand in besonderer Weise an. Hinzu komme der relative Definitionsspielraum der Professionen, Zugehörigkeiten und Ausschlüsse zu produzieren. Das genau erhelle Benachteiligungsmechanismen, denen Frauen im Berufsbereich generell ausgesetzt seien (Ostner 1995a: 192). Professionen sind nach Ostner „Clubs und als solche exklusiv und heterogen. Zugelassen wird, wer in Form und Inhalt, in Herkunft, Befähigung, Auftreten, in Interessen und Werten, nach genauer Prüfung dem Geist der Korporation entspricht. Professionen fungieren als *gate keeper*, als mächtige Türsteher, die Einlaß zu Karrieren gewähren oder verweigern" (ebenda). Darüber hinaus sind sie in Organisationen eingebunden, die eine eigene Exklusions- und Inklusionsdynamik haben. Ostner verweist aber auch auf einen entscheidenden Mangel, der mit der „Professions-Beschränkung" der feministischen Forschung einhergeht: Professionen sind nur eine Institution unter vielen anderen. Sie „sind nur die sichtbare Spitze des Eisbergs, der Frauen den Weg zur beruflichen Gleichstellung verstellt" (Ostner 1995a: 189).

Die Professions-Debatte in der Bundesrepublik ist eng mit der Diskussion zur sozio-kulturellen Konstruktion von Geschlecht bzw. mit Dekonstruktions-Ansätzen verbunden. Damit ist ein „Paradigmenwechsel" (kritisch dazu Knapp in diesem Band) in der sozialwissenschaftlichen Geschlechterforschung eingeläutet worden, mit dem Erkenntnisse, Fortschritte und Einsichten verknüpft sind, die zugleich auch signalisieren, welche Denkdimensionen der ostdeutschen Frauenforschung fehlten und bis heute nicht gänzlich aufgeholt

---

[3] Die Relevanz der Thematik wird unterstrichen durch die Entwicklung des Schwerpunktprogrammes „Professionalisierung, Organisation, Geschlecht. Zur Reproduktion und Veränderung von Geschlechterverhältnissen in Prozessen sozialen Handelns" bei der Deutschen Forschungsgemeinschaft.

[4] Parallele Prozesse gab es auch in der DDR, allerdings waren die Folgen hinsichtlich der Erwerbsintegration von Frauen deutlich andere (Nickel 1993 und 1998).

sind (Nickel 1996). Mittels dekonstruktivistischer Analyseschritte konnte von Wetterer und anderen gezeigt werden – und das ist von hoher theoretischer Relevanz und Plausibilität -, daß

1. sich die horizontale geschlechtsspezifische Arbeitsteilung, das Geschlechterverhältnis in Berufen und die geschlechtliche Segregation von Professionen und Qualifikationen immer auch als „subkutane" Form einer geschlechtshierarchischen Statusdistribution zu Ungunsten von Frauen zu entpuppen scheinen (Wetterer 1995: 12);
2. zwar einer Integration von Frauen in hochqualifizierte Berufe und Professionen (Qualifikationen) heute in der Bundesrepublik formal keine Hindernisse mehr im Wege stehen, daß damit die Dynamik aber, die der sozialen Konstruktion von Geschlecht im Berufsbereich innewohnt, offenbar keineswegs zum Stillstand gekommen ist. Vielmehr ist davon auszugehen, daß die Konstruktionsweise des Geschlechterverhältnisses gewissen „Modernisierungsschüben" unterliegt, ohne daß sich an der Grundstruktur der Reproduktion einer (stets) hierarchisch gefaßten Geschlechterdifferenz wesentliches ändert. Die Formen und Verfahren der Vergeschlechtlichung sind im Zuge der „Modernisierung" subtiler und indirekter geworden. Das läßt den Eindruck entstehen, „alles ginge irgendwie wie von selbst". Diese „Plausibilisierungseffekte" qua Geschlecht haben Rückwirkungen auf die Forschung selbst und es ist für die wissenschaftliche Rekonstruktion nicht eben einfach, sie „dingfest" zu machen (Wetterer 1995: 12);
3. es seit der Zeit der Bildungsexpansion in der Bundesrepublik, von der insbesondere Frauen profitierten, zu einer beispiellosen Verallgemeinerung akademischer Qualifikationsnachweise kam, allerdings mit dem - allgemeinen - Nebeneffekt, daß deren Funktion als zentrales Kriterium der Statusdistribution sukzessive entwertet wurde (Wetterer 1995: 18). So funktioniere Geschlecht (nicht Qualifikation) weiterhin als zentraler „Weichensteller" für den Zugang zu Positionen, weil Geschlecht die vermeintliche „Natürlichkeit" von sozialer Ungleichheit plausibilisiere.

Der Ansatz geht davon aus, daß Professionalisierungsprozesse an den vorgefundenen zweigeschlechtlichen Klassifikationen ansetzen, d.h. die Zuschreibung und Legitimation von unterschiedlichen Chancen und Qualifikationen in der sozialen Konstruktion von Zweigeschlechtlichkeit begründet sei (Peinl/Schaper-Rinkel/Völker 1996). Die Analyse nimmt also ihren Anfang bei der symbolischen Ordnung der Geschlechter und den Mechanismen ihrer kulturellen Reproduktion. Damit aber sind eine Reihe von Problemen verbunden (siehe auch Knapp in diesem Band), von denen hier nur diejenigen nochmals hervorgehoben werden sollen (Nickel 1996), die für den Zusammenhang von gesellschaftlicher Transformation und Geschlechterverhältnissen relevant sind:

1. Das soziale Konstrukt der Zweigeschlechtlichkeit droht gleichsam hinterrücks zu einem hermetischen theoretischen Tunnel der Frauen- und Geschlechterforschung selbst zu werden. Geschlechterdifferenz und die ihr innewohnende Hierarchie avancieren über das Postulat von der Gleichurspünglichkeit von Hierarchie und Differenz zu einem gesellschaftlichen „Naturgesetz". Wenn davon ausgegangen wird, daß „es keinen Ort außerhalb des zweigeschlechtlichen Koordinatensystems" (Wetterer 1995: 240) gibt, von dem aus „mit einiger Aussicht auf Erfolg neue Spielregeln" (ebenda) für das Geschlechterverhältnis eingeführt werden könnten und lediglich im Rahmen dieses „Koordinatensystems" nach „Schlupflöchern" und Möglichkeiten des „dekonstruktivistischen Guerilakrieges" (ebenda) gesucht wird, schreibt der Ansatz selbst auch das fest, was er kritisieren wollte: das soziale Konstrukt der Zweigeschlechtlichkeit.
2. Der Blick der Frauen- und Geschlechterforschung wird auf die Analyse, Dekonstruktion und Kritik sozio-kultureller Prozesse im „abstrakten" Mikrobereich des „doing gender" verengt (Gottschall 1998), statt feministische Forschung stärker dort zu verorten, wo die Musik gegenwärtig spielt, nämlich in der Debatte um Gesellschaftskritik und Politikgestaltung. Es scheint auch heute noch zu gelten, was Ilona Ostner bereits 1987 kritisierte, nämlich daß es in der BRD so gut wie keine feministischen Arbeiten zum harten Bereich von Ökonomie und Arbeit gibt (Ostner 1987: 7).[5]
3. Schließlich führt die Ausblendung gesellschaftlicher Prozesse und Strukturen, das Fehlen einer gesellschaftstheoretischen Perspektive zwangsläufig zur Ausblendung des Transformationsprozesses. Damit aber bleibt gänzlich unbeachtet, daß es bezogen auf das Geschlechterverhältnis momentanen zu einer zwar ungleichgewichtigen, dennoch gravierenden Konfrontation zweier unterschiedlicher Geschlechterregime (Sauer 1996) bzw. Geschlechterordnungen (Nickel 1998) im deutschen Vereinigungsprozeß kommt, die in ihren Effekten erst noch zu erforschen wäre.

## 2. Zwei Geschlechterordnungen in Deutschland?

René König ist der Soziologe, der die Erosion der Geschlechterordnung im Nachkriegsdeutschland wohl am sensibelsten beobachtet und kommentiert hat

---

5  Allerdings ist auch festzuhalten, daß es mittlerweile wieder eine zunehmende feministische Debatte zu Perspektiven der Arbeitsgesellschaft gibt, beispielsweise Stolz-Willig/Veil (Hrsg.). Es rettet und kein höh'res Wesen ..., Hamburg VSA 1999

(Milz 1994). Der Krieg hatte, wie König zeigt, die innereheliche Machtungleichheit zugunsten der Frauen verschoben: „demoralisierte Männer" kehrten in Familien zurück, die von „selbstbewußten Frauen" über Wasser gehalten wurden (König 1946). Geschlechterpolitiken[6] in Ost- und Westdeutschland griffen – und zwar im Sinne von ideologischer Abgrenzung einerseits und referenziellem Bezug andererseits –„ordnend" in die Konstituierung der Geschlechterverhältnisse (Young 1999) ein und führten im Laufe von mehr als 40 Jahren schließlich zu deutlich unterscheidbaren Modifikationen einer „nationalen Geschlechterordnung" (Ostner 1995b) in Deutschland, die bis heute erkennbar sind, und zwar als vergleichsweise „flacher hierarchisierte Komplementarität" der Geschlechterverhältnisse in Ostdeutschland einerseits und die stärkere „symbolische Demokratisierung" der Geschlechterverhältnisse in Westdeutschland andererseits (Nickel 1998).

Bezogen auf den mit der deutschen Vereinigung zusammenhängenden Transformationsprozeß wird nun allerdings – wie bereits erwähnt – die Perspektive nahezu stereotyp auf das im Muster der hierarchisierten Zweigeschlechtlichkeit verankerte Bild von „den" Ostfrauen als den *„Modernisierungsopfern"* und *„Vereinigungsverliererinnen"* (beispielsweise Beer/Chalupski (1993) bzw. in Anklängen auch Gensior und Rabe-Kleberg in diesem Band) verengt, und in der Tat belegt eine Reihe von Fakten - von der zunehmenden weiblichen Langzeitarbeitslosigkeit in Ostdeutschland bis zur Zunahme der Armut von Alleinerziehenden - die Schlechterstellung von Frauen. Das ist also gar nicht zu bezweifeln. Allerdings ist sowohl die Eindimensionalität wie auch die Generalisierung des Theorems kritisch zu prüfen. Diese Art der pauschalisierenden Interpretation verstellt den Blick für mehrdeutige, widersprüchliche, filigrane Entwicklungen im Geschlechterverhältnis, „Verflüssigungen" (Knapp), die noch nicht in einer neuen Form festgeronnen sind. Empirische Daten zeigen auch folgendes (Zukunftskommission der Friedrich-Ebert-Stiftung 1998: 309 ff):

- Bis heute ist die Frauen- und Müttererwerbsquote in Ostdeutschland höher als in Westdeutschland: 66 von 100 ostdeutschen Frauen übten 1995 eine sozialversicherungspflichtige Vollzeitbeschäftigung aus, in Westdeutschland waren es nur 45 von 100 Frauen. Mit anderen Worten, für die eigenständige Sicherung der Frauen ist die Lage in Westdeutschland unbefriedigender als in Ostdeutschland (Holst/Schupp 1996).
- Der Transformationsprozeß in Ostdeutschland hat - bei insgesamt vergleichsweise niedrigen Haushaltseinkommen - viele Frauen zu „Hauptern ährerinnen" (dazu auch Peinl und Völker in diesem Band) ihrer Familien gemacht und in Ostdeutschland beträgt der Anteil des Einkommens der Frauen im Durchschnitt knapp die Hälfte des Haushaltseinkommens

---

6   Mit Geschlechterpolitik(en) werden sowohl Rechte und Gesetze gefaßt wie auch Leitbilder, die sich über ein breites Spektrum von Medien vermitteln.

(in Westdeutschland ein Drittel). Das hat strukturelle Konsequenzen für die Geschlechterbeziehungen und begünstigt ein Geschlechterarrangement, das auf „flach hierarchisierte" Komplementarität setzt.
- In Ostdeutschland werden soziale Chancen und Risiken nicht über die Binnenstruktur von Partnerschaftshaushalten harmonisiert, sondern verschärft, und zwar auf spezifische Weise: Vermittelt über die Erwerbschancen unterschiedlich qualifizierter Frauen polarisieren sich die Lebensbedingungen von Familien enorm; die zunehmende soziale Differenzierung in Ostdeutschland erklärt sich weniger aus den Einkommen von „männlichen Ernährern", sondern aus der realen, entlang von Bildungs- und Qualifikationsabschlüssen sich massiv differenzierenden Erwerbsintegration von Frauen (Zukunftskommission der Friedrich-Ebert-Stiftung 1998: 331).
- In Ostdeutschland führten die Schwierigkeiten des Transformationsprozesses bisher nicht zu der allgemein erwarteten Hinwendung zum westdeutschen Geschlechtermodell, sondern die „Daten deuten darauf hin, daß die Menschen in den neuen Bundesländern in der Vergangenheit gute Erfahrungen mit der Doppelrolle der Frau gemacht haben", so daß die Bilanz im Jahre 1995 zur Einstellung zur Berufstätigkeit der Frauen lautete: „Steigende Zustimmung im Osten, Stagnation (bzw. Rückgang) im Westen" (ISI). Und laut Datenreport 1997 meinen immerhin 46% der Westdeutschen, aber nur 33% der Ostdeutschen, eine Frau solle auf eine Berufstätigkeit verzichten, wenn es nur eine begrenzte Anzahl von Arbeitsplätzen gibt. Die Hälfte der Westdeutschen - gegenüber nur einem Viertel der Ostdeutschen - hält es auch für alle Beteiligten für besser, „wenn der Mann voll im Berufsleben steht und die Frau zu Hause bleibt und sich um den Haushalt und die Kinder kümmert" (Statistisches Bundesamt 97: 452).

Aus diesen empirischen Befunden ergeben sich zahlreiche Fragen, für die es im Augenblick kaum schlüssige Antworten gibt; hier seien einige skizziert: Ist das momentan zu konstatierende Beharrungsvermögen eines ostdeutschen Geschlechterarrangements und die „Widerständigkeit" (Nickel 1995) von Ostfrauen gegen die Abdrängung vom Arbeitsmarkt lediglich ein „temporärer Sonderweg", der sich im Generationenwechsel verwächst und schnell erledigt? Oder ist das „Modell Ost" - wenn auch mit Modifikationen - die Zukunft im Westen? Ist in den neuen Bundesländern das Geschlechterarrangement möglicherweise durch eine drastische „Feminisierung" des männlichen Normalarbeitsverhältnisses charakterisiert (geringe Einkommen, präkäre Beschäftigung, Scheinselbständigkeit etc.), d.h. eine im Vergleich zum Westen beschleunigte Angleichung nach „unten", an Frauenbeschäftigung, und ist das Geschlechterverhältnis lediglich in diesem Sinne egalisiert? Und werden auf diese Weise und nicht über „Willensverhältnisse" familieninterne Beziehungen demokratisiert? Ist vielleicht auch gerade darin - also in der

Angleichung nach unten - eine gesamtdeutsche Zukunft vorweggenommen? Oder bleibt im Geschlechterverhältnis vielleicht doch alles beim alten, weil der „Fahrstuhleffekt", um das Bild von Beck für die 70er und 80er Jahre anders aufzunehmen, in den 90er Jahren eine allgemeine, alle sozialen Gruppen betreffende Abwärtsfahrt ist? Liegt möglicherweise gerade in der noch unbewältigten ökonomisch-sozialen Transformationskrise, die ja längst auch das „männliche Normalarbeitsverhältnis" in den alten Ländern erfaßt hat, eine Chance zur Demokratisierung des Geschlechterverhältnisses? Und ist der „Modernisierungsvorsprung" im Geschlechterverhältnis – der die These von den generalisierten Verliererinnen der deutschen Vereinigung ebenfalls in Frage stellen würde – vielleicht doch in Ostdeutschland verortet?

Die empirischen Befunde nicht nur in Ostdeutschland zeigen jedenfalls, daß die alten Dualitäten im Geschlechterverhältnis tendenziell ihre Gültigkeit verlieren, und zwar durch „Überlappungen und Grenzüberschreitungen, die nicht mehr nur individuell sind" (Bilden 1991: 299) und die nicht mehr nur in der Angleichung weiblicher Biographien an männliche, sondern umgekehrt, auch in einer strukturbedingten „Feminisierung" männlicher (Erwerbs-) Biographien zu finden sind. Diese Tendenzen sind in ihrer Widersprüchlichkeit erst noch zu analysieren, denn neben dem tiefsitzenden Symbolsystem der Zweigeschlechtlichkeit hat anscheinend längst auch das zivilgesellschaftliche „Deutungsmuster der Gleichheit" in den Geschlechterbeziehungen gegriffen. Beide Muster - Differenz und Gleichheit - scheinen gegenwärtig in allen gesellschaftlichen Bereichen zu kollidieren und sich - in einem sehr ambivalenten Verweis aufeinander - neu zu formieren.

Allerdings ist dieser Prozeß durch eine strukturelle oder institutionelle *„Pfadabhängigkeit"* kanalisiert. Für Herbert Marcuse sind Institutionen die „geronnene Gewalt" der Geschichte, da sie Leitbilder, Normen und Wertsysteme einer Gesellschaft strukturell verfestigen. Demzufolge ist mit Helga Krüger auch davon auszugehen, daß seit der historischen Trennung von Produktion und generativer Reproduktion, von Erwerbsarbeit und Familie und ihrer Unterlegung mit geschlechtsspezifischer Arbeitsteilung sich diese als Segregationsprinzip in alle gesellschaftlichen Institutionen und Organisationen eingelagert hat (Krüger 1995: 202). In empirischen Untersuchungen zeigt sich beispielsweise auch, daß dieses eingelagerte Prinzip eine eigene, sich gegen das subjektive Wollen von Akteuren durchsetzende Dynamik in der Wiederherstellung von Arbeitsteilung und Geschlechterhierarchie hat (Hüning/Nickel [Hrsg.] 1998).

Bezogen auf den „doppelten" Transformationsprozeß in der Bundesrepublik ist das mit dem Effekt verbunden, daß strukturelle Asymmetrien des bundesdeutschen Arbeitsmarktes zu Ungunsten von Frauen eine „selbstregulative" Tendenz haben: Trotz individueller Widerstände, entgegengesetzter subjektiver Interessen und partnerschaftlicher Orientierungen von Frauen und Männern stellen sie sich tendenziell auch in den neuen Bundesländern her.

Diesem strukturellen Zwang der Verhältnisse ist nur mit politisch-institutioneller Gegensteuerung wirksam zu begegnen, ein „Guerillakrieg" auf der Ebene des *doing gender* kann hier wenig bewirken.

## 3. Der doppelte Transformationsprozeß

Es hat sich in der Projektforschung[7], auf die sich auch Hüning/Stodt; Manske/Meißner; Peinl und Völker in diesem Band beziehen, methodisch bewährt, die gesellschaftliche Transformation in der Bundesrepublik seit 1989/90 als einen doppelten, ineinander verschlungenen Prozeß zu begreifen. Gerade die wechselseitige Verflechtung und aufeinander bezogene Dynamik des ostdeutschen und westdeutschen Transformationsprozesses scheinen das Geschlechterverhältnis auf besondere Weise zu tangieren. Mit anderen Worten, es sind jene Prozesse zu fokussieren, die den lange vor der Vereinigung beider deutscher Staaten einsetzenden gesellschaftlichen Umbau und Strukturwandel der alten Bundesrepublik betreffen und die sich seit Mitte der 70er Jahre auf eine alle gesellschaftlichen Bereiche ergreifende strukturelle Krise hinbewegt haben; zweitens jene wirtschaftlichen, sozialen und kulturellen Prozesse, die mit der Inkorporation der DDR in die alte Bundesrepublik nach 1990 in zugespitzter Form in Ostdeutschland in Gang gekommen sind. Die ostdeutsche gesellschaftliche Um- und Neustrukturierung war von Anbeginn in den Strukturwandel der alten Bundesrepublik eingelagert und ist wesentlich auch durch den Charakter des westdeutschen Modells geprägt, d.h. auch durch dessen ungelöste krisenhafte Problemkonstellation (dazu auch Hüning, 1998).

Der Umbau und die Neustrukturierung von Wirtschaft und Beschäftigung haben in den neuen Bundesländern (noch) nicht zu einer spiegelbildlichen Angleichung an westdeutsche Strukturen in den (geschlechtlichen) Beschäftigungsverhältnissen geführt. Zwar haben die institutionellen Strukturen eine weitgehende Annäherung erfahren, dennoch sind die in sie eingelagerten ökonomisch-sozialen Beziehungen nicht deckungsgleich.

Die Transformation ist bisher also nicht an ihr Ende gekommen (Lutz 1996), sie ist vielmehr in der zweiten Hälfte der 90er Jahre in eine neue, län-

---

7 Das von 1996-1998 von der Deutschen Forschungsgemeinschaft geförderte Projekt „Frauen im betrieblichen Transformationsprozeß der neuen Bundesländer. Zu weiblichen Handlungsoptionen in der Finanzdienstleistungs- und Verkehrsbranche" ist aus einem Forschungszusammenhang hervorgegangen, der seit Frühjahr 1991 als Ost-West-Kooperation zwischen dem Institut für Sozialwissenschaften an der Humboldt-Universität und dem damaligen Zentralinstitut für sozialwissenschaftliche Forschung, heute Otto-Suhr-Institut Politische Wissenschaft, Forschungsstelle Transformation und Interdependenz (TRAIN) an der Freien Universität existiert.

ger dauernde, komplexe Phase eingetreten. An deren Ausgangspunkt stehen zum einen eine dramatisch geschrumpfte industrielle Basis mit der Gefahr einer „tertiären Krise" (Zinn) und zum anderen die Widersprüche der ökonomischen, politischen und sozial-kulturellen „Folgezustände" (Hradil) der ersten Phase. Dieser Entwicklungsverlauf läßt sich auch zu der These verdichten, daß die erste Phase der Transformation mit einer Situation des „Bruchs" vergleichbar ist, die auf der Strukturebene durch rigiden Institutionentransfer und auf der individuellen Handlungsebene durch Rückgriff auf bewährte Ressourcen und durch die Integration neuer Anforderungen „widerständig" bewältigt wurde. Die zweite Phase ist hingegen durch „auf Dauer gestellte Diskontinuität" der ökonomisch-betrieblichen und lebensweltlichen Zusammenhänge gekennzeichnet, die auf der sektoralen und betrieblichen Strukturebene in der Form der Ausrichtung auf neue Produktionskonzepte umgesetzt wird und die auf der individuellen Handlungsebene „Suche" und „Feinabstimmung" bezüglich der betrieblichen und außerbetrieblichen Orientierungen abfordert (Nickel/Völker/Hüning [Hrsg.] 1998).

Diesem knapp skizzierten komplexen Prozeß der doppelten Transformation ist die Macht und Eigendynamik von kulturellen (habituellen und symbolischen) Prägungen - bezogen auf das Geschlechterverhältnis - inhärent: Während für die Altbundesrepublik das auf der Ebene der Lebenswelten und konkreten Arrangements in Erosion befindliche Modell des männlichen Familienernährers und der weiblichen Familienerhalterin institutionell dominant ist (Krüger 1995), läßt sich für Ostdeutschland ein in Erosion befindliches Vereinbarkeitsmodell konstatieren, das von der Normalität weiblicher Erwerbsarbeit getragen ist, dabei aber Frauen eindeutig die Familienarbeit zuweist und – damit zusammenhängend - geschlechtsspezifische Segregationslinien im Erwerbsbereich reproduziert (Nickel 1993). Es fordert Ost-Frauen die individuelle Vereinbarung von Familien- und Erwerbsarbeit auch aus ökonomischen Gründen familialer Existenzsicherung geradezu ab (Beer/Chalupski 1993). Bis heute unterscheidet sich das Verhältnis der Geschlechter in seiner konkreten Praxis - und zwar in der privaten wie betrieblichen Lebenswelt - noch erheblich. Hier liegt ein enormer Forschungsbedarf. Vor allem empirische geschlechtsbezogene betriebs- und organisationssoziologische bzw. mikropolitische Analysen stehen noch weitgehend aus, und zwar in Ost und West (Goldmann 1997: 163). Erste Studien, die sich auf den großbetrieblichen Dienstleistungssektor (Banken, Versicherungen, Handel - Hüning/Nickel [Hrsg.] 1996 und 1998; DB AG – Hüning/Stodt; Peinl; Völker in diesem Band, aber auch Erzieherinnenbereich ([Rabe-Kleberg in diesem Band]) beziehen, fragen nicht nur nach den strukturellen Wandlungsprozessen, sondern auch in welcher Weise (ostdeutsche) Frauen Beteiligte und Akteurinnen der Vergeschlechtlichungsprozesse der Transformation sind bzw. ob und wie sie zu ihrer Ent-Geschlechtlichung beitragen. Diese Analysen machen deutlich, daß die (Re-)Strukturierung des

Geschlechterverhältnisses mehrdimensional und „immer weniger in der griffigen Formel hier Männer - da Frauen zu fassen" (Goldmann 1997: 196) ist. Die ineinander reflektierten gesellschaftlichen Transformationsprozesse sind - bezogen auf das Geschlechterverhältnis - bis zu einem gewissen Grad noch offen; *Pfadabhängigkeit* schließt *Gestaltbarkeit* nicht aus. Genau das ist mittels sozialwissenschaftlicher (Transformations-) Forschung offenzulegen und soll unter anderem Gegenstand der hier vorgestellten Beiträge sein.

Aus Studien in industriellen Kernsektoren wissen wir, daß Produktionsflexibilisierungen nach den Kriterien der Leistungsfähigkeit neue Segmentierungen und zwar zu Ungunsten von Frauen hervorbringen. Neue Rationalisierungsmuster im industriellen Sektor verweisen deutlich auf Tendenzen zur Re-Organisation des Geschlechterverhältnisses, zur Stabilisierung geschlechtshierarchischer Arbeitsteilung und weniger auf deren Abbau (Aulenbacher 1993: 247). Demgegenüber können Untersuchungen zu neuen organisatorischen Konzepten und Arbeitsformen in bestimmten Dienstleistungsbranchen (kundenorientiertes Qualitätsmanagement, Teamarbeit in teilautonomen Gruppen, flexible Arbeitszeitmodelle etc.) darauf verweisen, „daß hier Chancen zur Neubestimmung der Arbeitsteilung zwischen den Geschlechtern entstehen, wodurch sich die beruflichen Perspektiven von Frauen und Männern annähern ..." und demnach eine Unterscheidung nach Männer- und Frauenarbeitsbereichen, bisher der entscheidende Segregationsmechanismus bei der Umsetzung integrierter Konzepte, immer schwieriger wird (Goldmann 1997: 162). Damit bekommen Studien, die geschlechtsspezifische Segregationsprozesse im Zusammenhang mit betrieblichen Personaleinsatz- und Rekrutierungsstrategien thematisieren, erhöhte Bedeutung (dazu auch Quack in diesem Band).

## 4. Pluralisierung von Geschlechterverhältnissen

Behaupten die einen in der feministischen Debatte, die in Gang gekommenen „Modernisierungsprozesse" im Geschlechterverhältnis bewirkten lediglich die Reproduktion des alten, bipolaren (patriarchalen) Hierarchiemodells auf neuer Stufe und in subtilerer Form (Regenhard 1997), so ist für andere das Zeitalter des Endes aller Eindeutigkeit im betrieblichen Geschlechterverhältnis angebrochen (Goldmann). Die Dritten hingegen bestehen auf Weiblichkeit als spezifischer Kultur und auf Gleichheit in der Geschlechterdifferenz (Roloff/Metz-Göckel 1995). Manches an dieser Debatte gleicht eher einem Standortbekenntnis, statt daß es Ergebnis tatsächlicher (empirischer) Forschung ist (kritisch dazu auch Quack in diesem Band). Aber gerade - so die hier vertretene These - der mit der deutschen Vereinigung verbundene Transformationsprozeß wirft in dieser Hinsicht zahlreiche konkrete Forschungsfragen auf und bietet zahllose noch zu beackernde Untersuchungsfelder; und das Geschlechterverhältnis ist ein einzigartiges soziologisches Phänomen im Transformationsprozeß, weil an ihm auf besondere Weise sowohl Verharrung wie Veränderung deutlich gemacht werden können.

Die gesellschaftlichen Transformationsprozesse führen anscheinend - quer zum Geschlecht – zu „Hybridbildungen" in allen Lebensformen, in dem Sinne, „daß Sitten und Gebräuche sich von existierenden Praktiken lösen, um sich mit neuen Sitten zu neuen Praktiken zu verbinden (Pieterse 1998). Transformation ist – so gesehen – auch als Pluralisierung der Organisationsformen des Geschlechterverhältnisses zu beschreiben, die als traditionelle Formen (in Ost und West), aber auch als neue Mischformen, oder aber als zeitweise Kombination von „östlichen" und „westlichen" Modi in sehr vielfältigen konkreten Geschlechterarrangements (siehe auch Völker im Band) nebeneinander bestehen können. Da sich die Individuen als soziale Subjekte in dieser Pluralität bewegen, entwickeln sie Fähigkeiten, sich mehrerer Organisationsformen zu bedienen, sie zu nutzen, sie sich „widerständig" anzueignen und sie als Akteure der Transformation umzuformen, dabei zeigt sich das, was in der feministischen Forschung auch als „Performance" von Geschlechterverhältnissen beschrieben wird: Ihre Modifizierung im Handeln. Allerdings darf im „doppelten Transformationsprozeß" die Asymmetrie dieses Prozesses, d.h. die westliche Gestaltungshegenomie, nicht übersehen werden. So sind zwar auch in den alten Bundesländern die gesellschaftlichen Verhältnisse und Organisationsformen in Bewegung (z. B. Erosion des männlichen Normalarbeitsverhältnisses und der „Ernährerfamilie", zunehmende Erwerbsorientierung westdeutscher Frauen etc.) und treiben zu eigenen „Hybridformen". Dennoch ist – im Unterschied zu Ostdeutschland – nicht das Ende oder der Untergang des Gesellschaftssystems Ausgangspunkt von Transformation, sondern die Transformation vollzieht sich hier in vergleichsweise stabilen kapitalistischen Strukturen und Institutionen.

Die in diesem Band vorgestellten empirischen Untersuchungen zeigen, daß die mit der Transformation verbundene Dynamisierung von sozialer Differenz vielschichtige Effekte auf das Geschlechterverhältnis hat, und es zu einem asynchronen Prozeß der Enthierarchisierung von Geschlechterverhältnissen wie auch zu neuen Hierarchisierungen kommt. Zum Beispiel entdifferenzieren sich soziale Lagen der Geschlechter in den neuen Bundesländern, und insgesamt liegt die Arbeitslosigkeit von Männern beispielsweise nicht weit unter der von Frauen, zugleich sind aber auch 70% der Langzeitarbeitslosen - und damit weit überpropotional - Frauen. Auf der anderen Seite stimmt auch, daß beinahe 70% der Beschäftigten im Finanzdienstleistungssektor der neuen Bundesländer - noch immer eine vergleichsweise sichere und gut bezahlte Beschäftigungsbranche (in den alten Bundesländern ein stärker männlich geprägtes Feld) - Frauen sind. Der gesellschaftliche Umbruch hat nicht nur diese Frauen oft zu „bread winners" ihrer Familien gemacht und damit die Geschlechterhierarchie in den Alltags- und Partnerbeziehungen verändert; zwangsläufig sind unter diesen Bedingungen häufig Väter und/oder andere nahe Verwandte mit „care giver"-Funktionen betraut, die in den alten Bundesländern nahezu ausschließlich Mutter-Pflichten sind. Es läßt sich über eine ganze Palette neuer Differenzierungen (Nickel/Schenk 1994) reden, darunter vor allem auch über die zunehmenden sozialen Polarisierungen (und Hierarchien) innerhalb der Geschlechtergruppen, insbesondere unter Frauen (dazu auch Manske/Meißner; Peinl und Völker in diesem Band). Neben den Unterschieden zwischen Ost und West beispielsweise gilt es über das Alter als sozialer Kategorie, die (Geschlechter-) Differenzen neu vermittelt, oder auch über den noch immer zentralen Stellenwert von Geburtsort und -klasse bei der Verteilung von Ressourcen und Zugängen zu Positionen in Hierarchien zu forschen. Das alles ist - daran ist gar nicht zu zweifeln - „gendered"; das Geschlecht ist eine zentrale Struktur-Kategorie, nur die Koordinaten der sich neu ordnenden Strukturen sind nicht mehr so einfach zweidimensional, entlang der „Zweigeschlechtlichkeit" zu benennen. Was das im einzelnen für die Re- und/oder Neustrukturierung des Geschlechterverhältnisses bedeutet, muß erforscht werden, und zwar zunächst empirisch.

Dabei ist Gudrun-Axeli Knapps Plädoyer für eine Erweiterung des „verengten Erfahrungsbegriffs herkömmlicher empirischer Forschung" wie auch für das Experimentieren „mit unorthodoxen Methodenkombinationen" nur zuzustimmen, zumal die Plausibilität variabler und nichtreduktionistischer Verhältnisbestimmungen von Theorie und Empirie sich am Gegenstand zu erweisen hätte (Knapp in diesem Band). Die Projekte, von denen auch in den Beiträgen von Hüning/Stodt, Peinl und Völker in diesem Band die Rede ist, versuchen sich dem sektoralen und betrieblichen Transformationsprozeß auf genau diese Weise zu nähern.

## 5. Entwicklungslinien in großbetrieblichen Dienstleistungsunternehmen - Zwei Beispiele

Im folgenden soll in Thesenform auf einige zentrale Ergebnisse dieser Projekte eingegangen werden, ohne kurzschlüssig das Geschlechterverhältnis zu fokussieren, zumal nicht vorweggenommen werden soll, was weiter unten entwickelt wird:

Insgesamt zeigte sich, daß der *tertiäre Sektor* einer anderen Transformationslogik folgte, als die industrielle und gewerbliche Wirtschaft (Hüning/ Nickel 1996). Bezogen auf den *Finanzdienstleistungssektor* (vgl. auch Peinl und Manske/Meißner in diesem Band) beispielsweise hatten wir es mit einem

Neuaufbau von Infrastruktur bei zunächst einmal nahezu vollständiger Übernahme der vormaligen Belegschaften zu tun. Obgleich der „Aufbau Ost" sich betrieblich dezidiert am „Modell West" orientierte und die Branche im „Vereinigungsboom" 1990 bis 1992 prosperierte, kann von einem schlichten „Nachbau West" im Sinne einer einfachen Einpassung nicht gesprochen werden. Angesichts hoher und zügiger Neuinvestitionen und relativ stabiler Beschäftigungsentwicklung gilt der Finanzdienstleistungssektor als Ausweis einer zunächst erfolgreichen Umstrukturierung einer Branche. Und das in doppelter Hinsicht: Brancheninterne Entwicklungen westdeutscher Banken und Versicherungen, die sich schon 1989/90 zeigten, waren von Anfang an Bestandteil des Transformationsprozesses in den neuen Bundesländern. Dazu zählt die Neuformierung des Geschäfts und eine dementsprechende Modernisierung interner Strukturen. Darunter ist unter anderem die seit Mitte der 80er Jahre betriebene Allfinanzdienstleistung zu verstehen, die auf eine Verzahnung von Sparten orientiert ist, und durch Kundengruppenorientierung Synergieeffekte sowohl im Privat- wie auch Firmenkundengeschäft zu erzielen trachtet. Zweitens war die Neustrukturierung nicht allein technisch-organisatorischer Art, sondern es zeigte sich, daß die Aufgabe, Märkte im Osten zu erschließen und Risiken abzuschätzen, auch wesentlich an die Kompetenz der (übernommenen) Ost-MitarbeiterInnen gebunden war. Bestehende „KundInnen- und MitarbeiterInnennetzwerke" förderten die Markterschließung gerade auch unter dem Zwang der betriebswirtschaftlichen Rationalität (Hüning/ Nickel [Hrsg.] 1998).

Zu DDR-Zeiten war diese Branche – ihrer damaligen geringen Bedeutung ensprechend – frauendominiert. Waren damals rund 90% der Beschäftigten Frauen und konnten sie auch bis 1995 ihre inzwischen auf knapp 70% abgesenkten Beschäftigtenanteile einigermaßen verteidigen (im Westen beträgt der Anteil ca. 55%), so wurde mit der Marktöffnung dieses Berufsfeld allerdings zunehmend auch für Männer attraktiv. Einerseits sank der Frauenanteil in diesem Bereich aufgrund der Freisetzung von älteren Frauen und der Delegierung westdeutschen männlichen Führungs- und Fachpersonals in die neuen Bundesländer, andernteils ging der Frauenanteil aufgrund „westlicher" Modi der betrieblichen Nachwuchsrekrutierung zurück. Der Anteil der Männer, die sich als Auszubildende im monetären Dienstleistungssektor der neuen Bundesländer bewerben, stagniert zwar bei ca. 25%, gleichwohl werden männliche Lehrstellenanwärter bevorzugt berücksichtigt: Sie machen etwa die Hälfte der Auszubildenden aus.

Angesichts des seit 1994/95 praktizierten Personalabbaus in diesem Feld und des Personaldrucks, der aufgrund von Freisetzungseffekten in anderen Beschäftigungsbereichen auf diesen Sektor wirkt, ist der „Heimvorteil" von Frauen labil. Daß Ost-Frauen „widerständig" auf Strukturveränderungen zu antworten vermögen, ist zwar nicht ausgeschlossen, der Erfolg ist allerdings ungewiß.

Verstärken könnten sich männliche Positionsvorteile zusätzlich dadurch, daß Qualifizierung zunehmend individualisiert wird und immer weniger als ein betriebliches Angebot abrufbar ist. Damit könnte es Frauen künftig noch schwerer gemacht werden, die eigene Entwicklung in einem kalkulierbaren Organisationsrahmen abschätzen und planen zu können (dazu auch Quack bezogen auf Entwicklungen in der EU und Manske/Meißner am Beispiel ehemaliger Zweigstellenleiterinnen in der Berliner Sparkasse/LBB in diesem Band).

Zumindest scheinen weibliche Ost-Beschäftigte mit versorgungsbedürftigen Kindern eine „Atempause" zu benötigen. Diese Frauen zögern eher, wenn es um weitere (Aufstiegs-) Qualifizierung geht und auch hinsichtlich der Bereitschaft, Führungsverantwortung zu übernehmen, sind sie eher zurückhaltend („reflexive Karriereplanung" nennt Völker das in diesem Band bezogen auf die DB AG).

Das zweite im Mittelpunkt der genannten Projektforschung stehende Beispiel für Entwicklungslinien des großbetrieblich strukturierten Dienstleistungssektors ist die *Deutsche Bahn AG*, ein personalstrukturell männlich dominiertes Dienstleistungsunternehmen. Während der weibliche Beschäftigtenanteil in der Deutschen Reichsbahn (DR) zu DDR-Zeiten 32% betrug - die DR also bezüglich ihrer Geschlechterverteilung als „Mischunternehmen" bezeichnet werden kann - machte der Frauenanteil an der Gesamtbelegschaft im männlich dominierten westlichen Unternehmen der Bundesbahn lediglich 7% aus. Für das seit 01.01.1994 fusionierte und privatisierte gesamtdeutsche Unternehmen DB AG zeichnet sich der Frauenanteil von gegenwärtig gut 15% durch signifikante Unterschiede zwischen den neuen und alten Bundesländern sowie zwischen den einzelnen Geschäftsbereichen aus. Die starke personelle Präsenz von weiblichen Beschäftigten in den neuen Bundesländern verdichtet sich insbesondere in den kundenorientierten Service-Dienstleistungen der Bahn mit ihren spezifischen Qualifikations- und Tätigkeitsprofilen und in den Bereichen der Personalwirtschaft (vgl. dazu die Beiträge von Hüning/Stodt; Peinl; Völker).

Auch hier läßt sich zunächst eine vorsichtig positive Bilanz ziehen. Einer großen Zahl von Frauen gelang es, die geforderten Anpassungsleistungen an veränderte Qualifikationsprofile und Tätigkeitszuschnitte - wenn auch unter erheblichen individuellen Kraftanstrengungen - zu erbringen. Und auch hier geht dieser Prozeß mit enormen sozialen Differenzierungen unter den Frauen einher (Hüning/Stodt in diesem Band). Die subjektive Darstellung der Erwerbssituation der befragten Frauen changierte zwischen zwei Polen: einerseits Überforderung und Kräfteverschleiß und andererseits positive Möglichkeiten der (bisher eher gebremsten) Entfaltung der eigenen Kompetenzen (Völker in diesem Band). Einigkeit besteht allerdings unter den Ost-Frauen in der Frage des Festhaltens an einer - die ökonomische Existenz sichernden - (Voll-) Erwerbstätigkeit (dazu auch Gensior in diesem Band). Teilzeitarbeit als Zubrotverdienst und begrenzt auf niedrig qualifizierte Tätigkeiten wird als eigene Erwerbsperspektive nahezu vollständig abgelehnt. Wir haben dieses Beharren der Ost-Frauen auf (tendenziell gleichberechtigte) Vollerwerbstätigkeit als „Widerständigkeit" (Nickel 1995) bezeichnet[8]. Es widersetzt sich dabei nicht nur den immer deutlicher hörbaren Stimmen nach einer zurechtgestutzten weiblichen Erwerbsarbeit am Rande der - Männern zugedachten - lukrativen und qualifizierten Berufsfelder und Hierarchieebenen, es erteilt darüber hinaus auch dem Modell des „männlichen Familienernährers" eine Absage. Dieses verfehlt nämlich nicht nur die ökonomische Realität geringerer Einkommen und männlicher Erwerbslosigkeit in Ostdeutschland, es befindet sich (zumindest momentan noch) jenseits gelebter Geschlechterarrangements (Nickel/Völker/Hüning 1998).

Im Zuge der Transformation und der „marktorientierten" betrieblichen Reorganisation kommt es zu neuen Anforderungen an die individuelle Lebensführung, zu Veränderungen in der Art und Weise des Arbeitens und in der Verknüpfung von betrieblichem und außerbetrieblichem Leben, die auf verschiedene Interessenlagen und Lebensformen von Frauen treffen und diese polarisieren. Stichworte marktorientierter betrieblicher Reorganisation sind: Verdichtung der Arbeitsabläufe, Mobilitäts- bzw. Flexibilitätsbereitschaft; Kooperation und Konkurrenz; SelbstunternehmerInnentum und „Dienstleisten", soziale Kompetenz und individuelle Ressourcenoptimierung. Darüber hinaus entkoppeln sich die verschiedenen „sozialen Zeiten", in denen (ostdeutsche) Frauen agieren, zunehmend voneinander voneinander (Veth 1998); Erwerbsarbeit und Familie lassen sich unter diesen Bedingungen kaum noch friktionslos miteinander verbinden. Das macht z.T. enorme individuelle Synchronisations- bzw. Koordinationsleistungen notwendig, die nicht zwangsläufig und gleichmäßig vorhanden sind. „Wandelmanagement" haben wir diese Qualifikation genannt; ob Ost-Frauen aufgrund habitualisierter Vereinbarkeitserfahrung tatsächlich generell und auf längere Sicht in stärkerem Maße darauf zurückgreifen können, muß sich erst noch zeigen. Allerdings bestätigen die bisherigen Befunde, daß ostdeutsche Frauen immer noch über ein spezifisches soziales Wissen bei der Bewältigung neuer Zeitanforderungen verfügen, Routinen, die bei der Verarbeitung des Anpassungsdruckes eingesetzt werden.

Differenzierungen innerhalb der Gruppe der Frauen machen sich auf den ersten Blick zunehmend entlang der „Kinderfrage" fest. Die arbeitszeitlichen Anforderungen sind dichter, flexibler und individualisierter geworden, die „Normalarbeitszeit" - insbesondere bei der Deutschen Bahn AG, aber auch in anderen Dienstleistungsunternehmen - ist höchst differenziert. Die (weiblichen) Beschäftigten arrangieren sich - um ihre Arbeitsstelle erhalten oder auch verbessern zu können - zwar mit zeitlichen Einschränkungen in außer-

---

8   Völker in diesem Band geht darüber hinaus und versucht eine sich nicht nur auf den Erwerbsprozeß beziehende Definition der eigensinnigen Selbstverortung von Frauen.

betrieblichen Lebensbereichen, insbesondere aber, wenn sie versorgungsbedürftige Kinder haben, wird dieses Flexibilitätsarrangement häufig überlastet, mit dem Effekt, daß diese Frauen „freigesetzt" wurden. Die noch beschäftigten - bei der Deutschen Bahn AG zumeist schichtarbeitenden - Frauen bauen ihre außerberuflichen Zeitanforderungen allerdings zumeist mit bemerkenswerter Gelassenheit und Routine um ihre hoch individualisierte Arbeitszeit herum, nicht umgekehrt (Veth 1998). Es spricht manches dafür anzunehmen, daß nicht die Tatsache, daß Frauen Kinder haben, die *ursächliche* Erklärung für die zunehmende Exklusion von Frauen aus der Erwerbsarbeit ist, sondern umgekehrt, die „Kinderfrage" wird zur Legitimation des Schließungsprozesses benutzt wird. Exklusion bzw. Inklusion entscheidet sich vornehmlich über Qualifikation. Entlang der Qualifizierungslinie findet ein Verdrängungsprozeß unter Frauen statt, der längst nicht hinreichend thematisiert wird (Zukunftskommission der F.-Ebert-Stiftung 1998).

## 6. Das betriebliche doing gender: Eine erste Annäherung

Auf dem Hintergrund dieser strukturellen Wandlungsprozesse stellt sich die Frage nach subjektiven Bedeutungsgehalten von Erwerbsarbeit einerseits (Völker in diesem Band) und der sozio-kulturellen Konstruktion betrieblicher Geschlechterverhältnisse andererseits, also die Frage nach dem betrieblichen *doing gender*[9].

Die Strukturen und Positionen in den Unternehmen sind - so eine aus der feministischen Organisationssoziologie sich speisende Vorannahme - nicht nur sachlich arbeitsteilig und hierarchisch differenziert, sondern entlang von Geschlecht konstruiert (dazu Müller in diesem Band). Auch wenn es gravierende Veränderungen im Geschlechterverhältnis gibt, die tendenziell die alte Dualität, Bipolarität und Asymmetrie unterhöhlen, ist davon auszugehen, daß *gender* bzw. Geschlecht noch immer als ein Strukturierungsprinzip betrieblicher und sozialer Organisationen wirkt. Das bipolare System von Symbolisierungen ist tief in die Sozialbeziehungen und betriebliche Arbeitsteilung eingeschrieben. Es wird im betrieblichen Handeln zumeist unbewußt bzw. alltagskulturell reformuliert. In welchem Maße es im betrieblichen *doing gender* nun zu Modifikationen, Neuinterpretationen und Verwerfungen traditioneller Muster kommt, ist noch weitgehend offen. Dabei ist bezogen auf die

---

9   Hier werden Thesen aufgenommen und kritisch geprüft, wie sie in der oben genannten Professions-Debatte (Wetterer u.a.) und feministischen Organisations- bzw. Betriebssoziologie (z.B. Heintz u.a.) vertreten werden. Die Untersuchung ist noch nicht abgeschlossen, insofern kann nur angedeutet werden, in welche Richtung die Analyse geht und auf welche (vorläufigen) Befunde wir gestoßen sind (bezogen auf den Finanzdienstleistungssektor vgl. Hüning/Nickel [Hrsg.] 1998: 213 ff).

Deutsche Bahn AG beispielsweise von Interesse, daß das Unternehmen einen männlich dominierten (tradierten) Arbeitsmarkt hat, der infolge der betrieblichen Modernisierung einem Veränderungsdruck ausgesetzt ist, und daß dieser Prozeß zugleich mit einer aus der deutschen Vereinigung resultierenden Konfrontation zweier unterschiedlicher betrieblicher Geschlechterregime verbunden ist. Welche Konsequenzen beispielsweise allein die veränderte zahlenmäßige Präsenz von Ost-Frauen in dem fusionierten Unternehmen auf das doing gender hat, ist keineswegs schon geklärt.

Bei der Analyse des doing gender liegt der Schwerpunkt der Betrachtung auf den *bewußtseinsmäßigen Konstruktionen*, auf der symbolischen Ebene der Typisierungen vom jeweils eigenen und anderen Geschlecht. Diese Typisierungen - so zeigten bereits die Ergebnisse im Finanzdienstleistungssektor (Hüning/Nickel/Hrsg. 1998 und Nickel/Hüning 1996) - beanspruchen auf subtile Art normative Geltung bei der Gestaltung der arbeitsteiligen Prozesse in betrieblichen Organisationen und Institutionen. Sie kodifizieren die (Betriebs-) Strukturen entlang einer vorreflexiven Orientierung an sogenannten „normalen" Geschlechterrollen und -verhältnissen und übernehmen so implizit „Platzanweiserfunktion" bei der Verteilung von Zuständigkeiten und Anforderungen an Frauen und Männer im Arbeitsprozeß.

Auf dem Hintergrund der in den betrieblichen Transformationsprozeß eingelagerten Vergeschlechtlichung von Arbeit und Leistung geht es uns einesteils um die Aufdeckung der Flexibilisierung/Verflüssigung dieser Typisierungen und des Symbolsystems der Zweigeschlechtlichkeit, andererseits um den Nachweis der Reformulierung „vertrauter" Zuschreibungen und schließlich um die Frage, wann welcher Mechanismus angerufen wird und in Gang kommt. Es zeigt sich, daß im Unternehmen DB AG beispielsweise momentan sehr widersprüchliche Prozesse zeitgleich stattfinden. Zum einen werden das Symbolsystem der Zweigeschlechtlichkeit und die ihm inhärenten (Tätigkeits-) Zuschreibungen benutzt, um die Schließungsprozesse und Ungleichheitsstrukturen im Unternehmen zu „naturalisieren" und damit zu legitimieren; zum anderen werden Tätigkeiten „entgeschlechtlicht", nicht zuletzt durch die Präsenz von Ost-Frauen in vormaligen Männerberufen. Drittens schließlich modernisiert sich das Unternehmen unter Anrufung weiblich konnotierter Dienstleistungs-Qualifikationen. Das binäre System von männlichen und weiblichen Symbolisierungen ist - wie wir aus zahlreichen Forschungen bereits wissen - nichts Starres, sondern es ist als Zuweisungsmodus flexibel verwendbar (Knapp).

Eine erste Auswertung zeigt folgendes[10]:

---

[10] Grundlage dieser ersten Auswertung sind Interviews mit Experten und Beschäftigten der DB AG. Folgende Fragen haben unter dem Aspekt des doing gender die Interpretation des empirischen Materials strukturiert:

Erosion und Persistenz 27

1. Tatsächlich sind traditionelle Geschlechterdualismen in der betrieblichen Arbeitswelt zwar längst vielfach durchbrochen und in Frage gestellt, insbesondere in den ostdeutschen Niederlassungen der DB AG. Dennoch sind binäre Zuschreibungen im Sinne eines „ideologischen Überbaus" vielfach präsent und offensichtlich auch handlungsleitend wirksam. Die bipolare Geschlechtertrennung hat offenbar bis heute identitätsstabilisierende Funktion, insbesondere für Männer. Der Beruf bzw. die Arbeitstätigkeit spielt dabei eine zentrale Rolle (Heintz et al.: 38). Geschlechtshomogene Arbeitsbeziehungen besitzen für Männer deutlich stärker als für Frauen identitätsstabilisierende Funktionen. Allerdings macht die Untersuchung auch sichtbar, in welchem Maße Frauen auf geschlechtshomogene Unterstützungswerke setzen (müssen), wenn sie aufsteigen wollen. Unter diesem Aspekt wird die Relevanz von Frauennetzwerken in der Deutschen Bahn AG thematisiert, vor allem von Frauen in Führungspositionen.
2. In einigen Tätigkeitsfeldern kommt es zur aktiven Grenzsetzung bzw. zur geschlechtlichen „*boundary work*". Aktive Grenzsetzung wird allerdings immer erst dann notwendig, wenn die traditionelle Zuweisung nicht mehr fraglos gewährleistet ist (Heintz u.a.). Das strategisch hart umkämpfte

---

Bezogen auf *Experten* stand im Mittelpunkt:
Wie werden Führungskräfte als „*Strukturgeber*" von geschlechtsspezifischen Tätigkeitszuschnitten wirksam?

- Wie beeinflußt ihre alltägliche Wahrnehmung (im Sinne von „Vorwissen", Alltagswissen, Vorurteil) von Geschlecht das betriebliche Geschlechterverhältnis (Segregation) und die Optionenstruktur von Frauen im betrieblichen Alltag?
- Strukturieren die Strukturgeber entlang dem Klassifikationsschema männlich/weiblich den betriebsinternen Arbeitsmarkt? Gilt das generell oder nur für bestimmte Tätigkeitsfelder und Positionen?
- Gibt es bei Führungskräften einen nachweisbaren Legitimationsverlust der bipolaren und asymmetrischen Geschlechterstrukturen, oder dient das alte Muster gerade bei Umbrüchen und in der betrieblichen Reorganisation als alltäglicher, selbstverständlicher „Ordnungsfaktor", auf den sich leicht zurückgreifen läßt, weil er als Stereotyp auch bei den Beschäftigten fest verankert und daher stets „abrufbar" ist?

Bezogen auf die *Beschäftigten* interessierten vor allem folgende Fragestellungen:

- Kann man anhand der Beschäftigteninterviews zeigen, daß Tätigkeitszuschnitte entlang der Muster männlich/weiblich ausgehandelt, in Frage gestellt, neu formuliert und/oder akzeptiert werden?
- Welche Ressourcen bringen Ost-Frauen in die Aushandlung mit ein? Verschiebt die Ost-West-Dimension Routinen im *doing gender*, d.h. insbesondere in der Arbeitsteilung der Geschlechter? Wie stark ist die Aushandlungsmacht von (Ost-) Akteurinnen?
- Welche Rolle spielen die Synchronisationsleistungen von Ost-Frauen und die Kompetenz des alltäglichen Wandelmanagements hinsichtlich der Re- oder Dekonstruktion von Geschlecht?
- Welche Selbst- und Fremdbilder werden angerufen und gehen in die Selbstverortungs- und Aushandlungsprozesse ein?

Feld in der Deutschen Bahn AG sind Führungspositionen. Vor allem hier greift *„boundary work"* und führt zum Ausschluß von Frauen. Aktive Grenzziehung bzw. *boundary work* wird, so lassen die Interviews vermuten, tatsächlich hauptsächlich von Männern betrieben, vor allem, wenn es um die Sicherung von Führungspositionen bzw. auch um das horizontale Abschotten von „Männerbastionen" in bestimmten Tätigkeits- und Berufsgruppen geht. Die erste Durchsicht der Interviews legt nahe anzunehmen, daß (Ost-) Frauen diese (männlichen) Strategien zu verdrängen suchen, entweder indem sie sie gar nicht wahrnehmen, herunterspielen oder lächerlich machen.

3. Die Geschlechtertrennung hat nicht nur identitätsstabilisierende Funktion, sondern dient gleichzeitig auch der Aufrechterhaltung von männlicher Dominanz. Differenz ist tatsächlich ein nicht zu unterschätzender Basismechanismus zur Reproduktion von Hierarchie (Wetterer 1995; Heintz u.a.; Cockburn 1988), insofern spielt ihre Betonung insbesondere eine Rolle, wenn es um die Abwehr von Frauen im Kampf um Führungspositionen geht. Von Beschäftigten ohne Führungsfunktionen wird das gegengeschlechtliche Vordringen in segregierte Bereiche bzw. die Diffusion von männlichen und weiblichen Tätigkeitsfeldern allerdings zumeist als ein symmetrischer Prozeß wahrgenommen, auch wenn die von den Interviewten selbst benannten Fakten dem widersprechen, und es wird als ein positiv besetztes, Frauen nicht benachteiligendes, sondern von ihnen gewolltes strategisches Konzept betrieblicher Durchmischung erlebt.

4. In der DB AG ist nicht selten ein Phänomen zu beobachten, das in der feministischen Organsiationssoziologie als „Berufsdevianz" (Heintz u.a.) bezeichnet wird: Frauen sind in Männerdomänen eingedrungen bzw. bewegen sich doch wenigstens an deren Rändern. Dabei kommt es zu mindestens drei Effekten (Heintz u.a.). Frauen haben zu kämpfen mit:

a) ihrer Visibilität:
Jeder Schritt, den sie tun, jeder Fehler, den sie machen, wird registriert. Sie sind *„over observed"* und dadurch einesteils unter enormem Leistungsdruck, mit der Tendenz, daß sie „Zusatzleistungen" erbringen (müssen), wenn sie erfolgreich sein wollen; anderseits ist die Visibilität auch damit verbunden, daß Frauen Kompetenz und Leistung verbergen, um als „normal" wahrgenommen zu werden; sie versuchen damit unter anderem Konkurrenzängste zu vermeiden bzw. zu minimieren.

b) Abwehr und Polarisierung:
Die dominante Geschlechtergruppe neigt dazu, Unterschiede zu akzentuieren und Differenzen auch dort aufzubauen, wo Gemeinsamkeiten vorhanden sind oder gar überwiegen. Dabei werden symbolische Markierungen entlang der gängigen Geschlechterstereotype angerufen und reformuliert. Die „systematische Entmutigung" von Frauen durch männliche Führungskräfte ist eine gängige Spielart der Abwehr und Polarisie-

rung, die wiederum vor allem in der Konkurrenz um Führungspositionen zum Einsatz kommt.

c) Assimilation:
Frauen haben eher dann eine Chance, akzeptiert zu werden, wenn sie in männlichen Tätigkeitsfeldern dem traditionellen Rollenklischee entsprechen und die Funktionen des Zuarbeitens und der Sozialbetreuung übernehmen. So erklärt es sich, daß bestimmte mit diesen Zuschreibungen in Einklang stehende Führungspositionen Frauen mittlerweile offenstehen: Bahnhofsmanagerin, Pressesprecherin, Personalleiterin etc.

5. Die (Re-)Strukturierung des betrieblichen Geschlechterverhältnisses knüpft an Mechanismen an, die außerhalb der beruflichen Arbeitswelt liegen. Frauen sind - so ein hinlänglich bekannter Fakt - nicht nur „doppelt vergesellschaftet", sondern haben auch „doppelte Orientierungen", d.h. sie sind nicht einseitig auf den Erwerbsprozeß fixiert und damit betrieblicherseits auch nicht stromlinienförmig zu kalkulieren. Ob das tatsächlich generell so stimmt und empirisch für alle Altersgruppen zu belegen ist, ist vergleichsweise unwichtig, denn als betriebliches Rekrutierungsmoment greift es in personalpolitischen Entscheidungen allemal, und auch als stets abrufbarer Selbstverortungsmodus (von Frauen) scheint es seine Gültigkeit nicht verloren zu haben. Das gilt in besonderem Maße auch für einen Teil der Ost-Frauen. Die Interviews zeigen, daß das ein soziales Konstrukt ist, auf das Frauen selbst nicht selten zurückgreifen, um es als Abwehrstrategie in Aushandlungsprozessen anrufen und benutzen zu können. Häufig hat es den Effekt einer „Selbstselektion", d.h. Frauen willigen oft „freiwillig" in ihre „Freisetzung" ein.

6. Im betrieblichen Modernisierungsprozeß der Deutschen Bahn AG zählen Effizienz, Marketing und Betriebswirtschaftlichkeit. Auch das sind häufig eher soziale Konstrukte als in Mark und Pfennig zu belegende rationale Strategien. Gleichwohl haben sie einen „vorgelagerten" Effekt auf die soziale Konstruktion des betrieblichen Geschlechterverhältnisses: Die zumeist männlichen „Strukturgeber" machen sich Frauenförderung erst bzw. nur dann zur Aufgabe, wenn ein betriebswirtschaftlicher Effekt zu erwarten ist und Chancengleichheit Innovationspotentiale in diesem Sinne freizusetzen verspricht. Für Frauenförderung im klassischen Sinne (Kinderbetreuung, familien- bzw. frauenfreundliche Arbeitszeitregelung, Quotierung etc.) gibt es im Management kaum/keine AnsprechpartnerInnen (mehr). Individualisierung ist der Modus, der auch in bezug auf Frauen durchgesetzt wird. Stichworte für Chancengleichheit in der DB AG sind „Bestenauslese" und „Eigenorganisation". Das ist allerdings durchaus konform mit Interessenartikulationen von relevanten Frauengruppen im Unternehmen (Frauen in Führungspositionen; karriereorientierte Frauen; Ost-Frauen, die „keine Probleme" mit der „Durchmischung" oder der Gleichberechtigung haben etc.) und wird von nicht

wenigen als reale Chance für betriebliche Geschlechterdemokratie gesehen. Die weiblichen Beschäftigten (vor allem mit Führungsaufgaben) setzen darauf, daß es zunehmend eine Image- und Wettbewerbsfrage für moderne Unternehmen ist, ob sie Frauen beschäftigen und ihnen Aufstiegs- und Entwicklungsmöglichkeiten bieten.

7. Die Selbstverortung im Geschlechterverhältnis und Selbst- und Fremdbilder haben in hohem Maße mit Erfahrung, Sozialisation und gesellschaftlicher Tradition zu tun. So läßt sich erklären, daß ostdeutsche Frauen und Männer in dieser Frage starke Gemeinsamkeiten haben; ob sie stärker sind als Gemeinsamkeiten qua Geschlecht, läßt sich damit noch nicht belegen. In jedem Falle ist erkennbar, daß die beschäftigten (Ost-) Frauen (noch immer) Akteurinnen der Gestaltung bzw. Veränderung des betrieblichen Geschlechterverhältnisses sind. Sie tragen tatsächlich zu einer gewissen „Ent-Geschlechtlichung" von Arbeit bei und widerlegen damit den in der feministischen Diskussion behaupteten automatischen Zusammenhang von *„doing gender while doing the job"*. Daß sie die männliche *„boundary work"* versuchen zu ignorieren, muß sich nicht unbedingt als ein strategisches Defizit erweisen. Es könnte auch latente Handlungsmacht bedeuten und unterstreichen, daß symbolische Kämpfe die Begleitmusik tatsächlich sich verändernder Kräfteverhältnisse sind (Heintz u.a.).

Geschlechtergrenzen werden - das soll nochmals ausdrücklich betont werden - nicht „einfach nur" symbolisch und interaktiv hergestellt, sondern sie sind in Organisationsstrukturen (dazu Müller und Hüning/Stodt in diesem Band) verfestigt. Gerade dadurch sind sie dem Bewußtsein der Handelnden oft entzogen und schwer zu verändern. Gudrun-Axeli Knapp (in diesem Band) hat recht, wenn sie der „*gendering*-Diskussion" vorwirft, die spezifische Differenz und den Zusammenhang von interaktiven Konstruktions- und gesellschaftlichen Konstitutionsprozessen unzureichend auszuloten. Die hier vorgestellte Projektforschung zeigt allerdings auch, daß maßvolle Anforderungen an empirische Forschungsdesigns zu stellen sind. Die symbolische Ebene des (betrieblichen) Geschlechterverhältnisses enthält einen Deutungsspielraum, der mit besonderer Sensibilität kontrolliert werden muß, sollen eigene Vorannahmen und das implizite Wissen der Forschenden nicht einfach nur bestätigt werden. Der Zeitrahmen - so unsere Erfahrung - für Mehrebenenanalysen und „kontrollierte Deutungsarbeit" sind nicht immer bruchlos in Übereinstimmung zu bringen.

# Literatur

Aulenbacher (1993): Technologieentwicklung und Geschlechterverhältnis. In: Aulenbacher/Goldmann (Hrsg.):Transformationen im Geschlechterverhältnis, Frankfurt/Main und New York: Campus Verlag, S. 17-46

Beer, Ursula/Chalupski, Jutta (1993): Vom Realsozialismus zum Privatkapitalismus. In: Aulenbacher/Goldmann (Hrsg.): Transformationen im Geschlechterverhältnis, Frankfurt/Main/New York: Campus Verlag, S. 184-230

Bilden, Helga (1991): Geschlechtsspezifische Sozialisation. In: Hurrelmann/Geulen (Hrsg.) Neues Handbuch der Sozialforschung. Weinheim und Basel: Beltz Verlag, S. 279-301

Bulmahn, Thomas (1997): Vereinigungsbilanzen. In: Aus Politik und Zeitgeschichte 40-41/1997, S. 29-37

Cockburn, Cynthia (1988): Die Herrschaftsmaschine. Geschlechterverhältnisse und technisches Know-how, Berlin und Hamburg: Argument

Costas, Ilse (1995): Gesellschaftliche Umbrüche und das Verhältnis von Profession und Geschlecht. In: Wetterer (Hrsg.) (1995): Die soziale Konstruktion von Geschlecht in Professionalisierungsprozessen. Frankfurt/Main/New: York Campus Verlag, S. 121-138

Goldmann, Monika (1997): Globalisierungsprozesse und die Arbeit von Frauen im Dienstleistungsbereich. In: Altvater/Haug/Negt (Hsg): Turbo-Kapitalismus. Gesellschaft im Übergang ins 21. Jahrhundert. Hamburg: VSA, S. 155-170

Gottschall, Karin (1998): Doing Gender While Doing Work? Erkenntnispotentiale konstruktivistischer Perspektiven für die Analyse des Zusammenhangs von Arbeitsmarkt, Beruf und Geschlecht. In: Geissler/Maier/Pfau-Effinger (Hrsg.) FrauenArbeitsMarkt. Sozialwissenschaftliche Arbeitsmarktforschung Neue Folge 6, Berlin: Ed. Sigma, S. 63-94

Heintz, Bettina/Nadai, Eva/Fischer, Regula/Ummel, Hannes (1997): Ungleich unter Gleichen. Studien zur geschlechtsspezifischen Segregation des Arbeitsmarktes, Frankfurt/New York: Campus Verlag

Holst, Elke/Schupp, Jürgen (1996): Erwerbstätigkeit von Frauen in Ost- und Westdeutschland weiterhin von steigender Bedeutung. In: Wochenbericht des DIW, 63, H. 28, S. 461-469

Hüning, Hasko (1998): Dienstleistungen – Betriebliche und gesellschaftliche Transformation. In: Hüning/Nickel et. al: Transforation – betriebliche Reorganisation – Geschlechterverhältnisse. Frauen im betrieblichen Transformationsprozeß der neuen Bundesländer. Zeitschrift für Frauenforschung 1+2/98, S. 73-80

Hüning, Hasko/Nickel, Hildegard Maria (Hrsg.) (1996): Großbetriebliche Dienstleistungen. Bruch, Anpassung, Neuformierung. Opladen: Leske + Budrich

Hüning, Hasko/Nickel, Hildegard Maria (1996): Großbetriebliche Dienstleistungen. Rascher Aufbau und harte Konsolidierung. In: Lutz/Nickel/Schmidt/Sorge: Arbeit, Arbeitsmarkt, Betriebe, Opladen: Leske + Budrich, S. 297-346

Hüning, Hasko/Nickel, Hildegard Maria (Hrsg.) (1998): Finanzmetropole Berlin. Strategien betrieblicher Transformation, Opladen: Leske + Budrich

Hüning, Hasko/Nickel, Hildegard Maria (1993): Dienstleistungsbeschäftigung im Umbruch. In: Berliner Journal für Soziologie 3/1993, S. 257-273

Informationsdienst Soziale Indikatoren (ISI) (1995): Einstellung zur Berufstätigkeit der Frau: steigende Zustimmung im Osten, Stagnation im Westen, Nr. 13

König, René (1946): Materialien zur Soziologie der Familie. Bern: Francke

Krüger, Helga (1995): Dominanzen im Geschlechterverhältnis. In: Becker-Schmidt/ Knapp (Hrsg.) Das Geschlechterverhältnis als Gegenstand der Sozialwissenschaften, Frankfurt/New York: Campus Verlag, S. 195-219

Lutz, Burkhart (1996): Einleitung. In: Lutz/Nickel/Schmidt/Sorge (Hrsg.): Arbeit, Arbeitsmarkt und Betriebe, Opladen: Leske + Budrich, S. 1-16

Milz, Helga (1994): Frauenbewußtsein und Soziologie. Opladen: Leske + Budrich

Nickel, Hildegard Maria (1993): ‚Mitgestalterinnen des Sozialismus' – Frauenarbeit in der DDR. In: Helwig/Nickel (Hrsg.) Frauen in Deutschland 1945-1992, Bundeszentrale für politische Bildung Bonn 1993, S. 233-256

Nickel, Hildegard Maria/Schenk, Sabine (1994): Prozesse geschlechtsspezifischer Differenzierung im Erwerbssystem. In: Nickel/Schenk/Kühl (Hrsg.) Erwerbsarbeit und Beschäftigung im Umbruch, Berlin Akademie Verlag, S. 259-282

Nickel, Hildegard Maria (1995): Frauen im Umbruch der Gesellschaft. In: Aus Politik und Zeitgeschichte, Beilage zur Wochenzeitung Das Parlament, B 36-37/95, 1. September 1995, S. 23-33

Nickel, Hildegard Maria (1996): Feministische Gesellschaftskritik oder selbstreferentielle Debatte? In: Berliner Journal für Soziologie 3/1996, S. 325-338

Nickel, Hildegard Maria (1997): Der Transformationsprozeß in Ost- und Westdeutschland und seine Folgen für das Geschlechterverhältnis. In: Aus Politik und Zeitgeschichte, Beilage zur Wochenzeitung Das Parlament, B 51/97, 12. Dezember 1997, S. 20-29

Nickel, Hildegard Maria (1998): Zurück in die Moderne? Kontinuitäten und Veränderungen im Geschlechterverhältnis. In: Funkkolleg Deutschland im Umbruch. Studienbrief 5, Deutsches Institut für Fernstudienforschung (DIFF), Tübingen Studieneinheit 17, S. 4-37

Nickel, Hildegard Maria /Völker, Susanne/Hüning, Hasko (Hrsg.) (1998) Chancenstrukturen weiblicher Erwerbsarbeit. ZiF Bulletin 16. Zentrum für interdisziplinäre Frauenforschung der Humboldt-Universität Berlin

Nickel, Hildegard Maria (1999): Industriearbeit am Ende – Arbeit abgeschafft? Frauen und der Geschlechterkampf um Erwerbsarbeit. In: Stolz-Willig/Veil (Hrsg.) Es rettet uns kein höh'res Wesen ... Feministische Perspektiven der Arbeitsgesellschaft. Hamburg: VSA Verlag, S. 9-28

Nickel, Hildegard Maria/Hüning, Hasko (1996): Geschlechterverhältnis im Umbruch. Am Ende der Eindeutigkeiten auf dem Wege zu neuen Gewißheiten? In: Vorwärts und nicht vergessen nach dem Ende der Gewißheit, MKF 37 Berlin: Kultur Initiative 89 e. V., S. 634-642

Ostner, Ilona (1995[a]): Karrierechancen für Frauen im skandinavischen Modell. In: Wetterer (Hrsg.) Die soziale Konstruktion Geschlecht in Profesionalisierungsprozessen, Frankfurt/New York: Campus Verlag, S. 187-203

Ostner, Ilona (1995[b]): Arm ohne Ehemann? In: Aus Politik und Zeitgeschichte. Beilage zur Wochenzeitung Das Parlament B 36-37/95, 1. September 1995, S. 3-12

Ostner, Ilona (1987): Auf der Suche nach der einen Stimme, In: Soziologische Revue 10, Sonderheft 2, S. 1-9

Peinl, Iris/Schaper-Rinkel, Petra/Völker, Susanne (1996): Transformation und Geschlecht – Zur Transformationsdiskussion auf der intermediären Ebene, unveröffentlichtes Projektpapier im Rahmen des DFG-Projektes: Frauen im betrieblichen Transformationsprozeß, Humboldt-Universität Berlin

Pieterse, Jan N. (1998): Der Melange-Effekt, Globalisierung im Plural. In: Beck, U. (Hg.) Perspektiven in der Weltgesellschaft, Frankfurt/Main: Suhrkamp Verlag, S. 87-122

Regenhard, Ulla (1997): Dezentralisierung als Schritt zum Abbau der Geschlechterhierarchie? In: WSI-Mitteilung 1/1997, S. 38-50

Roloff, Christine/Metz-Göckel, Sigrid (1995): Das Potentiale – Konzept und Debatten der Frauenforschung. In: Wetterer (Hrsg.) Die soziale Konstruktion von Geschlecht in Professionalisierungsprozessen, Frankfurt/New York: Campus Verlag, S. 263-286

Sauer, Birgit (1996): Transition zur Demokratie? Die Kategorie „Geschlecht" als Prüfstein. In: Kreisky (Hrsg.) Vom patriarchalen Staatssozialismus zur patriarchalen Demokratie, Wien: Verlag für Gesellschaftskritik, S. 131-167

Stolz-Willig, Brigitte/Veil, Mechthild (Hrsg.) (1999): Es rettet uns kein höh'res Wesen ... Feministische Perspektiven der Arbeitsgesellschaft, Hamburg: VSA-Verlag

Veth, Silke (1998): Mitfahren oder zurückbleiben! Arbeitszeitflexibilisierung in der Deutschen Bahn AG. In: Nickel/Völker/Hüning (Hrsg.): Chancenstrukturen weiblicher Erwerbsarbeit. ZiF Bulletin 16. Zentrum für interdisziplinäre Frauenforschung der Humboldt-Universität Berlin, S. 91-106

Young, Brigitte (1998): Genderregime und Staat in der globalen Netzwerkökonomie. In: Prokla 111 Zeitschrift für kritische Sozialwissenschaft. Berlin: Westfälisches Dampfboot, S. 175-198

Young, Brigitte (1999) Triumph of the Fatherland. German Unification and the Marginalization of Women. Michigan Press

Statistisches Bundesamt (Hrsg.) (1997): Datenreport, Bonn

Zukunftskommission der Friedrich-Ebert-Stiftung (1998): Wirtschaftliche Leistungsfähigkeit, sozialer Zusammenhalt, ökologische Nachhaltigkeit. Drei Ziele – ein Weg. Bonn: Dietz

*Gudrun-Axeli Knapp*

# Geschlechterdifferenz und Dekonstruktion
# Anmerkungen zur Verwendung des Dekonstruktionsbegriffs in der sozialwissenschaftlichen Frauenforschung[1]

In der jüngeren feministischen Theoriediskussion ist unter dem Stichwort „Dekonstruktion" von einer Trendwende oder sogar von einem Paradigmenwechsel die Rede. Der älteren Frauenforschung wird vorgehalten, die Geschlechterdifferenz reifiziert und damit den Differenzmythos fortgeschrieben zu haben. Der dekonstruktive Feminismus sei demgegenüber radikaler insofern, als er die kulturellen Grundlagen des Systems der Zweigeschlechtlichkeit offengelegt habe.

Bei genauerem Hinsehen erweist sich der laut Selbstbezeichnung „dekonstruktive" Feminismus als ein Spektrum unterschiedlicher Disziplinen und durchaus kontroverser theoretischer Richtungen. Auch die Horizonte dessen, was mit „Dekonstruktion" bezeichnet wird, variieren erheblich. Schlichte Aufklärung über Aspekte der kulturellen Auslegung von Geschlechtsunterschieden (Dekonstruktion als Re-Konstruktion) steht neben literarisch-ästhetischen Formen der De-Stabilisierung stereotyper Symbolisierungen von Geschlechterdifferenz. Furore machten vor allem Vorstellungen, das ganze Ordnungssystem der Zweigeschlechtlichkeit zu subvertieren, d.h. die „Unnatürlichkeit" der beiden Geschlechter durch Nachahmen ihrer Pseudonatur offenzulegen und einer Vervielfältigung der Geschlechtskategorien zuzuarbeiten.

Gemeinsam ist den diversen Ansätzen ein gewisse Emphase, ein Pathos des Neubeginns, das an die feministische Rhetorik der siebziger Jahre erinnert und zumindest darin eine Fortsetzung impliziert. Dabei sind gleichzeitig zentrale Begriffe der älteren Frauenforschung in den Hintergrund getreten: Subjektivität, Erfahrung, Gesellschaft. Sie wurden mehr oder weniger ersetzt durch: Intersubjektivität, Konstruktion, Kultur.

---

[1] Erweiterte Fassung des auf dem Dresdener Kongreß für Soziologie gehaltenen Vortrags: „Differenz und Dekonstruktion": Anmerkungen zum „Paradigmenwechsel" in der Frauenforschung. In: Stefan Hradil (Hg.), Differenz und Integration. Die Zukunft moderner Gesellschaften. Verhandlungen des 28. Kongresses der Deutschen Gesellschaft für Soziologie, 1997.

Im Anschluß an eine knappe Skizze von Varianten und Konstellationen des „dekonstruktiven" Feminismus werde ich mich auf die ethnomethodologisch-konstruktivistisch orientierte Geschlechterforschung und auf die dort aufgeworfene Frage nach dem Zusammenhang von Hierarchie und Differenz konzentrieren. Die angenommene Gleichursprünglichkeit von binärer Geschlechterklassifikation und Hierarchisierung war es ja, die hier zum Angel- und Fluchtpunkt für „dekonstruktivistische" Überlegungen wurde: Der Dualismus muß verschwinden, wenn Diskriminierung ein Ende haben soll. Welche Auffassung von „Differenz" liegt diesem Ansatz zugrunde und wie tangiert diese Eigenkonstruktion die Vorstellung möglicher „Dekonstruktion"?

## 1. Facetten der „Dekonstruktion"

In der Geschlechterforschung kultur- und geisteswissenschaftlicher Provenienz wird unter dem Stichwort „Dekonstruktion" auf ein heterogenes theoretisches Feld rekurriert; insbesondere auf Derrida's „Denken der Differenz", aber auch auf die sprachtheoretisch revidierte Psychoanalyse Lacans und kritisch daran anknüpfende Ansätze (z.B. Kristeva). Gemeinsam ist den diversen Richtungen, die sich insbesondere in ihren sprach- bzw. zeichentheoretischen Grundorientierungen gravierend unterscheiden, die Kritik an einem präsentistischen Verständnis von Identität und Sinn. Untersucht werden die (sprachförmigen) Prozesse der Herstellung der Illusion von (Geschlechts-)Identität und die hierarchisierende Funktion binärer Konstruktionen (Natur/Kultur, Sex/Gender, Mann/Frau, feminin/maskulin) in diesem Zusammenhang. Die Empirie dieser Strömung bezieht sich in der Regel auf die Lektüre literarischer und philosophischer Texte, auf Film- und Bildanalysen und - zu einem geringeren Teil - auf psychoanalytische Gespräche.

Als „dekonstruktivistisch" gelten hier kritische Aktivitäten der Destabilisierung vermeintlich fixer Bedeutungen durch den Nachweis ihrer Abhängigkeit von dem, was sie verwerfen oder was sie als ihr Anderes ausschließen bzw. verdrängen.

Der Name „Dekonstruktion" im engeren Sinne bezeichnet keine systematisierte Theorie, sondern eine spezifische Weise oder Haltung des Wi(e)der-Lesens in Anschluß an Derrida. Dekonstruktion gilt als „Parasit" (Derrida) metaphysischer Diskurse. Die Strategie eines Denkens und Schreibens im Sinne der „différence", das alle Ursprungskonnotationen, alle substantialistischen und präsentistischen Sinnfundierungen zu unterlaufen sucht, artikuliert sich nicht unbedingt in der konventionellen wissenschaftlichen Form diskursiven Argumentierens, sondern bevorzugt ästhetische Ausdrucksweisen und ein mimetisches Verhalten zu den Texten, die sie durchquert. Von daher sind auch Dekonstruktionen und ihre jeweiligen „Regeln"

## Geschlechterdifferenz und Dekonstruktion

nicht im Sinne einer Methodologie generalisierbar, sondern idiomatisch und kontextgebunden. Das tangiert die Möglichkeiten der Übertragung von Dekonstruktion aus der Arbeit an (philosophischen) Texten auf andere Felder kultureller und sozialer Praxis.

„Der Allgemeinheitsgrad der aus konkreten Dekonstruktionen gewonnenen Regeln für Dekonstruktionen wird von Derrida an den Allgemeinheitsgrad der jeweiligen Sprachen gekoppelt. Demnach wäre die Allgemeinheitsgrenze der jeweils aus Dekonstruktionen formulierten Regeln für Dekonstruktionen der Allgemeinheitsgrad der jeweiligen Sprache" (Engelmann 1990:26).

Ich denke, daß es für die Produktivität von Dekonstruktion im sozialwissenschaftlichen Kontext entscheidend sein wird, ob und wie dies Problem der Übertragbarkeit und der „Übersetzung" reflektiert und gelöst wird. Einstweilen ist davon wenig zu sehen. Der Gebrauch des Dekonstruktionsbegriffs im sozialwissenschaftlichen Zusammenhang scheint eher impressionistisch zu sein. Derrida wiederum bewegt sich mit seinen Dekonstruktionen fast ausschließlich im Kontext philosophischer Fragestellungen. Auf diesem Hintergrund hat Peter V. Zima's Einschätzung der begrenzten Reichweite von Dekonstruktion einiges für sich. Er weist darauf hin, daß sie anscheinend

„... nicht in der Lage ist, soziale und wirtschaftliche Vorgänge zu behandeln, und daß sie aufhört, Dekonstruktion zu sein, sobald sie es versucht" (Zima 1994:200).

In einem weit gefaßten politischen Sinn ist „Dekonstruktion" in Teilen der poststrukturalistisch orientierten feministischen Diskussion als Kritik des normativen Zwangszusammenhangs von Körpergeschlecht, Geschlechtsrolle und Heterosexualität sowie als Frage der Vervielfältigung von Subjektpositionen verstanden worden. Auch hier haben, angeregt vor allem durch die Queer Theory, (Butler 1991, 1995; Hark 1993) ästhetische Vorstellungen der Subversion des Anscheins natürlicher heterosexueller Zweigeschlechtlichkeit durch Formen von Parodie und Travestie eine Rolle gespielt. Insbesondere letztere Position ist in Deutschland mit Judith Butlers „Das Unbehagen der Geschlechter" (1991) und „Körper von Gewicht" (1995) breit rezipiert worden.

Last but not least ist der Begriff der Dekonstruktion im Zusammenhang der Ausbreitung ethnomethodologisch-konstrukti-vistischer Zugangsweisen zur Frage der Geschlechterdifferenz als sozialer Konstruktion aufgegriffen worden. Eine Reihe empirischer Untersuchungen zu Prozessen des Geschlechtswechsels Transsexueller, in denen das konstruktive und interaktive Moment der „Herstellung" von Geschlechtszugehörigkeit ins Blickfeld rückte, hat dekonstruktive Phantasien offenbar besonders beflügelt. (Garfinkel 1967; Kessler/McKenna 1978; Hirschauer 1993; Lindemann 1993).

Auch wenn die Bezugstheorien etwa bei Judith Butler (Foucault, Derrida, Lacan, de Man u.a.) völlig andere sind, als im ethnomethodologisch-konstruktivistischen Spektrum (Garfinkel, Schütz, Goffman u.a.), so teilen sie doch zumindest als logischen Fluchtpunkt ihrer Argumentation die Auffassung, daß nur durch eine - wie auch immer zu bewerkstelligende – „Denaturalisierung" der Zweigeschlechtlichkeit der enge Zusammenhang von Differenz und Hierarchie zu sprengen sei.

Der Frauenforschung wird dabei ins Stammbuch geschrieben, daß sie, solange sie unbesehen von der Natürlichkeit der Existenz von zwei Geschlechtern ausgeht, sich in theoretische Aporien verstrickt und damit - als unbeabsichtigte Nebenfolge ihrer Forschung - zur Reifizierung eines Herrschaftszusammenhangs beiträgt. Die theoretische Aktivität „dekonstruktivistisch" orientierter Feministinnen ist dementsprechend darauf orientiert, die Reproduktion des binären Codes der Zweigeschlechtlichkeit zu unterlaufen, auch, und besonders, wo er als feministische Theorie auftritt und ihn lediglich verdoppelt.

Insbesondere die ethnomethologisch orientierten Ansätze kritisieren dabei das verkehrte Verhältnis von „topic" und „resource". Das, was immer schon vorausgesetzt werde: daß es zwei Geschlechter „gibt", sei vom Erklärungsmittel zum Untersuchungsgegenstand zu machen. Heuristisch wird dabei von einer prinzipiellen Kontingenz der Beziehung von biologischem und sozialem Geschlecht und von der Zweigeschlechtlichkeit als kultureller Klassifikationsleistung ausgegangen, die auch in die Konstruktion des biologischen Dimorphismus eingehe.

Die dekonstruktive Orientierung eröffnet zwei politische Vorstellungshorizonte, die in der feministischen Diskussion häufig vermischt wurden und daher Verwirrung stifteten:

- Zum einen die Kritik des engen normativen Zusammenhangs von Körpergeschlecht, sozialem Geschlechts und (hetero)sexuellem Begehren als Identitätszwang und die politische Intention, kulturelle Freiräume für unterschiedliche Möglichkeiten ihrer Verknüpfung zu eröffnen. Diese Vorstellung der Destabilisierung eines normativen Zwangszusammenhangs, der Abweichendes verwirft, teile ich. Dabei gehe ich allerdings davon aus, daß eine Analyse dieses Zusammenhangs nicht nur die kulturellen Normierungen/Normalisierungen von Personen und deren angenommenen Geschlechtseigenschaften in den Blick nehmen kann, sondern die historisch konstituierten Strukturen der Vergesellschaftung der Genus-Gruppen im weiten Sinne einbeziehen muß.
- Zum anderen gilt Dekonstruktion als Subversion der prinzipiell hierarchisierenden Binarität der Geschlechterklassifikation, die zuweilen mit der Vorstellung einhergeht, die Zweigeschlechtlichkeit der Gattung selbst abzuschaffen. Diese Idee erscheint mir als utopistisch, soweit sie - im Einklagen des Rechts auf Besonderung - selbst Differenz abstrakt negiert.

Die diskursive Explosion, die in diesem thematischen Kontext[2] seit einigen Jahren zu verzeichnen ist, verdankt sich einer spezifischen Konstellation von Ereignissen: dem zeitlichen Zusammentreffen der poststrukturalistischen „Denaturalisierung" von Geschlecht in der philosophisch-kulturwissenschaftlichen Geschlechterforschung (Butler 1991; 1995) mit dem Erscheinen einer Reihe diskursanalytischer Untersuchungen zur Geschichte der Auslegungen von Geschlechterdifferenz und ihrer Verwissenschaftlichung (Honegger 1991; Laqueur 1992), dem Avancieren von Transsexualität zum exemplarischen Gegenstand der Geschlechterforschung (Hirschauer 1993; Lindemann 1992, 1993; Feministische Studien 11. Jg. 1993:2) und zum Modethema der Massenmedien, sowie dem Durchbruch mikrosoziologischer Konzepte des „doing gender" in der sozialwissenschaftlichen Frauenforschung (Gildemeister/Wetterer 1992).

Auf diesem Hintergrund betrachtet scheint das umlaufende Etikett der „Dekonstruktion" eher eine unspezifische Bündelung des politischen Impetus dieser Strömungen zu bezeichnen als einen bestimmten theoretischen Ansatz. Verwirrung hat dabei insbesondere die mißverstandene Auffassung von „Dekonstruktion" der Zweigeschlechtlichkeit als direkter Anleitung zur politischen Praxis gestiftet, die in einer Terminologie von Maskerade und Parodie vorgestellt wird. Der dabei zu beobachtende Einsatz von „Dekonstruktion" als neuer Metaerzählung nach dem Ende der großen emanzipatorischen Entwürfe steht geradezu konträr zum Selbstverständnis poststrukturalistischer Theorie, für die Kontextsensibilität und Respekt vor Differenz zumindest dem Selbstanspruch nach kennzeichnend sind. Von welchen Bedingungen - historisch, geographisch und sozial - muß abstrahiert werden, wenn man „Dekonstruktion" der Zweigeschlechtlichkeit als politische Perspektive propagieren will?

Eine Konsequenz feministischer Wissenschafts- und Androzentrismuskritik lautete, daß jedes Denken - auch feministisches Denken - gehalten ist, die Bedingungen zu bedenken, unter denen seine Aussagen Gültigkeit besitzen könnten.

Ähnliches hat im Kontext postmoderner Theorie Wolfgang Welsch formuliert:

---

2  Im Vergleich zu den englischsprachigen Ländern fällt die Intensität dieser Diskussion im deutschsprachigen Raum auf. Erklärungsversuche gehen davon aus, daß es sich zumindest teilweise um das Begleitphänomen eines Generationenwechsels in der Frauenforschung handelt, das mit entsprechenden Polemiken und Wende-Rhetoriken verbunden ist. (Erika Haas (Hg.): „Verwirrung der Geschlechter". Dekonstruktion und Feminismus, München/Wien, 1995) Judith Butler interpretiert das - im Vergleich zu den USA - breite Interesse an ihren provozierenden Thesen mit der verdichteten Bedeutung des Wortes „Geschlecht" in der deutschen Sprache, einem konservativen akademischen Umfeld, in dem „Queer-Theory" als besonders radikal empfunden wird, und mit einer besseren theoretischen Allgemeinbildung der LeserInnen. („Vom Gender Trouble zum Happy End". Ein Gespräch mit Judith Butler, in: Freitag, 2.August 1996, Nr. 32, S.14)

„Ein Diskurs, der das Niveau von Wissenschaftlichkeit besitzen möchte, kann heute nur derjenige sein, der innerhalb dieser Doppelstruktur von Aussage und Aussagebedingungen operiert. (...) Im Idealfall führt solche Bedingungstransparenz zur Konturierung der Grenzen und Ausschlüsse, die mit dem jeweiligen Bedingungsrahmen verbunden sind" Welsch 1992:48).

Für die Diskussion um die „Dekonstruktion" der binären Geschlechterklassifikation hat diese Aufforderung, sich zu situieren, mindestens zwei naheliegende Konsequenzen.

- Zum einen wären die historischen „Aussagebedingungen" zu reflektieren, etwa der soziokulturelle, auch sub-kulturelle, wissenschaftliche, politische und technologische Hintergrund, der es möglich erscheinen läßt, die Gattung anders als zweigeschlechtlich zu klassifizieren.
- „Bedingungstransparenz" heißt zum anderen, daß auch die Ermöglichungsbedingungen dessen benannt werden, was unter dem label der „Dekonstruktion" als neue politische Strategie und Alternative zu den angeblich überholten Gleichheits- und Differenzpositionen propagiert wird.

In beiden Hinsichten bleibt die Debatte bislang vage.

## 2. Paradigmatische Spannungen

In der sozialwissenschaftlichen Diskussion ist der Dekonstruktions-Anspruch wahrscheinlich erstmals in dem 1992 erschienenen Text über die „soziale Konstruktion der Zweigeschlechtlichkeit und ihre Reifizierung in der Frauenforschung" von Regine Gildemeister und Angelika Wetterer. Erhoben worden. Dieser Aufsatz, der eine kritische Auseinandersetzung mit der älteren Frauenforschung mit einer Darstellung konstruktivistischer Zugangsweisen zur Geschlechterdifferenz verknüpft, leitete - fast zehn Jahre nach Carol Hagemann-Whites einschlägigen Publikationen - einen Rezeptionsschub englischsprachiger Texte aus den Traditionen der Ethnomethodologie, des symbolischen Interaktionismus und der phänomenologischen Soziologie ein. Damit wurde in der Frauen- und Geschlechterforschung ein Perspektivenwechsel initiiert: anstatt wie bisher den „großen Folgen" des „kleinen Unterschieds" nachzugehen, wurden nun die kulturellen Voraussetzungen und die Konstruktionsmechanismen des kleinen Unterschieds selbst zum primären Forschungsgegenstand gemacht.

Der „Gendering"-Ansatz hat die Frauenforschung durchaus bereichert: zum einen durch die Radikalisierung der kulturellen Dimension der Sex-Gender-Unterscheidung, zum anderen durch die Betonung des wechselseitig reflexiven Charakters von körperlichem Geschlecht (sex), Geschlechtskategorie (sex-category) und sozialem Geschlecht (gender) in Zuschreibungs- und Darstellungsprozessen. Dennoch wäre es falsch, wie es im Zuge der gegenwärtigen Diskussion zuweilen geschieht, diesen Ansatz als ein „alternatives Paradigma" zu sehen, das zu einer völligen Neuorientierung in der Frauen- bzw. Geschlechterforschung führen würde.

Zwischen dem antifundamentalistischen Impetus, mit dem der Reifikationsvorwurf an die ältere Frauenforschung vertreten wird, und der tatsächlichen empirisch-theoretischen Tätigkeit der Rekonstruktion von „Sex" und „Gender", von Differenz und Hierarchie klafft häufig ein Widerspruch. Unter der Hand setzt sich sogar eine Variante von „Reifizierung" der Geschlechterdifferenz fort: nun als Prozeßkategorie, wenn unter der Prämisse einer „Omnirelevanz" von Geschlecht das fortlaufende „doing gender" als kontinuierliche und simultane Hervorbringung von Differenz und Hierarchie nachgezeichnet wird.

Ob man aus der sozial unhintergehbaren Präsenz von Geschlecht in face-to-face-Interaktionen auf eine Omnirelevanz von Geschlecht und der jeweiligen Geschlechtsbedeutungen schließen kann, ist durchaus bestreitbar. Aus der Sozialpsychologie, insbesondere der Konflikt- und Rassismusforschung, ist bekannt, daß das spezifische Gewicht, das Gruppen- und individuelle Eigenschaften in Zuschreibungs- und Darstellungsprozessen haben können, kontextbezogen variiert.

Auch in der konstruktivistischen Geschlechterforschung wird dies Problem gesehen, allerdings wird es eher als methodisches Problem diskutiert, das mit dem spezifischen feministischen Forschungsinteresse und der Varianz mikrosozialer Situationen zusammenhängt (z.B. Hirschauer 1995). Zu den beeinflussenden „Kontexten" gehören jedoch nicht nur die deskriptiv erfaßbaren mikrologischen Merkmale einer Situation oder des empirischen Forschungssettings, sondern auch innersubjektive und gesellschaftliche Bedingungen.

Die im engeren Sinne ethnomethodologische Geschlechterforschung stößt in bezug auf die beiden letztgenannten Dimensionen auf klare Grenzen, die in der theoretischen Architektur dieses Ansatzes angelegt sind:

- zum einen die Abwesenheit subjekttheoretischer Reflexionen, die es erlauben würden, die konflikthaften Prozesse geschlechtstypischer Formen von Individuation, Enkulturation und „innerer Vergesellschaftung" (Adorno) zu beleuchten;
- zum anderen das Fehlen einer gesellschaftstheoretischen Perspektive, die es erlauben würde, Widerspruchs- und Konfliktpotentiale im Geschlechterverhältnis als strukturell verankerte zu bestimmen.

Nun zum Zusammenhang von Hierarchie und Differenz. Angelika Wetterer schreibt:

„Nimmt man den einfachen Sachverhalt ernst und beim Wort ‚what is socially constructucted can be reconstructed, and social relations can be rearranged' (Lorber 1991: 355), macht es einen erheblichen Unterschied, ob man die Grundstruktur der Geschlechtertrennung und Geschlechterdifferenz einbezieht oder nicht. Tut man es nicht, läge die Perspektive in einer Reformulierung und Enthierarchisierung der Differenz; tut man es, so läge die Perspektive in einer Dekonstruktion der Differenz selbst, und zwar in gewisser Hinsicht auch als Voraussetzung für einen Abbau der Geschlechterhierarchie" (Wetterer 1992:31).

Geschlechterdifferenz und -hierarchie werden hier als ebenso gleichursprünglich konzipiert wie Sex und Gender. Es ist die Rede von der binären „Grundstruktur" oder - in Anlehnung an Mary Douglas - von der „formalen Struktur" der Zweigeschlechtlichkeit.

In solchen Formulierungen bleibt undeutlich, ob dies als empirisch-historische Feststellung oder als kognitives apriori gedacht ist. Auch wenn Angelika Wetterer an anderer Stelle eindeutig Position im ersteren Sinne bezieht, so weisen die Verwendungen des Begriffs der „binären Klassifikation" häufig in entgegengesetzte Richtung.

Die in der jüngeren feministischen Diskussion verbreitete Annahme, daß binäre Unterscheidungslogik per se Hierarchisierung impliziert, ist erkenntnistheoretisch nicht zu begründen. Die reine Logik des Unterscheidens macht es ebenso möglich, in der Vielfalt zu differenzieren und zwei unterschiedene Kategorien gleichwertig nebeneinander stehenzulassen. Und umgekehrt lehrt die Geschichte rassistischer Klassifikationsmuster und deren Rangstufen, daß eine Vervielfältigung von Kategorien nicht vor Hierarchisierungen schützt, sondern die Differenzierungs- und Hierarchisierungsmöglichkeiten vervielfältigt.

Nun gibt es durchaus im weiteren Kontext der Dekonstruktions-Diskussion Positionen, welche die zwangsläufige Gleichursprünglichkeit von Hierarchie und Differenz theoretisch begründet haben. Etwa strukturalistische Auffassungen von der „phallogozentrischen" Verfaßtheit der Symbolischen Ordnung, die sich dem konstitutiven Zusammenhang von Inzestverbot und Frauentausch verdankt. (Lévi-Strauss 1981; Lacan 1973; kritisch:Irigaray 1979). Wenn man sich darauf stützt, kommt man allerdings in den Einzugsbereich ahistorischer Kultur- und Sprachtheorie und in entsprechende Begründungsprobleme, worauf man denn die Hoffnung stützt, diese Ordnung zu verändern.

Denkbar wäre auch der Bezug auf Konzepte wie etwa Cicourels tiefenstrukturelle „Basisregeln", die er als universale kognitive Strukturen zu fassen versucht, die das apriorische Fundament sozialer Interpretationsprozesse bilden. Damit aber kommt man in den Bereich der bekannten Aporien innerhalb der Ethnomethodologie: einerseits von der Annahme einer situativen Kontingenz alltäglicher Verstehensleistungen auszugehen („Indexikalität"), andererseits nach invarianten, formalen methodischen Fundamenten für eben diese Verstehensleistungen zu suchen.

Diese Grundlagenproblematik wird in der Diskussion des „Gendering"-Konzepts nicht erörtert.

Weder aus der reinen Logik des Unterscheidens noch aus empirischen Praxen von Unterscheidungen, die ja auch nichthierarchisch sein könnten, läßt sich eine generelle Gleichursprünglichkeit von Differenz und Hierarchie ableiten.

Diese kann nur bestimmt werden im Rekurs auf historisch spezifische soziokulturelle, sozialstrukturelle und sozialpsychologische Bedingungen, die es ermöglichen, nahelegen oder dazu nötigen, Geschlechterdifferenz zu hierarchisieren. Zu diesen Bedingungen gehören dann aber nicht nur formale Strukturen einer tradierten „binären Klassifikation" und deren kulturelle Bebilderungen bzw. interaktive Verifikationen, sondern ebenso die als Frauen und Männer „real existierenden" Subjekte und die gesamtgesellschaftlichen Rahmenbedingungen des „doing gender".

In beiden Hinsichten - bezogen auf die Subjekte und bezogen auf Gesellschaft - stoßen wir nun auf problematische Seiten des ethnomethodologisch-konstruktivistischen Unterfangens, Geschlecht radikal zu prozessualisieren und Strukturbegriffe völlig zu verflüssigen.[3]

Mikrosoziale Prozesse der Konstruktion von Geschlechtszugehörigkeit sind nicht gleichzusetzen mit der sozialhistorischen Genese von Unterschieden zwischen den Genus-Gruppen und der Vergesellschaftung der Geschlechter. In der „Gendering-Diskussion" wird die spezifische Differenz und der Zusammenhang von interaktiven Konstruktions- und gesellschaftlichen Konstitutionsprozessen bisher jedoch unzureichend ausgelotet.

Dieser Leerstelle korrespondiert eine Rhetorik des Verdachts. So taucht immer wieder der „Ontologieverdacht" auf, schon beim leisesten Versuch, überhaupt etwas über Daseiendes (also Ontisches) zu sagen. Dabei kann es gar nicht darum gehen, ein „Gewordenes" - im Sinne eines geschichtlich Gewordenen - ontologisch, d.h. als Nicht-Vermitteltes zu behaupten. Zumindest für jene feministischen Ansätze, die sich im weiten Sinne auf dialektische Traditionen bezogen haben, ist unvermittelter Ursprung undenkbar.

Adorno sagt in der „Negativen Dialektik", daß der ontologische Fetisch der Unwiderruflichkeit des Seienden zergeht, wenn man daran erinnert, daß etwas nicht einfach nur „ist", sondern „unter Bedingungen wurde." Hier würden EthnomethodologInnen zustimmen, dann aber das „Werden" als situativen Prozeß von Geschlechtszuschreibungen und -darstellungen in actu, als „konstruktive Episoden" (Hirschauer), fokussieren.

Bei Adorno heißt es darüber hinausgehend:

„Dies Werden verschwindet und wohnt in der Sache" (Adorno 1970: 60).

Es gehe weder im Begriff auf, noch sei von seiner Faktizität, die es im Resultat des Prozesses gewonnen habe, einfach abzusehen. Beim Versuch aber, solche „in den Sachen" geronnene Geschichte sprachlich auszudrücken,

---

[3] So heißt es auch bei Angelika Wetterer: „Es scheint mir (...) weit sinnvoller, in Prozeßkategorien zu denken, statt in Strukturkategorien, die die historische Entwicklung quasi an einem Punkt zum Stillstand bringen und dadurch zu deren Reifizierung und Verdoppelung führen" (Wetterer 1992: 35).

stoße man auf das Problem, daß die verwendeten Worte Begriffe bleiben. Begriffliche Rekonstruktion ist nicht identisch mit dem Konstitutionsprozeß der „Sache" selbst. Begriffe - die ihrerseits eingebunden sind in die Horizonte historisch spezifischer Diskurse, Theoriesprachen und disziplinärer Traditionen - geben aber in gewisser Weise vor, das Gewordene zu repräsentieren:

„Ihre Präzision surrogiert die Selbstheit der Sache, ohne daß sie ganz gegenwärtig würde" (Adorno 1970: 60).

Diese Argumentation hebt die begriffliche Vermitteltheit aller sozialen Phänomene hervor. Das ist jedoch etwas anderes, als zu sagen, daß soziale Phänomene durch Begriffe konstituiert sind.[4] Anders als jene Kollegen und Kolleginnen, die angesichts der skizzierten Erkenntnisproblematik die Frage tabuisieren, wie denn das Werden „in der Sache wohnt", würde ich daran festhalten, daß das gegenwärtige Werden nicht vom Vergangenen abzuspalten ist, und daß es Konsequenzen hat, wenn man dies tut.[5]

Aus der epistemologischen in eine gegenstandsbezogene Perspektive übersetzt hießen die Fragen:

1. Wie kann man „Gewordensein" von Personen unter dem Gesichtspunkt „Geschlecht" fassen, ohne zu substanzialisieren oder zu naturalisieren, aber auch: ohne in Rhetoriken zu verfallen, in denen die Dimension der biographischen Haftung von Erfahrungen, die subjektkonstitutive Verbindlichkeit von Individuation und Sozialisation, völlig aufgelöst ist.

2. Wie kann man über „Sex" (Körpergeschlecht) sprechen, ohne es zum letzten biologischen Grund der Zweigeschlechtlichkeit zu machen, aber auch, ohne in eine Sprache der Fiktionalisierung zu verfallen, in der nicht mehr erkennbar ist, daß über „Zweite Natur" (Marx/Adorno) verhandelt wird.

3. Wie kann man das „Gewordensein" von Geschlechterverhältnissen fassen, ohne Gesellschaft zum Naturzustand zu verdinglichen, aber auch ohne das Moment von Verselbständigung, den Überhang an Objektivität zu unterschlagen, der mit den historisch entwickelten Formen der Vergesellschaftung von Institutionen und sozialen Funktionsbereichen verbunden ist.

---

4 „Wissen und Gewußtes sind in der echten Metaphysik identisch, das Dasein, von dem sie spricht, ist konstituiert durch Erschlossenheit, d.h. Verstehen" (Max Horkheimer 1988: 87).

5 Dies ist eines der zentralen Probleme innerhalb diskurstheoretisch orientierter Frauenforschung, die die Differenz zwischen historischer Konstitution und diskursiver Konstruktion nicht immer genügend herausgearbeitet und z.B. wissenschaftliche Diskurse über Weiblichkeit und Männlichkeit verwechselt mit dem „gelebten Leben" von Frauen und Männern. Ich bezweifle allerdings, daß dies Problem durch eine Ausdehnung des Diskursbegriffs auf alle Formen von kulturellen Praxen gelöst werden kann. Der Einzugsbereich des Begriffs wird damit so überdehnt, daß er unspezifisch wird und alles und damit nichts mehr faßt.

# Geschlechterdifferenz und Dekonstruktion

4. In welchen theoretischen Aussageformen sind Verallgemeinerungen über geschlechtsvermittelte Verhältnisse möglich, ohne dabei entsprechende Differenzierungen innerhalb der Genus-Gruppen zu unterschlagen? Hier geht es um die Frage nach dem spezifischen Charakter von Geschlechterdifferenz im Vergleich zu anderen Formen soziokultureller Differenzierung.

In der Tradition der Kritischen Theorie liegt der Ansatzpunkt eines anti-essentialistischen und anti-ontologischen Denkens im konkreten historischen Nachweis und der historischen Rekonstruktion gegenwärtiger Widersprüche und Ungleichzeitigkeiten, Konfliktkonstellationen und Verfestigungen in Bezug auf Geschlechterdifferenz und Geschlechterverhältnis sowie mit Blick auf Trennlinien innerhalb der Genus-Gruppen:

„Die Erfahrung vom widerspruchsvollen Charakter der gesellschaftlichen Realität ist kein beliebiger Ausgangspunkt, sondern das Motiv, das die Möglichkeit von Soziologie überhaupt erst konstituiert. Nur dem, der die Gesellschaft als eine andere denken kann denn die existierende, wird sie zum Problem; nur durch das, was sie nicht ist, wird sie sich enthüllen als das, was sie ist" (Adorno 1990:564).

Erst in der Reflexion auf ihr geschichtliches „Gewordensein" lassen sich jene „Kräfte und Gegenkräfte" (Horkheimer) konkretisieren, historisch-gesellschaftlich, in den Subjekten und zwischen Genus-Gruppen, um die es einer kritischen feministischen Theorie zu tun ist. Ohne Einsicht in die vorausgegangenen Formen der Vergesellschaftung von Arbeit und Generativität, in die Organisationsform von Sexualität, in Formen von Macht und Herrschaft im Geschlechterverhältnis und deren sozialstrukturelle wie institutionelle Manifestationen, können die Verfaßtheit und die Konfliktkonstellationen im Geschlechterverhältnis der Gegenwart nicht zureichend begriffen werden.

Das, was die Wirklichkeit der „Sache" jeweils ist, konstelliert sich ein Stück weit mit den Perspektiven um, die darauf gerichtet sind. Und umgekehrt: die Verfaßtheit der „Sache" drängt auf Revisionen der Perspektiven:

„Der bestimmbare Fehler aller Begriffe nötigt, andere herbeizuzitieren; darin entspringen jene Konstellationen, an die allein von der Hoffnung des Namens etwas überginge" (Adorno 1970: 60).

Hier wird - im Rahmen eines negativ-dialektischen Konzepts von Vermittlung[6] - an einem materialistischen Verständnis von sozialer Realität und der Frage nach dem konstitutiven Zusammenhang von „Werden" und „Gewordensein" festgehalten. Entwickelt wird ein Konzept von Erkenntnis als expli-

---

6 Ausführlicher hierzu: Regina Becker-Schmidt: Provokation ohne Vermittlung. Anmerkung zu Donna Haraways Kritik an bipolaren Dichotomien,in: ifg 1996; Gudrun-Axeli Knapp: Fragile Foundations. Situated Questioning. Strong Traditions. In Maggie O'Neill (Ed): Adorno, Culture, Feminism. London 1999.

kativer Konkretion, als Annäherung an Sachhaltigkeit, das die konstruktiven Dimensionen des Erkennens nicht, wie der naive Realismus, unterschlägt. Adornos Aussage, daß es der bestimmbare Fehler aller Begriffe ist, der dazu nötigt, andere herbeizuzitieren, ist dabei nur auf dem Hintergrund eines historisch-empirischen Arbeitsbegriffs von gesellschaftlichen Vermittlungszusammenhängen und Konstitutionsprozessen denkbar. Erst ein sachhaltiger Arbeitsbegriff vom gesellschaftlichen Vermittlungszusammenhang erlaubt es, unspezifische Generalisierungen, Harmonisierungen und Ausblenden von Widersprüchen und Ungleichzeitigkeiten wahrzunehmen und zu korrigieren.

Der eher ahistorisch und empirisch orientierte ethnomethodologische Ansatz, insbesondere in den Varianten, die sich auf die Rekonstruktion formaler methodischer Regeln von Sinngebungsprozessen beschränken, liefert hier kaum Anknüpfungsmöglichkeiten.

Reflexionen auf übergreifende gesellschaftliche Zusammenhänge und auch auf das darin eingebettete eigene, in diesem Falle feministische Erkenntnisinteresse, sind in der Ethnomethodologie Garfinkelscher Provenienz programmatisch blockiert. Sie sind durch das Indifferenz-Postulat blockiert, wonach man sich jeder Bewertung der untersuchten Wirklichkeitskonstruktionen zu enthalten habe, weil prinzipiell alle Entwürfe gleichberechtigt sind. Das Subjekt, das auf „etwas" schaut, soll dabei seine eigene Situiertheit nicht reflektieren, sondern ausklammern. Und sie sind blockiert durch die damit verbundene selbstverordnete Konzentration auf die Frage „WIE" Geschlecht gemacht wird. In der Wie-Frage aber ist die historisch-gesellschaftliche Verfaßtheit des Geschlechterverhältnisses immer schon unterstellt, ebenfalls ohne reflektiert zu werden. Geschlecht und Geschlechterverhältnisse sind aber nicht nur etwas, das situativ konstruiert, dargestellt und produziert wird, sondern auch etwas „Gewordenes", das als „geronnene Gewalt der Geschichte" (Marcuse) die Handlungs- und Einsichtmöglichkeiten der Individuen faktisch beschränkt.

Am Beispiel der Gleichstellungsproblematik soll verdeutlicht werden, daß es politische Konsequenzen hat, wenn diese Differenz nicht mehr gedacht werden kann.

## 3. Gleichheit, Differenz und Dekonstruktion

Regine Gildemeister und Angelika Wetterer weisen zu Recht auf Paradoxien der Frauenförderung hin:

„Um die hierarchische Struktur des Geschlechterverhältnisses abzubauen, beschreitet sie (notgedrungen) einen Weg, der immer auch als Reifizierung und Neu-Dramatisierung des binären Grundmusters zu verstehen ist und der damit das Koordinatensystem von Gleichheit und Differenz, von „männlich" und „weiblich" nicht verschiebt" (Gildemeister/Wetterer 1992: 248).

# Geschlechterdifferenz und Dekonstruktion

Das hier beschriebene Reifikations-Dilemma läßt sich ergänzen durch die bekannten Dilemmata von Gleichheit und Differenz: Wenn Ungleiches gleich behandelt wird, so führt das zur Fortschreibung von Ungleichheit; Gleichheit vor dem Gesetz garantiert nicht Gleichheit nach dem Gesetz.

Und umgekehrt: wenn ausschließlich die Differenz betont wird, so mündet dies in die Fortschreibung und Verstärkung des Stigmas der Abweichung.

Um politisch mit diesen Dilemmata umgehen zu können, müssen zunächst die Einzugsbereiche und empirischen Referenzen von Gleichheit, Differenz und Dekonstruktion präzisiert werden.

Regina Becker-Schmidt, auf die ich mich im folgenden beziehe, hat kürzlich in einer gesellschaftstheoretischen Perspektive verdeutlicht, daß aus historischen Gründen eine dialektische Beziehung zwischen Gleichheit und Differenz besteht (Becker-Schmidt 1996).

Eine Politik, die Gleichstellung der Geschlechter durchsetzen will, kann danach nicht auf das Argument der Gleichwertigkeit in der Gegenwart verzichten, und muß dennoch historisch entstandene soziale Differenzen zwischen den Genus-Gruppen in Rechnung stellen.

Das heißt: Der Bezug auf Gleichheit kann nicht, wie es die derzeitige Rechtsprechung zu tun pflegt, im liberalistischen Sinne einer abstrakten Durchsetzung des Gleichheitsprinzips als individuelle Gleichbehandlung - als „doing equality" - gefaßt werden. Stattdessen muß gezeigt werden, daß die Realisierung gleicher Partizipationschancen an die Berücksichtigung von gruppenspezifischen Ausgangsbedingungen, d.h. an strukturelle Differenz gebunden ist. (Konzequenzen der Geschichte geschlechtstypischer Schließungen, Strukturierungen und Hierarchisierungen im Ausbildungssystem und am Arbeitsmarkt, Folge von Familienverpflichtungen, stereotyper Zuschreibungen usw.).

Referenzpunkt für die inhaltliche Bestimmung von Differenz ist dabei der historisch generierte und rechtlich codierte Anspruch auf Gleichheit. Welchen Ort hat in diesem Zusammenhang eine Politik der Dekonstruktion?

Dekonstruktion setzt durchweg bei der Verschiebung von Geschlechtsbedeutungen und der Problematisierung von Identitätspolitik. an. Sie muß es daher vermeiden, Politiken auf Fundamente von Vereigenschaftlichung zu gründen und macht, wie etwa Angelika Wetterer vorschlägt, auf Plausibilitätsverluste von Stereotypisierungen aufmerksam. Diese Sicht teile ich, dennoch reicht sie nicht weit genug. Es würde im Zeichen einer so verstandenen Dekonstruktion zwar damit aufgehört, Politik weiterhin über Geschlechtseigenschaften zu begründen, werden jedoch dadurch die vorfindliche Geschlechterstruktur und die institutionalisierten Machtverhältnisse noch nicht geändert.

„Dekonstruktion" im gesellschaftlichen Kontext ist, um langfristig greifen zu können, auf „bestimmte Negation" von Ungleichheitsstrukturen angewiesen

- und diese ist nur möglich im Rekurs auf Analysen, die strukturelle Ungleichheitslagen in den den Blick nehmen können.
Gleichstellung und Frauenförderung beinhalten somit prinzipiell eine dreifache Perspektive, in der Gleichheit, Differenz und Dekonstruktion auf bestimmte Weise verknüpft sind:

1. Sie richten sich auf die Herstellung von Chancengleichheit in jedem Einzelfall und damit gegen aktuelle Benachteiligung (Gleichheit als Antidiskriminierung).
2. Sie formulieren Strukturdefizite korrigierende Programme im Sinne besonderer Förderung für Frauen als Mitglieder einer Genus-Gruppe. Diese Förderung trägt strukturellen Besonderheiten Rechnung, die aus historischen Gründen weibliche Lebenszusammenhänge bis heute besonders charakterisieren. (Differenzperspektive als kompensatorische Förderung, die auf Strukturdefizite reagiert).
3. Sie vermeiden Identitätskategorien zur Fundierung ihrer Politik und kritisieren Stereotypisierungen. (Dekonstruktion als Kritik der Vereigenschaftlichung von Geschlecht).

Gruppenbezüge werden in diesem Zusammenhang nur als strukturelle artikuliert, d.h.: Fluchtpunkt der Argumentation ist nicht die Geschlechtskategorie „Frauen" und die Eigenschaften der Personen, die darunter fallen, sondern Hierarchien und Ungleichheitslagen zwischen den Genus-Gruppen.

Ein derartig mehrdimensionales Verständnis von Gleichstellungspolitik würde nicht die klassifikatorische Zweigeschlechtlichkeit „an sich" angreifen, was „an sich" ohnehin nicht möglich ist, sondern ihre spezifischen herrschaftsförmigen Ausprägungen, zu denen auch der Identitätszwang gehört.

Der Zusammenhang von Differenz und Hierarchie kann nur in den historischen Konkretionen kritisiert werden, in denen er zum Tragen kommt. In diesen Konkretionen zeigen sich erst die Konfliktlinien, die in einer kritischen Perspektive aufgegriffen werden können.

Damit ist theoretisch jedoch nicht nur die Frage nach den gesellschaftlichen Bedingungen des „doing gender" aufgeworfen, sondern auch die Frage nach den Subjekten des „doing gender" sowie nach den Subjekten möglicher und unmöglicher Politik.

## 4. Subjektivität als Black-Box

Es ist bemerkenswert, daß im Zusammenhang der Dekonstruktions-Diskussion die Frage nach subjektiven Bedingungen der Möglichkeit dieser Politik völlig ausgespart bleibt. Das hat systematische Gründe, die im Feld poststrukturalistischer „Dekonstruktion" anders aussehen als bei den „Lacanianern" oder in der Ethnomethodologie, um die es mir hier geht. Die Subjekte des ethnomethodologischen „doing gender" sind theoretisch und empirisch auf merkwürdige Weise irrelevant.

Sie werden als „Black boxes" behandelt, als personale Anhängsel ihrer Kognitionen, denen das theoretische Interesse gilt. Sie kommen ins Blickfeld als Intersubjekt oder, wenn überhaupt, als Objekte ihrer Selbstkonstruktion. Anscheinend aus Furcht vor Essentialisierung wird die Frage nach der Verfaßtheit von Subjektivität entweder generell vermieden oder in einer Weise gestellt, die Subjektivität soziologistisch veräußert.

So stellt etwa Stefan Hirschauer fest:

„Die Strukturen der Persönlichkeit bestehen aus mikrosoziologischer Sicht in den Praktiken durchaus erwachsener Menschen, die sich in ihrem Alltagsleben kontinuierlich zu Frauen und Männern machen und machen lassen" (Hirschauer 1995: 69).

Es ist die Ausschließlichkeit, mit der diese Perspektive eingenommen wird, die zum Manko wird: Wie Geschlechterdifferenz „gesehen" und auf sie reagiert wird, hängt ja nicht zuletzt auch von psychischen Dispositionen ab, die einen dazu bringen, auf Differentes mit Abwehr, Faszination oder Indifferenz zu reagieren. Bei aller interindividuellen Variation gibt es anscheinend doch innerpsychische Konfliktkonstellationen, die in bestimmten soziokulturellen Kontexten als geschlechtstypisch gelten können.

Allein die oft zwanghaft anmutenden Inszenierungen von Männlichkeit, auf die Autoren unterschiedlicher theoretischer Herkunft hingewiesen haben, deuten darauf hin, daß es von enormer affektiver Relevanz sein muß, sich und andere der Nicht-Weiblichkeit zu versichern, wobei Nicht-Weiblichkeit gleichzeitig als Nicht-Homosexualität konnotiert ist.

Die unterschiedliche Positionierung der Geschlechter im Koordinatensystem der Zweigeschlechtlichkeit und in den Strukturen des Geschlechterverhältnisses, wirkt sich in lebensgeschichtlich generierten charakteristischen Erfahrungen und Konflikten aus. Diese können theoretisch beschrieben und empirisch untersucht werden - auch ohne in homogene Konzeptionen weiblicher oder männlicher „Sozialcharaktere" einzumünden, wie offenbar befürchtet wird.

In seinem Text über die „Soziale Fortpflanzung der Zweigeschlechtlichkeit" (1994) versucht Stefan Hirschauer, im Rahmen einer wissenssoziologischen Perspektive die Frage nach dem Subjekt einzubeziehen. Allerdings beschränkt er sich dabei auf die Frage, welchen Anteil biographische Dispositionen bei der Stabilisierung von Konstruktionsprozessen von Geschlecht haben.

Inhaltlich werden diese Dispositionen als biographisches Gedächtnis, als erinnertes Wissen um die Geschichte der Plazierung in eine Geschlechtskategorie gefaßt, und als korporales Gedächtnis, als eine Art inkorporiertes Darstellungsrepertoire von Geschlechtszugehörigkeit, die beide als „Trägheitsmomente" in die Interaktionen eingehen.

Immanent gesehen konsequent, bleibt der Versuch doch unzureichend. Unplausibel ist vor allem - auch vor dem Hintergrund seiner eigenen Erörterungen zur Frage des „undoing gender"-, daß biographische Dispositionen in Bezug auf Geschlechtszugehörigkeit von vornherein nur als Elemente der Stabilisierung der Geschlechtskonstruktion in den Blick genommen werden, nicht auch als potentiell konflikthafte, die dazu anstacheln, Identitätszwänge auf verschiedenen Ebenen zu durchbrechen. Hier hat die feministische Geschlechterforschung in der Tat eine spezifische Aufmerksamkeit.

Affektivität, Emotionalität, die Frage des Begehrens und entsprechender Dynamiken spielen im Gendering-Ansatz keine Rolle. Dabei dürfte es im Bereich der Forschung zur Geschlechterdifferenz naheliegend sein, die Dimension der Psychosexualität einzubeziehen. Die vielfach konstatierten Ambivalenzen von Attraktion und Repulsion, Bezogenheit und Distanz, Bindung und Gebundensein sind im Rahmen kognitiver Ansätze nicht erschließbar. Auch Phänomene wie Sexismus, Gewalt, Abwertung, an denen sich feministische Kritik abarbeitet, sind ohne sie nicht faßbar. Im Rahmen des ethnomethodologischen Zugangs wären sie allenfalls in einer Meta-Perspektive thematisierbar, etwa indem die Ethnomethoden der Konstruktion von Gewalt im feministischen Reden über Gewalt untersucht würden. Dies wäre zweifellos eine wichtige Frage, die Prozesse der Selbstreflexion anregen kann. Wer Gewalt ausübt, wem sie gilt, was sie ermöglicht und wie sie bekämpft werden kann - solche mindestens ebenso naheliegende Fragen würden allerdings den Horizont dieser Tradition sprengen.

Es sei zugestanden, daß herkömmliche empirische Forschungsverfahren auf Grenzen stoßen, wenn es um Fragen nach innersubjektiven Konfliktkonstellationen und Besetzungsdynamiken geht. Dies muß jedoch nicht zur Konsequenz haben, daß die entsprechenden Problemdimensionen ausgeblendet werden.

Ebensogut kann dieser Sachverhalt zum Anlaß genommen werden, den verengten Erfahrungsbegriff herkömmlicher empirischer Forschung zu erweitern und mehr mit unorthodoxen Methodenkombinationen zu experimentieren. Dies beinhaltet variable und nichtreduktionistische Verhältnisbestimmungen von Theorie und Empirie, deren jeweilige Plausibilität sich „am Gegenstand" zu erweisen hätte.

## Literatur

Adorno, Theodor W. (1970): Negative Dialektik, Frankfurt.
Adorno, Theodor W. (1972/1990): Gesammelte Schriften 8. Soziologische Schriften 1. Frankfurt a.M.
Becker-Schmidt, Regina (1996): Einheit, Zweiheit. Vielheit. Identitätslogische Implikationen in feministischen Emanzipationskonzepten. In: Ifg (Hrsg.) Zeitschrift für Frauenforschung 14. Jg. Heft 2. Bielefeld.
Becker-Schmidt, Regina (1997): Provokation ohne Vermittlung. Anmerkung zu Donna Haraways Kritik an bipolaren Dichotomien. In: Soziologische Revue
Bergmann, Jörg R. (1974): Der Beitrag Harold Garfinkels zur Begründung des ethnomethodologischen Forschungsansatzes. (Unveröff. Diplomarbeit). München.
Butler, Judith (1991): Das Unbehagen der Geschlechter. Frankfurt/M.
Butler, Judith (1995): Körper von Gewicht, Berlin.
Cicourel, Aaron (1981): Basisregeln und normative Regeln im Prozeß des Aushandelns von Status und Rolle. In: Arbeitsgruppe Bielefelder Soziologen (Hrsg.), Alltagswissen, Interaktion und gesellschaftliche Wirklichkeit. Opladen. S.147-188 (orig.1971)
Connell, Robert (1995): Masculinities. Cambridge.
Engelmann, Peter (1990) (Hrsg.): Postmoderne und Dekonstruktion. Texte französischer Philosophen der Gegenwart, Stuttgart.
Feministische Studien (1993): Kritik der Kategorie „Geschlecht". 11.Jg. 1993/2
Gildemeister, Regine/ Angelika Wetterer (1992): Wie Geschlechter gemacht werden. Die soziale Konstruktion der Zweigeschlechtlichkeit und ihre Reifizierung in der Frauenforschung. In: Gudrun-Axeli Knapp/ Angelika Wetterer (Hrsg.): Traditionen Brüche. Entwicklungen feministischer Theorie. Freiburg i.Br..
Hagemann-White, Carol (1984): Sozialisation: Weiblich - Männlich? Opladen.
Hagemann-White, Carol (1989): Wir werden nicht zweigeschlechtlich geboren. In: Carol Hagemann-White/Maria Rerrich (Hrsg.): FrauenMännerBilder (Forum Frauenforschung, Bd.2). Bielefeld.
Hagemann-White, Carol (1993): Die Konstrukteure des Geschlechts auf frischer Tat ertappen? Methodische Konsequenzen aus einer theoretischen Einsicht. In: Ursula Pasero/Friederike Braun (Hrsg.): Konstruktion von Geschlecht. Pfaffenweiler
Hark, Sabine (1993): Queer Interventionen. In: Feministische Studien (1993) 11.Jg. 2, S. 103-110
Hirschauer, Stefan (1995): Dekonstruktion und Rekonstruktion. Plädoyer für die Erforschung des Bekannten, in: Ursula Pasero/ Friederike Braun (Hrsg.): Konstruktion von Geschlecht. Pfaffenweiler.
Hirschauer, Stefan (1994): Die soziale Fortpflanzung der Zweigeschlechtlichkeit. In: Kölner Zeitschrift für Soziologie und Sozialpsychologie (1994), Jg.46, Heft 4
Horkheimer, Max (1988): Materialismus und Metaphysik. In: Gesammelte Schriften Band 3, Schriften 1931-1936. Frankfurt/M.
Irigaray, Luce (1979): Das Geschlecht das nicht eins ist. Berlin.

Knapp, Gudrun-Axeli (1993): Der "weibliche Sozialcharakter" - Mythos oder Realität?, in: Marlis Krüger (Hrsg.): Was heißt hier eigentlich feministisch? Bremen.
Knapp, Gudrun-Axeli (1996): Traditionen Brüche. Kritische Theorie in der feministischen Rezeption. In: Elvira Scheich (Hrsg.): Vermittelte Weiblichkeit. Feministische Wissenschafts- und Gesellschaftstheorie. Hamburg.
Knapp, Gudrun-Axeli (1997): Fragile Foundations. Situated Questioning. Strong Traditions. In: Maggie O'Neill (ed): Adorno, Culture, Feminism. London 1999.
Kristeva, Julia (1982): Die Chinesin. Die Rolle der Frau in China. Frankfurt/M/ Berlin/Wien.
Lacan, Jaques (1973): Funktion und Feld des Sprechens und der Sprache in der Psychoanalyse. (Rede von Rom), Schriften I, S.71-170. Olten/Freiburg i.Br.
Lévi-Strauss (1981): Die elementaren Strukturen der Verwandtschaft. Frankfurt a.M.
Pleck, Joseph H. (1981): The Myth of Maculinity. Cambridge, Mass.
Pohl, Rolf (1996): „Horror feminae". Bausteine zu einer Psychoanalyse der Männlichkeit. Hannover
Tyrell, Hartmann (1989): Überlegungen zur Universalität geschlechtlicher Differenzierung. In: Jochen Martin/ R. Toepfel (Hrsg.), Frau und Mann. Historische Anthropologie. Freiburg i.Br. München.
Welsch, Wolfgang (1992): Topoi der Postmoderne. In: H.R. Fischer, A. Retzer, J. Schweitzer: Das Ende der großen Entwürfe. Frankfurt a.M.
Wetterer, Angelika (1993): Professionalisierung und Geschlechterhierarchie. Vom kollektiven Frauenausschluß zur Integration mit beschränkten Möglichkeiten. Kassel.
Wetterer, Angelika (1995): Dekonstruktion und Alltagshandeln. Die (möglichen) Grenzen der Vergeschlechtlichung von Berufsarbeit. in: Erika Haas (Hrsg.), „Verwirrung der Geschlechter". Dekonstruktion und Feminismus. München/ Wien.
Wetterer, Angelika (1992): Profession und Geschlecht. Über die Marginalität von Frauen in hochqualifizierten Berufen. Frankfurt/New York.
West, Candace/ Sarah Fenstermaker (1995): Doing Difference. In: Gender and Society, Vol.9, No 4, August 1995, p. 506-513.
Zima, Peter V.(1994): Die Dekonstruktion. Einführung und Kritik. Tübingen
Zima, Peter V. (1997): Moderne/ Postmoderne. Tübingen
Zima Peter V. (1994): Die Dekonstruktion. Tübingen und Basel

*Ursula Müller*

# Geschlecht und Organisation
# Traditionsreiche Debatten - aktuelle Tendenzen

In diesem Aufsatz gebe ich einen kurzen Überblick über die feministische Auseinandersetzung mit dem Themengebiet „Geschlecht und Organisation" (Abschnitt 1), beschäftige mich sodann mit der „kulturellen Wende" in diesem Themenbereich (Abschnitt 2) und diskutiere an Beispielen, weshalb diese Verlagerung der Aufmerksamkeit hin zur kulturellen Ebene ihre Berechtigung hat. Am Beispiel gleichstellungsfördernder Maßnahmen in Organisationen diskutiere ich sodann (Abschnitt 3) die Strategie der „diskursiven Enteignung", denen sich feministische Erfolge in Organisationen heute gegenüber sehen, und betrachte als neue Entwicklung, wie sich der feministische Diskurs auf diese Gegenreaktion eingestellt hat, sowie die Thematik von „Geschichtsverlust" und „institutionellem Vergessen" auch in aktuellen Beiträgen zum Thema „Geschlecht und Organisation". Im vierten und letzten Abschnitt beziehe ich mich teils anerkennend, teils kritisch auf neueste Diskussionsbeiträge zum Thema „Geschlecht und Organisation" und diskutiere die Gefahr von „Geschichtsverlust" und „institutionellem Vergessen" auch in der Frauen- und Geschlechterforschung.[1]

## 1. Bürokratische Organisation und Geschlecht

Ein zentrales Element bürokratischer Herrschaft ist nach Max Weber deren Unpersönlichkeit. Ein vergleichbares Element finden wir in der Charakterisierung formaler Organisation bzw. Verwaltung durch Luhmann:

---

[1] Anlaß dieses schriftlichen Beitrages war meine Beteiligung an einem Kolloquium an der Humboldt-Universität zu Berlin, das auch zu anderen Beiträgen dieses Bandes geführt hat. Meinen damals gehaltenen Beitrag habe ich in verkürzter Form an anderer Stelle bereits veröffentlicht (vgl. Müller 1998); einige der dort festgehaltenen Gedanken liegen auch diesem Beitrag zugrunde, insbesondere die der „asymmetrischen Geschlechterkultur" sowie der „diskursiven Enteignung". Dieser Beitrag wurde jedoch für die vorliegende Publikation in Auseinandersetzung mit den sich abzeichnenden aktuellen Diskussionslinien völlig neu geschrieben.

"Die Verwaltung neutralisiert die Person als Entscheidungsfaktor. Es soll im Prinzip nicht darauf ankommen, wer entscheidet, sondern es kommt darauf an, daß nach bestimmten allgemeinen Regeln richtig entschieden wird. Das ist ein sehr tiefgreifendes Merkmal des ganzen neuzeitlichen Zivilisationsprozesses. Sowohl die Wissenschaft als auch die Technik sind planmäßig indifferent dagegen, wer forscht, wer konstruiert. ... Die gleiche Unpersönlichkeit finden wir im Rechtswesen. ... wir wollen nicht die Intuition des Richters, sondern wir wollen eine exakte Ausführung von Gesetzen. Das gilt auch für die Verwaltung. Der bürokratische, umständliche, formelhafte, schriftliche Arbeitsstil der Verwaltung ist darauf angewiesen, die persönliche Laune auszufiltern, und auch die Momente einer persönlichen Selbstdarstellung ... kommen nicht in die Akten."(Luhmann 1966: 17).

Hervorzuheben ist, daß dieser neuzeitliche Typ bürokratischer Herrschaft im Sinne Max Webers als eine der großen Errungenschaften der bürgerlichen Gesellschaft historisch zu verstehen ist: nicht mehr nach Stand, nach persönlichen Abhängigkeitsbeziehungen oder Gutdünken eines Herrschers sollten die Mitglieder der Gesellschaft regiert werden, sondern nach gleichen Regeln für alle - Vorhersehbarkeit, Verfahrenssicherheit, Aktenförmigkeit sind auf diesem Hintergrund nicht nur zu verstehen als Ausdrucksform der Rationalisierung, die Vorbedingung und Charakteristikum der sich durchsetzenden Industriegesellschaft ist, sondern auch als Schutz des Bürgers vor der Willkür eines Herrschers.[2] Bemerkenswert ist, daß im Zuge der Durchsetzung der Industriegesellschaft und der damit einhergehenden tiefgreifenden Transformationen das innere Gerüst der gesellschaftlichen Neuorganisation (Stichwort u.a. „Rationalisierung") eben dieser Typ von Regelhaftigkeit ist. Die Verwaltung behandelt grundsätzlich alle gleich, nach den gleichen Regeln.

Nach diesem Kriterium formaler Organisation - sie funktioniert unabhängig von den individuellen Merkmalen ihrer Mitglieder wie ihrer „Kunden" - dürfte auch „Geschlecht" für das Handeln in Organisationen, soweit es auf den Zweck der Organisation gerichtet ist, keine Rolle spielen.

Diese Sichtweise ist nicht unwidersprochen geblieben; die Gleichheitskonzeption des bürgerlichen Selbstverständnisses ist nicht nur von feministischer Seite ausführlich kritisiert worden.[3] Hier interessiert uns aber ein eher organisationsbezogener Aspekt: auch bezogen auf die Rolle von „Geschlecht" bei bürokratischen Entscheidungsprozessen und Handlungsabfolgen gilt, daß das formale Kriterium in Widerspruch geraten kann zum Alltag bzw. zu „Regeln", die das Handeln tatsächlich anleiten. Zwar führte die „Entdeckung" der informellen Strukturen in Arbeitsorganisationen in den 40er Jahren zu einer Differenzierung der Perspektive.[4] „Geschlecht" als möglicherweise

---

2   Bereits bei Max Weber ist allerdings auch der Gedanke angelegt, daß sich diese Form der Rationalisierung von Herrschaft auch zum Nachteil der Beherrschten über deren Leben stülpen könne („ehernes Gehäuse").
3   So hat u.a. Ute Gerhard diskutiert, mit welchen Konsequenzen und mit welchen Mitteln die Arbeiterklasse und die Frauen aus dem bürgerlichen Gleichheitsverständnis ausgeschlossen blieben (vgl. dies.1990).
4   Auch wurde seither das „Rationalitätsparadigma" der Weberschen Tradition infrage gestellt; vgl. Rastetter 1994; May 1997.

strukturbildende Kategorie blieb jedoch außen vor. Erst der feministische Diskurs der 70er Jahre hat hier eine neue Entwicklung eingeleitet.

Der Beginn der feministischen Organisationsdiskussion in neuerer Zeit läßt sich ungefähr mit dem Erscheinen des Buches von Rosabeth Moss Kanter von 1977 gleichsetzen: Auch heute gibt es kaum einen Diskussionsbeitrag in der Debatte um Geschlecht und Organisation, der sich nicht in der einen oder anderen Weise auf dieses Buch bezieht. Dies läßt sich vielleicht damit erklären, daß Kanters Buch eine Mischung von Traditionalität - Einbettung in die Bürokratiekonzeption von Max Weber - mit dem erstmaligen Nachweis der - in heutiger Sprache gesprochen - organisationellen Produktion einer für Frauen nachteiligen Geschlechterdifferenz verband. Eine frauendiskriminierende Tendenz, die bürokratischen Strukturen als solchen innewohne, wird von Kanter verneint. Sie sieht in Organisationen zwar Frauendiskriminierung; diese beruhe jedoch nicht auf der Geschlechterdifferenz, sondern auf der Machtdifferenz. Wandel hin zu einem symmetrischen Geschlechterverhältnis ist bei Kanter dadurch möglich, daß mehr Frauen zu Macht verholfen wird. Solange Frauen in der Minoritätenposition sind, wird weibliche Geschlechtszugehörigkeit als negative Differenz konstruiert. Ihre Analyse des „tokenism", ihre scharfsichtigen Äußerungen zur „critical mass" folgen ihrer These, daß sich Geschlechterdifferenz über Machtdifferenz, also über einen minoritären Status konstruiere.[5] Ihre Analyse des Verhältnisses von Chef und Sekretärin zeigt auf, daß dieses Verhältnis personale und emotionale Elemente enthält, die der unterstellten Rationalität von Organisation zuwiderlaufen. Dies erscheint in ihrer Analyse als irrationaler Impuls, als ein Relikt aus früherer Zeit, das mit dem Vorankommen von Frauen in Organisationen überwunden werden wird.

Demgegenüber führte die frühe Beschäftigung anderer Frauenforscherinnen mit dem modernen Organisationstyp zunächst häufig zu dem Ergebnis, daß die Randständigkeit von Frauen eine strukturelle Notwendigkeit in diesem Typ von Organisation sei, dieser also per se ungleichheitserzeugend bezogen auf das Geschlechterverhältnis wirke (so noch Ferguson 1984; in anderer Betonung auch Pringle 1989). Machtbeziehungen in Organisationen gelten in dieser Sichtweise als Ausdruck der gesellschaftlichen Organisation von Geschlecht (Pringle 1988). Das Verhältnis von Chef und Sekretärin erscheint hier als paradigmatisch für alle Geschlechterbeziehungen am Arbeitsplatz, sind diese doch nichts anderes als Ausdrucksformen der gesell-

---

5   Vereinzelte Frauen kommen lt. Kanter in Männerkontexten in den Status eines „tokens", d.h. sie gewinnen hohe Sichtbarkeit und Symbolisierungskraft; wenn diese Frau scheitert, scheitert sie beispielsweise für ihr gesamtes Geschlecht. Die „critical mass" bezeichnet bei Kanter denjenigen Prozentsatz von Frauen in männerdominierten Kontexten, der erreicht werden muß, wenn reale Frauen eine Chance haben sollen, sich gegen Geschlechterstereotypen zur Wehr zu setzen (15 %) oder gar die Geschlechterpolitik der Organisation zu verändern (30 %).

schaftlichen Machtunterschiede von Männern und Frauen. Wandel kommt in dieser Sicht nicht dadurch zustande, daß Frauen an der Macht der Männer partizipieren, sondern indem sie die Seite der unterdrückten Sexualität in Organisationen entwickeln. (Pringle 1988). Sie sollen sich auf die positiven Seiten der Heterosexualität beziehen und durch Reerotisierung die herrschende Männerrationalität aufbrechen. Eine Reihe dieser Autorinnen (außer Pringle 1988 auch z.B. Bologh 1990) lesen den Rationalitätsbegriff von Max Weber, der dessen Konzept der bürokratischen Organisation als historisch überlegener Organisationsform der Neuzeit zugrunde liegt, mehr oder weniger als Kommentar zur Konstruktion moderner Männlichkeit.

Heute hingegen kann diese Kontroverse als überlebt gelten; eine Vorab-Determinierung von Geschlechterungleichheit durch die Organisationsstruktur gilt als widerlegt (Alvesson/Due Billing 1992), und die Veränderungen der weiblichen Lebensführung - gleiches Bildungsniveau, gleiche Aspirationen im Beruf - schlagen sich in einer stärker handlungsorientierten Forschungsperspektive nieder, die auch der kulturellen Ebene in Organisationen breiten Raum gibt (Gherardi 1995). Neuere Untersuchungen lenken den Blick auf die Rolle der Mikropolitik in Organisationen (Riegraf 1996; Volmerg et al. 1995), fragen nach Gestaltungsmöglichkeiten für den Abbau von Geschlechterasymmetrien auf dem Wege paradoxer Interventionen (Kirsch-Auwärter 1996b) und stellen die Frage, welche Tendenzen in betrieblichen Alltagspraktiken auf den Abbau „asymmetrischer Geschlechterkultur" (Müller 1998) verweisen und damit Geschlechterungleichheit im betrieblichen Alltag als Thema der Organisation überhaupt erst etablieren helfen. Hierbei wird auch ein kritischer Diskurs innerhalb der Frauen- und Geschlechterforschung über Reifizierungen geführt (Gildemeister/Wetterer 1992; Müller 1995) und methodologisch reflektiert (Hagemann-White 1993).[6]

Die feministisch inspirierte Organisationsdiskussion hat den Blick geöffnet für die „gendered substructure" von Organisationen (Acker), die aber einer detaillierteren Analyse noch harrt. Sie hat ferner die Vorstellung von „Organisation" und „Bürokratie" als monolithische Blöcke, in denen Weiblichkeit *immer* abgewertet wird und Frauen *immer* „Opfer" von Macht und Hierarchie sind, zugunsten einer flexibleren Sichtweise verlassen (vgl. Halford/Savage/Witz 1997: 16 ff.). In dieser Perspektive ist es z.B. durchaus möglich, daß Teile der Organisation Gleichstellungspolitik als Personalpolitik ablehnt, während andere dies befürworten, aktiv betreiben oder gar enthusiastisch begrüßen (Halford et al. a.a.O.). Jede Organisation betreibt, ob es ihr

---

[6] An anderer Stelle habe ich mich damit auseinandergesetzt, daß die unterstellte Geschlechtsneutralität des modernen Organisationstyps sehr viel ältere historische Wurzeln hat und die Desexualisierung von Männern, z.B. in Klöstern und Armeen, bei gleichzeitiger vollständiger Sexualisierung der Frauen als kulturelles Muster schon verfügbar war, als der junge Kapitalismus mit seinen neuen inner- und außerbetrieblichen Arbeitsmärkten sich entwickelte (vgl. Müller 1993; vgl. auch 1998).

bewußt ist oder nicht, dieser Sichtweise zufolge „Geschlechterpolitik". Geschlechterpolitik in Organisationen kann Element organisationeller Innovation sein oder aber auch - in traditioneller, hierarchisierender Form - Innovationsblockade (vgl. Rudolph/Grüning 1994).

## 2. „Kulturelle Wende" in der Organisationsforschung?

In der frauenbezogenen Arbeitsforschung läßt sich nach Meinung von Karin Gottschall (1998) derzeit eine Schwerpunktverschiebung ausmachen. Diese sei grob wie folgt zu kennzeichnen: Von der Struktur zur Handlung; vom Herrschaftsaspekt zu Sinnkonstruktion und Legitimationscharakter; vom Begriff der Arbeit als zweckgerichtetem Tun zur Interaktion im Sinne symbolisch vermittelter Kommunikation; von der gesamtgesellschaftlichen Arbeitsteilung hin zum „bewußtlosen Prozeß" der Alltagsordnung, und von dem Verhältnis von Produktion und Reproduktion hin zur soziosymbolischen Repräsentation. Zu recht stellt sie die kritische Frage, ob diese Umorientierung gegenstandsadäquat sei. Wir können auch anders formulieren: Wie verhält sich die theoretische Konzeption zum Strukturwandel des Gegenstandsbereichs, hier: des Geschlechterverhältnisses und der Organisation gesellschaftlicher Arbeit? Wichtige Elemente des Arbeitsprozesses werden nach Gottschall in dieser Verschiebung ausgeblendet, z.B. die stoffliche Seite und die Veränderung von Arbeitsmitteln und Arbeitsgegenständen. Allerdings sieht sie auch Chancen durch die Verschiebung hin zu einem kulturorientierten Erklärungskonzept, indem Aspekte beleuchtet werden, die bisher in der Frauenforschung unterbelichtet waren. Daß nämlich Geschlecht nicht nur als Eigenschaft der *Arbeitenden* betrachtet werden kann, die diese in die Arbeitssituation importieren, sondern auch als etwas, das in der *Struktur* der Arbeitssituation angelegt ist, durch die Interpretation, die die Arbeitenden von ihrer Arbeit haben, und durch die die Interaktion der Arbeitenden miteinander immer wieder aktiviert werden kann/werden muß, ist eine relevante Perspektive, die uns manchmal mehr Aufschluß über das Beharrungsvermögen von Strukturen geben kann als strukturtheoretisch begründete Argumente (z.B. über das Verhältnis von Lohndiskriminierung der Frau zu Weiblichkeits- und Mütterlichkeitsideologien).

Krisentendenzen struktureller und verhaltenswissenschaftlicher Ansätze in der interdisziplinären Organisationsforschung des main-stream haben in den 80er Jahren allgemein Konzepten der Organisationskultur die Chance eröffnet, zu einem einflußreichen Teilgebiet der Organisatinsforschung zu werden (vgl. May 1997). Neben dieser wissenschaftsimmanenten Entwicklung ist die Ebene der Entwicklung der Realität nicht von der Hand zu weisen, die über den durch das damalige Produktivitätsniveau japanischer Firmen ausgelösten „Japanschock" westlicher Industrienationen den Blick auf kulturelle Elemente lenkte (Ebers 1988). Die Abkehr von bzw. die Warnung vor einem Strukturdeterminismus haben also main stream und feministische Organisationsdebatte, recht allgemein und grob betrachtet, gemeinsam. Es erscheint mir aber angebracht, auch vor einem *kulturellen Determinismus* in der Theoriebildung zu warnen, gerade auch bei der Interpretation von Forschungsergebnissen.

In der Arbeit von Sylvia Gherardi (1996) werden beispielsweise anhand mehrerer Fallstudien differenziert verschiedenste kulturelle Muster der Reaktion eines Organisationsumfeldes auf das Eintreffen einer hier noch als „unüblich" geltenden Frau analysiert, ebenso wie die Strategien der Frauen selbst, in diesem Umfeld nicht nur zurechtzukommen, sondern es auch mit ihrem eigenen Handeln zu gestalten. Als Fazit kommt jedoch enttäuschenderweise heraus, daß die Organisationen, so unterschiedlich sie auch sein mögen, sich letztlich als Männerwelt bestätigen, als die sie die Autorin schon vorausgesetzt hat. Frauen sind lediglich Reisende in dieser Männerwelt (so auch der Titel des Aufsatzes), ihnen ist in dieser Männerwelt noch kein dauerhaftes Glück beschieden. Dies verwundert insofern, als Gherardi mit der auch in der Organisationsdebatte mittlerweile sehr beliebten poststrukturalistischen Position argumentiert, also mit der Dezentrierung von Macht, den produktiven Auswirkungen von Macht, der Polyzentrik von Handeln, der Multiperspektivik der Handelnden und der Dynamisierung von Geschlechterdifferenz. Diese ganze Vielfalt wird jedoch kurzgeschlossen auf ein im Grunde einfaches und durchaus deterministisches Schema.[7]

Ähnlich argumentiert Julia Evetts (1996) in ihrer Studie zu Frauen in Führungspositionen. In den von ihr untersuchten Beschäftigungsbereichen, vornehmlich im Bereich der naturwissenschaftlichen und ingenieurwissenschaftlichen Forschung, finden sich eine Fülle von Beispielen, wie weibliche Führungskräfte mit kulturellen Barrieren zu kämpfen haben, die ihnen die Legitimation für ihren Führungsanspruch absprechen wollen. Für diese These finden sich letztlich keine direkt von der Autorin erhobenen empirischen Belege. Vielmehr werden Annahmen von Befragten berichtet, die in der Regel über keine konkreten eigenen Erfahrungen mit Frauen in Führungspositionen verfügen, sondern im natur- und ingenieurwissenschaftlichen Bereich arbeiten und ihre *Vermutungen* darüber äußern, welche Schwierigkeiten Frauen mit Führungsaufgaben in diesen Bereich wohl hätten. Die Basis dieser

---

7   In Gherardis Buch von 1995, dessen 4. Kapitel dem oben zitierten Aufsatz weitgehend zugrunde liegt, wird allerdings differenzierter argumentiert. Hier wird deutlich, daß es der Autorin um den Nachweis anthropologisch-kultureller Traditionen der Bedeutungszuweisung nach Geschlecht geht, die sich in verschiedenen Kunstformen, z.B. dem Drama oder der Komödie, ebenso finden wie in modernen Organisationen. Hierzu greift sie u.a. auf archetypische Erklärungsmuster zurück. Ihr Fokus ist also letztlich weniger die Transformation von Organisationen oder des Verhältnisses von Geschlecht und Organisation, sondern die Wirksamkeit tradierter kultureller Muster.

Aussagen sind also Auseinandersetzungen mit Annahmen von generalisierten Dritten (vgl. hierzu ausführlicher kritisch Müller 1995, 1999). Hier wie auch in anderen Publikationen ist von kulturellen Widersprüchen die Rede, die von Frauen in Karrierepositionen erfahren werden; diese Aussage bezieht sich aber meist nur auf Widersprüche, die auf oder in den Frauen wirken, und nicht auf die, die diese Frauen selbst bei anderen bzw. in den Strukturen bemerken.

Hier ist die Argumentation von Kirsch-Auwärter (1996a, 1996b) weiterführend. Sie verweist darauf, daß Gleichstellungspolitik bzw. jegliche auf Geschlechtersymmetrie in Organisationen hinzielende Strategien die Widersprüche *in* den institutionellen Strukturen und Kulturen zutage treten lassen, mit deren Verdeckung diese Institutionen zuvor beschäftigt waren; deren Verdeckung war zur bisherigen Aufrechterhaltung der Eigeninterpretation der Organisation notwendig und nützlich. Frauen in Führungspositionen wirken ähnlich wie Gleichstellungsstrategien als Katalysatoren in der Organisationskultur; an ihrer Person artikulieren sich noch einmal manifeste und latente Weiblichkeitserwartungen des männlich dominierten Umfelds (vgl. ein Beispiel aus eigener Erfahrung in Müller 1998, sowie allgemeiner Lorber 1996); zugleich bieten sie jedoch Herausforderung und Erfahrungsgrundlage für die Veränderung geschlechtskultureller Zuschreibungen an Personen, Positionen und Aufgaben.

In einer Argumentation wie der von Kirsch-Auwärter werden Frauen in „unüblichen" Beschäftigungsbereichen oder Statuspositionen als Aktive aufgefaßt. Sie erfahren nicht mehr nur leidend eine feindliche Männerwelt, scheitern an strukturellen Grenzen (z.B. an den Grenzen der Vereinbarkeit von Familie und Beruf) oder sind den offenbar immer abwertend gemeinten Weiblichkeitsvorstellungen männlicher Kollegen und Vorgesetzter ausgesetzt. Vielmehr werden sie als Akteurinnen mit einer kulturell-innovativen Strategie deutlich, auch wenn diese ihnen gar nicht bewußt sein mag, sondern sie sich aus der Logik der Situation ergibt. Sie fördern zutage, daß „Geschlecht" ein bisher höchst wirksames, aber meist unthematisiertes Kriterium für die Besetzung von Positionen war, und führen damit die meritokratische Ideologie der Organisation ad absurdum. Sie dokumentieren den Beginn „einer geschlechtssensibilisierten, reflektierenden Analyse von Qualifikationskriterien, von Qualifikation-Zuschreibungsverfahren ... und der Erzeugung von Reputation" ( Kirsch-Auwärter 1996b: 53). In diesem Sinne läßt sich Gleichstellungspolitik in Organisationen als kulturelle Innovation bezeichnen, die auf strukturellen Wandel in Richtung „Geschlechtersymmetrie" gerichtet ist.

Bezogen auf die Diskussion um das Verhältnis von „Struktur" und „Kultur" scheint es mir hilfreich zu sein, unter Bezug auf Halford/Savage/Witz (1997) gegenwärtig vorfindbare Strukturen als eine Art sedimentiertes Ergebnis früherer Auseinandersetzungen zu sehen, in dem vergangene Formen von

Handlungsfähigkeit in gewisser Weise „gelagert" werden. Alltagspraktiken in Organisationen beziehen sich auf diese Ergebnisse und werden zu einer Art Vehikel, die es den zeitweiligen „Siegern" einer Auseinandersetzung erlauben, ihren Erfolg in eine dauerhaftere Form zu gießen, so daß dessen Vorteile immer wieder aktualisiert werden können. Meist gibt es aber heute in komplexen Organisationen keine eindeutigen Sieger/innen, und oft sind widersprüchliche Ergebnisse die Regel, so daß unterschiedlichste Gruppierungen von zeitweiligen Verbündeten eine Reinterpretation der Vergangenheit vornehmen und ehemals unterlegene Positionen ebenfalls wieder aktualisieren können. In dieser Sichtweise kann von einem engen Zusammenhang von kulturellem und strukturellem Wandel ausgegangen werden. Allerdings ist auch hier wieder vor einem Determinismus zu warnen; häufig wird unterstellt, daß die Organisationskultur sich in der Folge eines Wandels der Organisationsstruktur wandelt. Dies muß aber keinesfalls der Fall sein; neue Strukturen können durchaus noch einige Zeit mit alten kulturellen Deutungsmustern betrieben werden, wenn diese z.B. dominanten Gruppen bisher in der Bewältigung des Organisationsalltages hilfreich und einträglich erschienen (vgl. Pemberton 1995: 123; Stamp 1995: 193 ff.). Umgekehrt kann die Veränderung der Organisationskultur die Akzeptanz von veränderten Strukturen erwirken, auch eine Veränderung von Strukturen vorbereiten, ohne diese aber unbedingt erzwingen zu können.

Arlie Hochschild (1997) diskutiert in ihrer neuen Untersuchung über einen familienfreundlichen Arbeitgeber das zunächst überraschende Faktum, daß in diesem Betrieb kaum ein(e) Beschäftigte von den angebotenen Möglichkeiten zur Arbeitszeitverkürzung etc. Gebrauch macht; sie kommt in der Analyse dieses scheinbaren Paradoxons zu erstaunlichen Ergebnissen.[8] Andererseits finden sich heute in der Literatur auch Beispiele dafür, wie die vonseiten der Bildungs- und Arbeitsorganisationen bereitgestellten Möglichkeiten zur Vereinbarkeit von Beruf und Familie auch als produktivitätssteigernder Faktor in die kulturellen Deutungsmuster von Entscheidungsträgern hineingebracht werden.

Lewis diskutiert 1997 am Beispiel familienfreundlicher Politik in Organisationen zwei Hauptbarrieren, die kulturellen Wandel in Organisationen verhindern können; diese Diskussion bietet durchaus auch fruchtbare Hinweise

---

[8] Hierfür sind lt. Hochschild zwei Befunde von Bedeutung: zum einen tragen die Vertreter des mittleren Managements, die als unmittelbare Vorgesetzte die Arbeitszeitverkürzung aus Familiengründen genehmigen müßten, diese Politik nicht mit und sind ihrerseits meist workaholics; zum anderen erweist sich, daß es für viele Eltern unattraktiv ist, mehr Zeit zu Hause zu verbringen, wo schreiende Kinder, Wäscheberge und jede Menge weiterer Anforderungen auf sie warten. Am Arbeitsplatz fühlen sich viele mehr zu Hause. Auch nutzen Mütter Hochschilds Beobachtungen zufolge das Ableisten von Überstunden als Mittel, um mit ihrem ebenfalls viele Überstunden leistenden Partner wenigstens annähernd eine Umverteilung der Hausarbeit zu erreichen.

# Geschlecht und Organisation

für eine Politik, die auf Geschlechtersymmetrie in Organisationen gerichtet ist. Die beiden von Lewis genannten Hauptbarrieren sind:

1. das Gefühl der Berechtigung oder des berechtigten Anspruchs (Entitlement)
2. die soziale Konstruktion von Zeit, Produktivität und Verbindlichkeit.

Die erste Barriere entsteht dann, wenn eine familienfreundliche (oder auf Geschlechtersymmetrie gerichtete) Politik nicht als Anspruch, sondern als Vergünstigung konstruiert wird. Dann folgt aus einer solchen Politik kein organisationskultureller Wandel. Eine *Konzession* an eine Gruppe, die „normalen" Arbeitsanforderungen (Aufstiegsbedingungen) nicht genügen kann, läßt sich in den vorhandenen Reflexionsmodus mühelos integrieren, einen Anstoß zum Reflexionswandel stellt sie nicht dar. Für die von einer familienfreundlichen Politik anvisierten Zielgruppe, meistens Frauen, stellt Lewis fest, daß diese die Artikulation von Familienanforderungen häufiger für adäquat halten, als dies Männer tun (Lewis 1997: 15); sie fühlen sich aber nicht unbedingt berechtigt, Unterstützung für Vereinbarkeit *zugleich* mit gleichen Karrierechancen zu fordern bzw. in Anspruch zu nehmen. Hier zeigt sich ein interessanter Punkt, nämlich welche Maßstäbe für Gleichheit Frauen selbst herausbilden bzw. welche Maßstäbe ihnen zur Verfügung stehen (vgl. für den „privaten" Bereich der Maßstabbildung auch Geißler/Oechsle 1996).

Die zweite Barriere ist oft vorfindbar in einer tatsächlichen Einschätzungsdifferenz von männlichen Managern und weiblichen Beschäftigten mit reduzierter Arbeitszeit. Deren Einschätzungen über Arbeitsmotivation und Verbindlichkeit unterscheiden sich beträchtlich. Männliche Manager sind der Meinung, eine solche Frau könne nicht alles gleich gut machen; reduzierte Arbeitszeit bedeute auch reduzierte Motivation. Frauen mit reduzierter Arbeitszeit hingegen setzen reduzierte Arbeitszeit mit höherer Motivation und Produktivität gleich. *Sie* sind auch diejenigen, die eine Aufmerksamkeit dafür entwickeln, daß die Gleichsetzung von langer Arbeitszeit mit Produktivität, Verbindlichkeit und persönlicher Wertvorstellung eine *Konstruktion* ist (Lewis 1997: 18). Das männliche Modell stellt sich als eine Art Nullsummenspiel der Verbindlichkeit dar: Eine Person hat in diesem Modell nur ein begrenztes Quantum an Verbindlichkeit zu vergeben, und sie kann dieses Quantum nur einmal aufteilen (Lewis 1997: 18).

Kulturen - auch Organisationskulturen - unterscheiden sich somit auch danach, inwieweit sie Verpflichtungsbalancen zulassen (Lewis 1997: 19). Die, die gleich positive Verbindlichkeiten gegenüber multiplen Rollen zulassen, bringen Lewis zufolge geringen Streß und hohe Energie hervor; andere, die nach mehr oder weniger legitimen Verbindlichkeiten unterscheiden, bringen Streß, Angst, Befangenheit und Gefühle der Knappheit von Energie und Zeit hervor (Lewis in Anlehnung an Marks 1994). Ob diese These ohne weiteres unterschrieben werden kann, muß zunächst offen bleiben. Die Mehrfachbelastung berufstätiger Mütter z.B. ist sicher nicht ohne weiteres in eine produktive „Verpflichtungsbalance" umzuinterpretieren oder zu restrukturieren; bereits Becker-Schmidt et al. (1983 ff.) haben allerdings darauf hingewiesen, daß in der Spannung zwischen verschiedenen Verbindlichkeiten auch produktive Momente liegen können (wie z.B. „Widerständigkeit"). Festgehalten werden soll jedoch, daß Probleme der Vereinbarkeit von Beruf und Familie, übersetzt in ein organisationsinternes Vorgehen, das etwa „familienfreundliche Politik" genannt werden kann, nicht zwangsläufig als Nullsummenspiel sondern auch als Lösung mit Gewinn für alle Beteiligten konstruiert werden kann (als „win/win-solution"). Die Beachtung von Diversivität in der Belegschaft stellt nach Lewis (unter bezug auf Bailyn et al.1993) eine große wirtschaftliche Stärke dar; familienfreundliche Strategien können hierzu beitragen. Beschäftigte, die mehr Kontrolle über ihre Familienpflichten bzw. deren Erfüllungsmöglichkeiten haben, sind freier von Streß und produktiver. In der Studie von Bailyn et al. 1993 wurde die These vertreten, daß kulturelle Überzeugungen, die für die Integration von Beruf und Familie problematisch waren, sich auch für Geschäftsbelange als eher hinderlich erwiesen. Systemische Interventionen und Innovationen, die in Zusammenarbeit von Management und Arbeitsgruppen der Beschäftigten entwickelt wurden, führten zu besseren Balancen bezogen auf die Vereinbarkeit von Beruf und Familie und *zugleich* zu besseren Geschäftsergebnissen. Dies galt z.B. für die Verkürzung von Lieferzeiten, für die Steigerung der Produktqualität, für den Kundenservice - und dies trotz der Verkleinerung des Betriebes und des wachsenden externen Wettbewerbsdrucks.

Aus diesen Überlegungen läßt sich die These ableiten, daß bestimmte kulturelle Konstruktionen mit unthematisierten, aber hochwirksamen geschlechtlichen Konnotationen - wie z.B. die Gleichsetzung von langen Arbeitszeiten mit Produktivität, Verbindlichkeit und persönlicher Werthaltung - in der Vergangenheit von Organisationen eine wichtige und produktive Rolle gespielt haben und heute immer noch zum unhinterfragten Grundbestand kultureller Überzeugungen in der Organisation gehören, gleichwohl sie sich aber selbst schon überlebt haben. Trotz der schon lange vorhandenen und immer noch steigenden Integration von Frauen in das Erwerbsleben herrschen nach wie vor Strategien vor, Frauen in ein Erwerbsleben zu integrieren, das Männer für Männer ohne Familienengagement konstruiert haben, um sie damit entweder zur Anpassung zu zwingen oder um die Ausgestaltung geschlechtssegmentierter Bereiche und Tätigkeitszuschnitte zu legitimieren. So kann es denn geschehen, daß Frauen entweder als „soziale Männer" erscheinen, wie es Joan Acker 1991 formulierte, oder aber, daß die Bestärkung von Geschlechterdifferenzen, insbesondere einer hegemonialen Maskulinität, als Resultat von Organisationsprozessen sichtbar wird. Lange Arbeitszeiten = hohe Produktivität = hohe Verbindlichkeit = Männlichkeit wäre eine solche denkbare Konstruktionskette, die in der feministisch inspirierten Lite-

# Geschlecht und Organisation

ratur der 90er Jahre ausführlich diskutiert und damit der diskursiven Auseinandersetzung zugänglich gemacht worden ist.

## 3. Asymmetrische Geschlechterkultur und diskursive Enteignung: Transformation oder Beharrung?

Geschlechterstruktur und Geschlechterkultur in Arbeits- und Bildungsorganisationen sind noch weitgehend asymmetrisch. Mit „asymmetrischer Geschlechterkultur" habe ich den Umstand bezeichnet, daß in unserer Gesellschaft männliche Situationsdeutungen häufig noch Vorrang vor weiblichen haben (Müller 1997, 1998). Bezogen auf Gleichstellungspolitik erfahren wir zur Zeit eine Umdeutung der tatsächlichen Verhältnisse. Nicht der Skandal, daß eine Gesellschaft es sich leistet, einen großen Teil ihrer qualifizierten potentiellen Arbeitskräfte aufgrund der Geschlechtszugehörigkeit zu diskriminieren, steht im Mittelpunkt öffentlicher Aufmerksamkeit, sondern die Behauptung, es solle nun auf einmal „Geschlecht" gelten, wo bisher ausschließlich „Qualifikation" gegolten habe. Frauen erscheinen als die Angreiferinnen, die ungerechtfertigterweise aufgrund ihres Geschlechts Vorteile erringen wollen; Männer erscheinen als Sachwalter und Verteidiger der geschlechtsneutralen Gerechtigkeit, und sie verfügen - noch - über genügend Mittel, ihre Situationsdeutung durchzusetzen. Dieser allgemeine Satz gilt jedoch je nach Organisation und je nach Handlungsbereich, auf den er sich bezieht, in unterschiedlichem Ausmaß.

Insbesondere die Veränderung der öffentlich-rechtlichen Situation in verschiedenen Ländern, aber auch einige privatwirtschaftliche Initiativen haben den Nachweis erbracht, daß Arbeits- und Bildungsorganisationen durchaus geneigt sein - oder gemacht werden - können, der Geschlechterrelation in ihrem internen Arbeitsmarkt Aufmerksamkeit zu widmen. Für die USA haben Reskin und Roos (1990) darauf hingewiesen, daß von öffentlichen Aufträgen abhängige Arbeitgeber vielfache Bemühungen zeigen, kostspieligen Anzeigen wegen Verstoßes gegen Diskriminierungsverbote zu entgehen. Für England weist Clarke (1995) auf ähnliche Verhältnisse hin, in denen rechtliche Rahmenbedingungen an einigen Stellen zur nachweisbaren Veränderung des Beschäftigungsverhaltens nicht nur öffentlicher, sondern auch privater Arbeitgeber geführt haben. Im internationalen Rahmen betrachtet ist es in jüngster Zeit sehr auffällig, mit welcher Verve in den Dokumenten internationaler Organisationen Gleichstellungsprogramme für Frauen nicht nur gefordert, sondern in konkrete Umsetzungsschritte und Handreichungen umformuliert werden (vgl. z.B. Lim 1996 in einer Publikation des Internationalen Arbeitsamtes Genf, oder Macdonald et al., Tropical Institute Amsterdam

1997). In diesem Zusammenhang hat auch das Wort „main-stream" seine Bedeutung gewechselt; es ist zu einem Verb und einer auf diesem Verb beruhenden Partizipialkonstruktion geworden, die nicht mehr die herrschende Meinung bezeichnet, gegen die feministische Kritik angeht, sondern den Versuch, die Ideen der Geschlechtergerechtigkeit und der Geschlechtersensibilität zum Thema von organisationeller Gesamtheit zu machen. Main-streaming, so definieren es z.B. Macdonald et al., bezeichnet Strategien, die darauf zielen, eine Geschlechterperspektive in alle Aspekte einer Organisation zu integrieren, z.B. in ihre Aufgabe, ihre Strategien, ihre Programme, ihre Struktur, ihre Systeme und ihre Kultur (1997: 16).

Der feministische Diskurs, so sehen wir hier, hat eine stark professionalisierte praktische Ebene hinzugewonnen, die auf Strategien diskursiver Enteignung bereits wieder offensive Gegenstrategien entwickelt. Themen in Diskussionen zu verändern oder diese Veränderung zu verhindern, hat statusgenerierende Funktion (vgl. Kotthoff 1993). Der feministische Diskurs zum Thema „Geschlecht und Organisation" verfolgt die Strategie der *Themengenerierung*; die Reaktionsbildung hierauf versucht sich in der Strategie der *Themenverhinderung*. In diesem Prozeß sind viele aktiv Handelnde in der Frauenförderung aufgrund ihrer Erfahrungen häufig enttäuscht, weil durch die Übersetzung ihrer Forderung in Verwaltungs- bzw. Organisationshandeln diese Forderungen und Ziele sich in einer Weise verändern, die den Bezug zu ihrem Ursprung kaum noch herstellbar macht (vgl. Douglas 1991; Eckart 1995).[9] Diese organisationsnotwendigen Uminterpretationen führen dazu, daß feministische Akteurinnen sich häufig nicht in den Folgen ihres Handelns in Institutionen wiedererkennen können; es ist ihnen daher auch nicht möglich, zu sehen, daß diese Umwandlung ein *Erfolg* ihres Handelns ist: die Organisation hat den entscheidenden ersten Schritt zur Transformation ihrer bisher „unbewußten" Geschlechterpolitik getan, indem sie z.B. die Forderung nach Geschlechtergleichheit, Geschlechtersensibilisierung, Geschlechteraufmerksamkeit o.ä. als eine Aufgabe akzeptiert hat, die die Organisation nicht mehr externalisieren kann, sondern in Zukunft als in ihren Zuständigkeitsbereich fallend betrachten wird.

Der gegenwärtige Stand der Auseinandersetzung ist der neuesten Literatur zufolge wie folgt zu kennzeichnen: Die historisch-kulturelle Herausforderung, die im Anspruch auf Geschlechtersymmetrie in Organisationsstruktur und -kultur formuliert wird, ist in den Organisationen angekommen, hat zu einigen Veränderungen, aber auch zu einer Fülle von Gegenreaktionen geführt, die am traditionellen, asymmetrischen Geschlechter-Status quo festhalten wollen (vgl. hierzu Müller 1998; Eckart 1995; Kirsch-Auwärter 1996a, b). Dies ist aber nicht der letzte Punkt der Entwicklung. Vielmehr zeichnet sich nunmehr eine neue, auf die Pragmatik des Alltagshandelns in Organisa-

---

[9] Vgl. hierzu ausführlicher Müller 1998,: 134 ff.

tionen gerichtete Strategie ab, die offensiv-gestaltend auf Geschlechtersymmetrie zielt. Die AutorInnen, die sich in dieser Diskussion zu Wort melden, sind bisher allerdings noch fast ausschließlich weiblich. Gertraude Krell z.B. hat eine Fülle von Vorschlägen vorgelegt, wie Organisationen mit Hilfe eines „Gleichstellungscontrollings" die Herstellung und Überwachung von Geschlechtersymmetrie in die Prozeduren integrieren können, mit denen sie bereits ohnehin die Erreichung ihrer Organisationsziele überwachen und evaluieren. Gleichstellungscontrolling als „entwicklungspolitisches Instrument" kann das Qualifikationsdefizit eindämmen helfen, das bei Personalverantwortlichen in der Regel vorliegt, wenn sie gleichstellungspolitische Aufgaben erfüllen sollen. Krell empfiehlt das Gleichstellungscontrolling als prozeßbegleitendes Steuerungsinstrument, das beispielsweise die Erhöhung des Frauenanteils in qualifizierten Positionen als Ergebnis-Soll formulieren kann, wie andere Zielvorgaben oder -vereinbarungen im Personalmanagement auch. Falls ein Personalabbau durchgeführt wird, könnten „Abbauquoten" festgelegt werden, die eine überproportionale oder ausschließliche Belastung von Frauen durch Personalabbau verhindern. Unternehmens- und Führungsgrundsätze könnten Gleichstellungsbemühungen als Verhaltens-Soll festschreiben. Und schließlich wäre, wie bei anderen Steuerungszielen auch, ein permanenter Soll-Ist-Vergleich durchzuführen, der die Unternehmen bzw. Organisationen dazu bringen kann, ihre Personalinformationssysteme auch zur Auskunft über den Frauenanteil in bestimmten Funktionen, in den verschiedenen Entgeltgruppen oder über die geschlechtstypische Verteilung von leistungsbezogenen Entgeltbestandteilen zu nutzen (Krell 1996, 1997). Die ILO hat verschiedene Leitfäden und Handreichungen formuliert, wie Geschlechtersymmetrie in verschiedensten Organisationen und unterschiedlichsten Ländern in die Wege geleitet werden soll (vgl. Lim 1996). Und Macdonald et al. sowie auch die in Shaw/Perrons 1995 zu Wort kommenden Autorinnen spiegeln wider, wie gewandt und strategisch geschickt mittlerweile die „feministische Reaktion" auf die traditionelle „Gegenreaktion" antwortet. Hierzu gehören detaillierte Szenarios für den Umgang mit teils widerständigen, teils zurückhaltenden Gleichstellungsgegnern; Strategieempfehlungen zur Behandlung hoffnungsloser Fälle; Ratschläge zur und Beispiele für die Arbeit mit Männern in Organisationen unterschiedlichster Art; ein Schritt-für-Schritt-Programm zur Erreichung des Ziels, ein familienfreundlicher Arbeitgeber zu werden (Harker 1995); und es wird deutlich gemacht, daß die jeweilige „Gegenseite", die vom kulturellen Wert der Geschlechtersymmetrie für die Organisation überzeugt werden muß, keineswegs monolithisch, sondern in sich differenziert ist und daher Strategien für unterschiedliche Adressatengruppen verlangt (Macdonald et al. 1997: 125 ff.). Auch neue Wortschöpfungen – „Equality work" oder „Equality environment" (Pemberton 1995) - weisen in diese Richtung.

Somit läßt sich festhalten, daß trotz nach wie vor bestehender Geschlechterasymmetrien und immer noch wirksamer Strategien der diskursiven Enteignung der feministische Diskurs sich neu formiert und sich auf eine /einstellt, die bereits deutliche Anzeichen der Wirksamkeit des feministischen Diskurses zeigt.

## 4. Geschichtsverlust in der feministischen Diskussion?

Neueste Beiträge aus der zweiten Hälfte der 90er Jahre markieren prägnant eine neue Reflexionsstufe der feministischen Organisationsdebatte, indem sie auf dem Hintergrund bereits vorliegender jahrelanger Erfahrungen mit Gleichstellungspolitik in Organisationen aller Art und auf unterschiedlichen Ebenen zu kritischen Einschätzungen bisher favorisierter Politikmodelle kommen. Liff/Cameron 1997 kritisieren beispielsweise eine Gleichstellungspolitik, die Besonderheiten von Frauen thematisiert, wie z.B. die Kinderbetreuungsthematik. Dieser Politik sei bisher weniger Widerstand entgegengeschlagen als einer tatsächlichen, auf die gleiche Behandlung von allen gerichteten Politik; sie sei daher nicht zu den Wurzeln der Diskriminierung vorgedrungen, geschweige denn habe sie Organisationsstrukturen als grundsätzlich veränderungsbedürftig deutlich gemacht (vgl. zu Frauenfördermaßnahmen in deutschen Betrieben ähnlich kritisch Brumlop/Hornung 1993). Sicherlich hat die Aussage, eine Gleichstellungspolitik, die im wesentlichen Vereinbarungspolitik auf der Basis alter Aufteilungen zwischen den Geschlechtern darstelle, versteinere lediglich den für Frauen so ungünstigen status quo, gute Gründe. Ein empirisches und ein theoriegeschichtliches Argument sprechen jedoch m.E. dagegen, diese Kritik absolut zu setzen und die auf Vereinbarkeitsformen gerichtete Politik samt und sonders zu verdammen.

Das empirische Argument richtet sich auf die tatsächlichen Chancen für Frauen, durch Angebote zur Teilzeitarbeit, durch organisationseigene Kinderbetreuungsangebote, Gleitzeitangebote, Kontakthalteangebote etc. entweder die Berufstätigkeit beizubehalten oder aber den Kontakt zur vorherigen Berufstätigkeit stabilisieren zu können, was nach bereits lange vorliegenden Forschungsergebnissen ein sehr wichtiger Wunsch zahlreicher berufstätiger Mütter ist (BMA 1986; BMA 1989).

Theoriegeschichtlich ist hier anzumerken, daß sich *ohne* die nunmehr vorliegenden Erfahrungen mit einer Gleichstellungspolitik, die hauptsächlich Vereinbarkeitspolitik für Frauen ist, eine neue, perspektivreiche kritische Position gar nicht hätte entwickeln können. Die weiterführende Perspektive lautet in Anlehnung an eine Formulierung von Gertraude Krell, daß die *Organisation* Probleme zu lösen hat, *nicht* die Frauen. Gleichstellungsmaß-

# Geschlecht und Organisation

nahmen, bei Krell „Gleichstellungscontrolling" genannt (1996), stellen aus dieser Perspektive Entwicklungshilfe für Organisationen, Personalpolitik und Strukturplanung dar, sie sind aber keine Entwicklungshilfe für Frauen.

Einbruchsstellen für Diskriminierung zu erkennen, ist lt. Krell sehr wichtig, da diese zugleich auch Ansatzpunkte für gleichstellungspolitische Maßnahmen darstellen können. Wir können auch bezogen auf das hier vorgebrachte theoriegeschichtliche Argument formulieren: Die Analyse des partiellen Scheiterns durchgesetzter Maßnahmen bezogen auf das große Ziel des Diskriminierungsabbaus kann Ansatzpunkte für grundlegendere Veränderungen zutage fördern, vorausgesetzt, sie wird nicht in einer durchgängig entwertenden Perspektive vorgenommen, die alles Vorausgegangene als vermeidbaren Irrtum darstellt.

Diese Kritik gilt in ihrer allgemeinen Form auch für den Ansatz von Alvesson/Billing 1997. Zunächst aber will ich die Verdienste von Autor und Autorin würdigen, die sie sich mit ihrer Publikation erwerben. Entgegen dem Trend der frühen feministischen Organisationsdebatte konzentrieren sie sich nicht auf die *ungleichheitsstiftende* Rolle von Organisationen, sondern ergänzen diese Debatte um den Aspekt der *gleichheitsstiftenden* Rolle von Organisationen, die auch gegeben und bisher in der Diskussion zu wenig beachtet worden sei. Zuzustimmen ist Alvesson/Billing auch bei ihrer Warnung, vorliegende empirische Forschungsergebnisse losgelöst von ihrem gesellschaftlichen und historischen Kontext zu betrachten. Der größte Teil empirischer Erhebungen, der die internationale Diskussion bestimmt, kommt aus dem US-amerikanischen Bereich, gefolgt von England. Erfahrungen in anderen Ländern mit möglicherweise differenten Geschlechterkulturen und -strukturen wie z.B. in den skandinavischen Ländern, in südeuropäischen Ländern etc. werden wenig verbreitet und international noch kaum rezipiert. Dies gilt m.E. auch für die sich rapide entwickelnde deutschsprachige Forschung zum Thema „Geschlecht und Organisation", die nicht zuletzt unter dem Mangel leidet, nicht in der Main-stream-Sprache veröffentlicht zu sein. So können wir die Aussage nur unterstreichen, daß die meisten Untersuchungen zu Frauen in Führungspositionen aus dem US-amerikanischen Bereich stammen und daher keine Aussagen über Frauen in Führungspositionen *per se* erlauben (Alvesson/Billing 1997: 18). Ferner plädieren Autor und Autorin für eine mittlere Ebene der Theoriebildung bezogen auf Organisationen im Unterschied zur Makro- und Mikroebene.

Auch dieser Vorschlag ist begrüßenswert. Er geht allerdings einher mit einer mehrfach geäußerten und kompletten Abwertung von makrotheoretischen Zugängen, wie z.B. dem Patriarchatskonzept, dem Konzept hegemonialer Männlichkeit u.a.m. In der Tat ist nicht zu leugnen, daß global orientierte theoretische Konzepte in den Anfängen der feministischen Organisationsforschung Differenzierungen innerhalb der Geschlechtergruppen, zwischen verschiedenen Typen von Organisation etc. vernachlässigt haben zu

Gunsten des damals als vorrangig behandelten Ziels, nämlich dem Aufspüren allgemeiner Strategien und Prozesse der Schließung und Ausgrenzung und der Herstellung von Geschlechtersegmentation und Geschlechterdifferenz. Diese Konzepte bemühten sich z.B. um Erklärungsansätze für Frauenausschluß und -diskriminierung auf dem Hintergrund des historischen Entwicklungsprozesses von Kapitalismus und Patriarchat; einige von ihnen wollten explizit gesellschaftstheoretische Ansätze in der Organisationsforschung zum Tragen bringen, und gingen so konform mit Teilen der Organisationsforschung der damaligen Zeit, andere betrieben die Erforschung von Organisationen als Erforschung von Gesellschaft. In solchen Arbeiten stand dann die Absicht im Vordergrund, in der Analyse der Mesoebene Elemente des größeren, auf der Makroebene zu analysierenden gesellschaftlichen Zusammenhangs aufzuspüren und auf der Organisationsebene sozusagen am „Modell" zu untersuchen - durchaus in einer ehrwürdigen Tradition der Soziologie (vgl. Mikl-Horke 1994). Ferguson mit ihrer allgemein und radikal gehaltenen Bürokratiekritik, Acker mit ihrer Konzeption der entkörperlichten Arbeitskraft und der vergeschlechtlichten Substruktur von Organisationen sind diesem Forschungsinteresse zuzuordnen, und sie haben der Diskussion bis heute wichtige Impulse gegeben. Ihnen wird jedoch ebenso wie anderen Autorinnen, z.B. Cockburn, von Alvesson/Billing vorgeworfen, nicht nur sehr allgemeine theoretische Konzepte zu verfolgen (ein an sich auch für feministische Analyse m.E. nicht illegitimer Anspruch), als auch von vornherein zu sehr darauf fixiert gewesen zu sein, Geschlecht als einen wichtigen, wenn nicht gar den zentralen Aspekt von organisationsinternen Prozessen und Strategien zu werten (vgl. in ähnlichem Tenor, aber im Ergebnis differenzierter auch Heintz et al. 1997).

Die Vorgehensweise, der feministischen Pionierleistung in der Organisationsforschung den Charakter eines bedauerlichen Irrtums der Geschichte zuzuweisen, läßt sich als eine Strategie bezeichnen, die ich an anderer Stelle als „diskursive Enteignung" beschrieben habe (Müller 1997; siehe hierzu auch weiter unten). Es ging in den 70er und 80er Jahren darum, Geschlecht als einen ernstzunehmenden Aspekt in die Organisationsforschung *einzuführen* und die Perspektive legitim zu machen, daß geschlechtsstrukturierende Wirkung auch in scheinbar geschlechtsneutralen Strukturen erzeugt wird - auf vorerst noch unklare Weise, die aufzuhellen aber das erklärte Interesse dieser Forschung war und auch heute noch ist. Daß in der Verfolgung dieses Untersuchungsinteresses möglicherweise vorschnell verallgemeinert und das Vorausgesetzte dann bestätigt wurde, ist im Einzelfall ebenso wenig von der Hand zu weisen wie die damals noch relativ homogen gehaltene Vorstellung von Geschlecht. Andererseits aber hat die feministische Forschung gerade hier schon früh mit ihrer Selbstreflexion angesetzt und sowohl die Integration von Geschlecht in ein komplexeres Konzept sozialer Ungleichheit wie auch die interne Differenzierung innerhalb der Kategorie Geschlecht postuliert (vgl. z.B. Frerichs 1997; auch Müller 1994).

Bezogen auf ihr eigenes Postulat, den historischen und gesellschaftlichen Kontext von Untersuchungsergebnissen immer kritisch zu beachten, werden sich Alvesson/Billing an verschiedenen Stellen untreu, wenn es darum geht, einen allgemeinen feministischen Anspruch durch einen empirischen Befund zu widerlegen. Hierzu ein Beispiel aus der Forschung zur Ungleichbehandlung von Frauen und Männern in Auswahlprozessen. Experimentelle Studien aus den 70er und 80er Jahren belegten immer wieder die These, daß Arbeiten von Schülerinnen/Schülern oder Studierenden unterschiedlich - und zwar nachteilig für die weiblichen Prüflinge - bewertet wurden, je nachdem, ob den jeweiligen Prüfern die Information vorlag, es handele sich um Arbeiten einer Frau oder eines Mannes. Auch bezogen auf Auswahlprozesse in Organisationen konnte vielfach in den 80er Jahren belegt werden, daß geschlechtsspezifisch zum Nachteil von Frauen selektiert wurde.[10] Unter Bezugnahme auf Ergebnisse von 1980 und 1981 meinen nun Alvesson/Billing, die empirischen Befunde seien widersprüchlich, denn eine neuere US-amerikanische Untersuchung für den Öffentlichen Dienst der USA (zentrale Regierung in Washington) habe gezeigt, daß weibliche Bewerber besser bewertet und in signifikant größerer Anzahl Positionen angeboten bekamen als männliche (unter bezug auf Powell und Butterfield 1994). Dies, so meinen Alvesson/Billing, gebe in der Tat Anlaß, an der populären Idee des Glasdecken-Effekts zu zweifeln (S.139). Hierzu müssen wir allerdings sehen, daß zwischen diesen Befunden und den zuvor erwähnten ungefähr fünfzehn Jahre liegen, in denen sich einiges auch in der Realität verändert hat; zum anderen ist der Öffentliche Dienst der USA ein sehr frühes und altes Gebiet der Entwicklung und Implementation von Gleichstellungsmaßnahmen; so belegt der Befund nicht unbedingt das Nicht-Vorhandensein des gender bias, sondern zeigt vielleicht eher die Tatsache der Wirksamkeit von Gleichstellungsmaßnahmen bezogen auf die Entdiskriminierung von Frauen aufzeigen, den Ermutigungseffekt also, den solche Maßnahmen haben können, sowie die auch aus anderen Untersuchungen und gesellschaftlichen Bereichen belegte Tatsache, daß Frauen in formalisierten Auswahlverfahren häufig besser abschneiden als Männer. Auch dies ist sicher ein historisch gebundenes Ergebnis, das zu weiteren Fragen Anlaß gibt, wie z.B. die, ob es unter gegebenen Bedingungen für Frauen, die sich für höhere Posten bei der Regierung bewerben, ein Faktum ist, daß sie bezogen auf formalisierte Leistungserwartungen sehr gut abschneiden müssen und insofern ein hoher Selbstselektionsgrad bei dem weiblichen sample vorliegt, während das männliche sample der Bewerber weniger stark selektiert ist und daher eher einer Normalverteilung gleichkommt als das der weiblichen. Vor allen Dingen sehen wir hier eins: Jeder Befund und jede plausible These füh-

---

[10] Auch noch in jüngster Zeit wird nachgewiesen, daß offene wie verdeckte Sexismen akademische Auswahlprozeduren steuern (vgl. Wenneras/Wold 1997).

ren zu neuen Fragen und neuen Unklarheiten, oder: Jedes Wissen, das wir erwerben, macht das Ausmaß unseres Nichtwissens um so deutlicher.[11]

## 5. Schlußbemerkung

Die hier analysierten Diskussionen zeigen zum einen eine Perspektivenverschiebung in der Debatte um „Geschlecht und Organisation" hin zur starken Beachtung der kulturellen Ebene sowie des Wechselspiels von Kultur und Struktur. Zum anderen spiegelt sich aber auch Wandel und Differenzierung auf der Ebene realer organisationeller Prozesse in dieser Debatte.

Bezogen auf die wissenschaftliche Perspektivenverschiebung zeigt sich, daß die Analyse der kulturellen Ebene auch im Bereich von „Geschlecht und Organisation" einen Zugang bieten kann, um vorfindbare Differenzen im Umgang mit der Benachteiligung zwischen den Geschlechtern in vergleichbaren Organisationen erklären zu helfen. Allerdings kann die Berücksichtigung der kulturellen Ebene allein asymmetrische Geschlechterkonstruktionen in Organisationen nicht vollständig erklären. Das Verhältnis von Struktur und Kultur auch weiterhin als polare Konstellation zu entwerfen, scheint neueren

---

[11] Für die abwertende Bezugnahme auf feministische Thesen ließen sich noch eine Reihe weiterer Belege finden. Auch Christiane Dienel (1996) beschreitet diesen Weg, indem sie sich in ihrer Untersuchung zu „Frauen in Führungspositionen in Europa" um Literatur der Frauenforschung kaum kümmert, aber über feste Vorurteile verfügt, was da zu lesen sei. So sagt sie z.B., in der feministischen Forschung werde ganz allgemein behauptet, Frauen hätten keine bewußte Karrierestrategie und schrieben ihre Erfolge dem Zufall zu. Dies trifft bei ihrer eigenen Befragung von 21 Frauen in Führungspositionen nach deren eigener Aussage lediglich auf ein Viertel zu und gilt ihr als Widerlegung dieser „allgemeinen" Behauptung (S.92). Die gleiche methodische Naivität, die die Aussagen der Betroffenen für bare Münze nimmt und nicht in einem soziokulturellen Kontext verortet, zeigt sich in ihrer Bewertung der Äußerungen, die die weiblichen Führungskräfte über Quotenregelung machen. Mit einer Ausnahme, die auf Erfahrungen einer Frau in der amerikanischen Verwaltung beruht, wehren sich alle von Dienel befragten Führungsfrauen vehement gegen den Verdacht, in irgendeiner Weise einer Quotenregelung etwas zu verdanken zu haben, und sie lehnen auch mehrheitlich solche Regelungen ab. Dem widerspricht der Befund, daß jeweils etwa die Hälfte der Frauen in Verwaltung und Wirtschaft angab, es würde ihnen persönlich nichts ausmachen, eine Quotenfrau zu sein (S.100). Der deutlichste Befund ist der, daß die Ablehnung der Quote sehr vehement geäußert wird, die Zustimmung zur Quotenregelung eher verhalten. Hieraus könnten einige interessante Schlüsse auf die Legitimität und Opportunität der Unterstützung von Quotenregelungen im jeweiligen Organisationskontext gezogen werden, in denen die Frauen arbeiten; dies unterbleibt jedoch. Statt dessen wird einmal mehr die von den Führungsfrauen selbst geäußerte These als Befund genommen, man habe es sich im Grunde selbst zu verdanken, und sei durch das eigene Frau-Sein nicht extrem behindert oder eingeschränkt worden. Aufstiegshindernisse innerhalb der Organisation schienen somit nach Meinung der Autorin nicht hinzureichen, um den niedrigen Anteil von Frauen in Führungspositionen zu erklären (S.101).

Ansätzen zufolge widersinnig; diese stellen eher infrage, ob der Dualismus Struktur-Kultur heute noch eine vielversprechende analytische Basis bildet. Andererseits ist nicht von der Hand zu weisen, daß beispielsweise eine Verhärtung von Geschlechtersegregation auf der strukturellen Ebene durch kulturelle Leitideen von Gleichheit und Beteiligung überdeckt, aber auch infrage gestellt werden kann. Hier zeigt sich ein Ausgangspunkt für weitere Forschungen, die die Erkenntnisgewinne aus der „kulturellen Wende" auf produktive Weise mit strukturtheoretisch grundierten Ansätzen verbinden und diese auf die Analyse von „Geschlecht und Organisation" hin ausrichten.

Bezogen auf die Ebene realer Prozesse in Organisationen ist deutlich geworden, daß viele Organisationen bzw. Organisationsbereiche sich heute „sensibel" für Geschlechterfragen zeigen. Ob dies lediglich verkleidete Abwehr ist oder über eine wachsende Aufmerksamkeit für die organisationsinterne Geschlechterpolitik bis hin zu deren aktiver Gestaltung mit dem Ziel einer Geschlechtersymmetrie reicht, ist von einer Vielzahl äußerer und innerer Bedingungen abhängig. Diese Kontingenz, aber auch die Prozessualität nimmt in der Diskussion um „Geschlecht und Organisation", wie wir sehen konnten, heute einen breiten Raum ein und bildet zu struktur- oder auch kulturdeterministischen Ansätzen ein Gegengewicht. Daß einige Autorinnen und Autoren (Alvesson/Billing 1997; Macdonald et al. 1997; teilweise auch Heintz et al. 1997) aber den Schluß ziehen wollen, der feministische Diskurs habe eine Überbetonung des „Gender"-Aspekts vollzogen und müsse insofern als obsolet gelten, scheint mir sowohl geschichtlich verzerrt als auch in seiner Entwertungs- und Verharmlosungstendenz für die Zukunft fatal: Wie die auch in diesen Publikationen referierten Befunde zeigen, ist die Geschlechterpolitik in Organisationen sichtbar gemacht worden und teilweise in Bewegung geraten; die Ära der fortdauernden Konstruktion einer für Frauen nachteiligen Geschlechterdifferenz mit organisationellen Mitteln scheint mir aber noch längst nicht überwunden.

# Literatur

Acker, Joan, Hierarchies, Jobs, Bodies: A Theory of Gendered Organizations, in: Lorber, Judith/Farell, Susan A. (Hg.), The Social Construction of Gender, Newbury Park/London/New Delhi 1991, S.162-179

Alvesson, Mats/Due Billing, Yvonne, Gender and Organization: Towards a Differentiated Understanding, in: Organization Studies, Vol. 13, No.12, S.73-102, 1992

Bailyn, Lotte, Breaking the Mold: Women, Men and Time in the New Corporate World, New York 1993

Becker-Schmidt, Regina et al., Arbeitsleben - Lebensarbeit. Konflikte und Erfahrungen von Fabrikarbeiterinnen, Bonn-Bad Godesberg 1983

BMA Schriftenreihe (Bundesministerium für Arbeit und Sozialordnung) (Hg.), Untersuchung von Marianne Weg, Ursula Müller u.a., Erwerbstätigkeit und Mutterschaft, Bonn 1986

BMA Schriftenreihe (Bundesministerium für Arbeit und Sozialordnung (Hg.), Untersuchung von Ursula Müller u.a., Einstellungsverhalten von Arbeitgebern und Beschäftigungschancen von Frauen, Bonn 1989

Bologh, Roslyn W., Love or Greatness. Max Weber and Masculine Thinking - A Feminist Inquiry, London 1990

Brumlop, Eva/Hornung, Ursula, Betriebliche Frauenförderung - Aufbrechen von Arbeitsmarktbarrieren oder Verfestigung traditioneller Rollenmuster?, in: Erwerbsbeteiligung von Frauen - Anreize und Barrieren, Arbeitspapier 1993 - 2 aus dem Arbeitskreis Sozialwissenschaftliche Arbeitsmarktforschung (SAMF), Gelsenkirchen 1993, S.31-62

Clarke, Linda, The Role of the Law in Equal Opportunities, in: Shaw, Jenny/Perrons, Diane (Hg.), Making Gender Work. Managing Equal Opportunities, Buckingham/Philadelphia 1995

Cockburn, Cynthia, In the Way of Women. Men's Resistance to Sex Equality in Organizations, Basingstoke/London 1991

Dienel, Christiane, Frauen in Führungspositionen in Europa, Weinheim/München 1996

Douglas, Mary, Wie Institutionen denken, Frankfurt/M. 1991

Ebers, Mark, Der Aufstieg des Themas „Organisationskultur" in problem- und und disziplingeschichtlicher Perspektive, in: Dülfer, Eberhard (Hg.), Organisations-Kultur, Stuttgart 1988, S.23-47

Eckart, Christel, Feministische Politik gegen institutionelles Vergessen, in: Feministische Studien 1/1995, S.82-90

Evetts, Julia, Gender and Career in Science and Engineering, London/Bristol 1996

Ferguson, Kathy, The Feminist Case Against Bureaucracy, Philadelphia 1984

Frerichs, Petra, Klasse und Geschlecht 1. Arbeit.Macht.Anerkennung.Interessen., Opladen 1997

Geißler, Birgit/Oechsle, Mechtild, Lebensplanung junger Frauen, Weinheim 1996

Gerhard, Ute, Bürgerliches Recht und Patriarchat, in: dies. et al. (Hg.), Differenz und Gleichheit. Menschenrechte haben (k)ein Geschlecht, Frankfurt a.M. 1990, S.188-204

Gherardi, Sylvia, Gender, Symbolism and Organizational Cultures, London/Thousand Oaks/New Delhi 1995

Gherardi, Sylvia, Travellers in a Mail World, in: Gender, Work and Organization, No.1., 1996

Gildemeister, Regine/Wetterer, Angelika, Wie Geschlechter gemacht werden. Die soziale Konstruktion der Zweigeschlechtlichkeit und ihre Reifizierung in der Frauenforschung, in: Knapp, Gudrun-Axeli/Wetterer, Angelika (Hg.), Traditionen Brüche. Entwicklungen feministischer Theorie, Freiburg 1992, S.201-254

Gottschall, Karin, Doing Gender While Doing Work? Erkenntnispotentiale konstruktivistischer Perspektiven für eine Analyse des Zusammenhangs von Arbeitsmarkt, Beruf und Geschlecht, in: Geissler, Birgit/Maier, Friederike/Pfau-Effinger, Birgit (Hg.), FrauenArbeitsMarkt, Berlin 1998

Hagemann-White, Carol, Die Konstrukteure des Geschlechts auf frischer Tat ertappen? Methodische Konseqzenzen einer theoretischen Einsicht, in: Feministische Studien 2/1993, S. 67-78

Halford, Susan/Savage, Mike/Witz, Anne, Gender, Careers and Organizations. Current Developments in Banking, Nursing and Local Government, Basingstoke/London 1997

Harker, Lisa, Towards the Family-Friendly Employer, in:Shaw, Jenny/Perrons, Diane (Hg.), Making Gender Work. Managing Equal Opportunities, Buckingham/Philadelphia 1995

Heintz, Bettina/Nadai, Eva/Fischer, Regula/Ummel, Hanns, Ungleich unter Gleichen. Studien zur geschlechtsspezifischen Segregation des Arbeitsmarktes, Frankfurt/New York 1997

Hochschild, Arlie Russell, The Time Bind. When Work Becomes Home & Home Becomes Work, New York 1997

Jüngling, Christiane, Politik, Macht und Entscheidungen in Projektgruppen. Entscheidungen über Frauenförderung und Personalbeurteilung - Eine Analyse, Münster 1995

Kanter, Rosabeth Moss, Men and Women of the Corporation, New York 1977

Kirsch-Auwärter, Edit, Anerkennung durch Dissidenz. Anmerkungen zu einer Kultur der Marginalität, in: dies./Modelmlg, Ilse (Hg.), Kultur in Bewegung, Freiburg 1996 (1996a), S.25-47

Kirsch-Auwärter, Edit, Emanzipatorische Strategien an den Hochschulen im Spannungsverhältnis von Organisationsstrukturen und Zielvorstellungen, in: VBWW Rundbrief 12/1996, S.51-55 (1996b)

Kotthoff, Helga, Kommunikative Stile, Asymmetrie und „Doing Gender". Fallstudien zur Inszenierung von Expert(innen)tum in Gesprächen, in: Feministische Studien 2/1993, S.79-95

Krell, Gertraude, Quotierung überflüssig?, in: Mitbestimmung 2/1996, S.48-54

Krell, Gertraude (Hg.), Chancengleichheit durch Personalpolitik. Gleichstellung von Frauen und Männern in Unternehmen und Verwaltungen, Wiesbaden 1997

Lewis, Suzan/Lewis, Jeremy (Hg.), The Work-Family Challenge. Rethinking Employment, London/Thousand Oaks/New Delhi 1996

Lewis, Suzan, ‚Family Friendly' Employment Policies: A Route to Changing Organizational Culture or Playing About at the Margins?, in: Gender, Work and Organization, Vol. 4 No.1, S.13-23, 1997

Liff, Sonia/Cameron, Ivy, Changing Equality Cultures to Move Beyond Women's Problems, in: Gender, Work and Organization, Vol.4, No.1, S.35-46, 1997

Lim, Lin Lean, More and better jobs for women. An action guide, ILO International Labour Organization, Geneva 1996

Lorber, Judith, Beyond the Binaries: Repolarizing the Categories of Sex, Sexuality and Gender, in: Sociological Inquiry, Vol. 66, No. 2, 1966, S.143-159

Luhmann, Niklas/Wortmann, Wilhelm, Automation in der öffentlichen Verwaltung; Aufgaben und Wirkungsmöglichkeiten von Raumordnung und Landesplanung. 2 Vorträge, gehalten auf einer Arbeitstagung für Führungskräfte der Polizei, Hamburg 1966

Macdonald, Mandy/Sprenger, Ellen/Dubel, Ireen, Gender and organizational change: bridging the gap between policy and practice, Royal Tropical Institute, Amsterdam 1997

Marks, Stephen R., What Is a Pattern of Commitments?, in: Journal of Marriage and the Family, Vol.56, 1994, S.112-115

May, Thomas, Organisationskultur. Zur Rekonstruktion und Evaluation heterogener Ansätze in der Organisationstheorie

Mikl-Horke, Gertraude, Soziologie. Historischer Kontext und soziologische Theorieentwürfe, München 1994

Müller, Ursula, Sexualität, Organisation, Kontrolle, in: Aulenbacher, Brigitte/Goldmann, Monika (Hg.), Transformationen im Geschlechterverhältnis, Frankfurt/ New York 1993, S.97-114

Müller, Ursula, Frauen und Führung. Fakten, Fabeln und Stereotypisierungen in der Frauenforschung, in: Wetterer, Angelika (Hg.), Die Konstruktion von Geschlecht in Professionalisierungsprozessen, Frankfurt/New York 1995, S.101-117

Müller, Ursula, Feminismus in der empirischen Forschung: Eine methodologische Bestandsaufnahme, in: Diezinger, Angelika u.a. (Hg.), Erfahrung mit Methode. Wege sozialwissenschaftlicher Frauenforschung, Freiburg 1994, S.31-68

Müller, Ursula, Von der Gegen- und Interventionskultur: „Frauenforschung" als institutionalisierte Sozialwissenschaft, in: Metz-Göckel, Sigrid/Steck, Felicitas (Hg.), Frauenuniversitäten. Initiativen und Reformprojekte im internatinalen Vergleich,. Opladen 1997, S.157-177

Müller, Ursula, Asymmetrische Geschlechterkultur in Organisationen und Frauenförderung als Prozeß - mit Beispielen aus Betrieben und der Universität, in: Rastetter, Daniela, Schwerpunktheft ‚Geschlechterdifferenzen und Personalmanagement', Zeitschrift für Personalforschung, 12, Jahrgang, Heft 2, 1998

Müller, Ursula, Zwischen Licht und Grauzone: Frauen in Führungpsositionen, in: ARBEIT. Zeitschrift für Arbeitsforschung, Arbeitsgestaltung und Arbeitspolitik, Heft 2/1999

Pemberton, Carole, Organizational Culture and Equalities Work, in: Shaw, Jenny/Perrons, Diane (Hg.), Making Gender Work. Managing Equal Opportunities, Buckingham/Philadelphia 1995

Powell, Gary N./Butterfield, D. Anthony, Investigating the „glass ceiling" phenomenon, in: Academy of Management + Journal Vol.37, No.1, 1994

Pringle, Rosemary, Secretaries Talk: Sexuality, Power and Work, London/New York 1988
Rastetter, Daniela, Sexualität und Herrschaft in Organisationen. Eine geschlechtervergleichende Analyse, Opladen 1994
Reskin, Barbara F./Roos, Patricia A., Job Queues, Gender Queues: Explaining Women's Inroad into Male Occupations, Philadelphia 1990
Riegraf, Birgit, Geschlecht und Mikropolitik. Das Beispiel betrieblicher Gleichstellung, Opladen 1996
Rudolph, Hedwig/Grüning, Marlies, Frauenförderung: Kampf- oder Konsensstrategie?, in: Beckmann, Petra/Engelbrech, Gerhard (Hg.), Arbeitsmarkt für Frauen 2000 - Ein Schritt vorwärts oder ein Schritt zurück? BeitrAB 179, Nürnberg 1994, S.773-795
Savage, Mike/Witz, Anne (Hg.), Gender and Bureaucracy, Oxford 1992
Stamp, Gillian, The Appeal and the Claims of Non-Dominant Groups, in: Shaw, Jenny/Perrons, Diane (Hg.), Making Gender Work. Managing Equal Opportunities, Buckingham/Philadelphia 1995
Volmerg, Birgit et al. (Hg.), Nach allen Regeln der Kunst. Macht und Geschlecht in Organisationen, Freiburg 1995
Wenneras, Christine/Wold, Agnes, Nepotism and sexism in peer-review, in: Nature, Vol.387, Nr.6631/1997, S.341-343
Witz, Anne/Savage, Mike, The Gender of Organizations, in: Savage, Mike/Witz, Anne (Hg.), Gender and Bureaucracy, Oxford 1992

*Sabine Gensior*

# Zwischen Beschäftigungskatastrophe und zu vielen Erwerbswünschen: Do qualification and competence matter? - Ein Beitrag zur Beschäftigungssoziologie im ost-westdeutschen Vergleich[1]

## 1. Einleitung: Wirtschaftsstruktureller Wandel in Ostdeutschland und Strukturen der Frauenerwerbstätigkeit

Im Vergleich zu den osteuropäischen Ländern, die mit dem Zerfall des Staatssozialismus komplizierte aber auch gemächlichere Entwicklungsprozesse durchlaufen, handelt es sich bei den sozioökonomischen Restrukturierungsprozessen in Ostdeutschland, insbesondere seit der Währungsunion im Juli 1990, um Entwicklungs- und Modernisierungsprozesse in einer strukturschwachen Region - genauer: in strukturschwachen Regionen. Denn einerseits läßt sich seit der Vereinigung das gesamte Gebiet der neuen Bundesländer als eine strukturschwache Region bezeichnen; andererseits zeigt sich nach den ersten umfassenden und flächendeckend wirksamen - wenn man so will – „therapeutischen Schocks", daß Deindustrialisierung und Beschäftigungsabbau keineswegs gleichmäßig verlaufen sind. Und auch was die bescheidenen Tendenzen der Reindustrialisierung oder der Entstehung von Zentren der ökonomischen Entwicklung angeht, kristallisiert sich nach fast neun Jahren heraus, daß der „Aufschwung Ost" insbesondere in regionaler Hinsicht ausgesprochen selektiv vonstatten gegangen ist.

Wir haben es daher in den neuen Bundesländern mit einer starken regionalen Differenzierung des Wachstums zu tun, und es zeichnet sich ab, daß Ballungsgebiete sowie zentral gelegenen Orte zu Wachstumsschwerpunkten werden. Auf der anderen Seite gibt es rückständige Gebiete, deren geographische Lage ungünstig ist und/oder die von Krisenbranchen geprägt sind.

In Anbetracht des Strukturwandels in Ostdeutschland in Richtung einer Tertiarisierung der Beschäftigung wird konstatiert, daß es zu viele Erwerbswünsche (inbesondere von Frauen) gebe; parallel dazu wird gefordert, daß die

---

[1] Dieser Beitrag stützt sich auf analytische und empirische Arbeiten, die ich - auch gemeinsam mit anderen - in den Jahren 1990-97 durchgeführt habe.

Beschäftigungschancen von Frauen generell nicht schlechter sein dürften als die von Männern; und dies gelte für Ost wie West.

Im einzelnen: Für die alten Bundesländer wurde festgestellt, daß die Arbeitslosenquote von Frauen seit dem Jahr 1994 niedriger ist als die der Männer. Dies wird vor allem auf den rezessionsbedingten Rückgang der Beschäftigung im produzierenden Gewerbe zurückgeführt, während der Dienstleistungsbereich, in dem mehr Frauen beschäftigt sind, relativ stabil blieb. Allerdings ist, Prognosen zufolge, in den neuen Bundesländern eine Ausweitung der Beschäftigungsmöglichkeiten vor allem im sekundären Dienstleistungsbereich zu erwarten, zu dem qualifizierte Tätigkeiten wie z.B. Beratung/Unterrichtung gezählt werden, und weniger in den traditionell weiblich konnotierten Dienstleistungsbranchen.

## 2. Kontroverse Deutungen der Beschäftigungsentwicklung

Will man von Segmentation, d.h. Spaltung, von Arbeitsmärkten sprechen, so ist es wichtig, sich klarzumachen, daß man über Bedingungen spricht, die dazu führen, daß Betriebe als Nachfrager nach Arbeitskraft Strukturen erzeugen, die zu einer Aufspaltung des Arbeitsmarktes in gegeneinander abgeschottete Teilarbeitsmärkte tendieren. Das heißt, nicht die Angebotsseite, sondern die Nachfrageseite auf dem Arbeitsmarkt bestimmt in segmentationstheoretischer Sichtweise, wie sich Allokation, Gratifikation und Qualifikation von Arbeitskräften entwickeln.

In der alten Bundesrepublik waren wir vor ca. vierzehn Jahren im Bereich der Frauenerwerbsarbeit mit einem geradezu paradoxen Phänomen konfrontiert, was gegenläufig diskutiert wurde (vgl. hierzu Lappe 1986). Einerseits übersprang die Zahl der *arbeitslosen* Frauen damals die Eine-Million-Grenze und stieg kontinuierlich an. Andererseits, und dies war das Paradoxe, wurde seitens der Bundesanstalt für Arbeit immer wieder darauf verwiesen, daß die Zahl der *beschäftigten* Frauen stärker zugenommen habe als die der Männer.

Dies sei insbesondere in bezug auf Angestelltentätigkeiten der Fall gewesen. Die Zahl der Arbeit suchenden Frauen hat also, so läßt sich feststellen, auch damals schon höher gelegen als ihre realisierte Beschäftigung. Diese beiden Komponenten einer gegenläufigen Entwicklung konnten und können unterschiedliche Argumentationen begründen, je nachdem, ob man sich stärker auf die Beschäftigten- oder die Arbeitslosenzahlen stützt (vgl. Lappe a.a.o.).

Mit dieser bereits vor mehr als einer Dekade in der alten Bundesrepublik als Paradox gedeuteten Entwicklung (vgl. ebd.) haben wir es erneut in den neuen Bundesländern zu tun:

## Beschäftigungskatastrophe und Erwerbswünsche

- Einerseits wird von einer „Beschäftigungskatastrophe" gesprochen und man meint damit die seit 1990 beständig ansteigende Arbeitslosigkeit; andererseits
- ist von „zu vielen Beschäftigungswünschen"(vgl. Pohl 1995) die Rede.

(1) Diejenigen, die von einer „*Beschäftigungskatastrophe*" sprechen, gehen von einem Arbeitsplatzdefizit von mehr als 30 % in den neuen Bundesländern aus, was auch nicht durch den „Aufschwung Ost" habe aufgefangen werden können. Vielmehr habe seit 1990 der Strukturwandel in Ostdeutschland zu einer falschen und ungesunden Struktur der Wirtschaft geführt (vgl. Engelen-Kefer, Kühl et al 1995). Die folgenden Strukturargumente können in diesem Zusammenhang angeführt werden:

- Es existieren zu viele neu gegründete Betriebe im konsumtiven Bereich und relativ zu wenige im produktiven, industriellen Sektor (abgesehen von der Baubranche).
- Zusätzlich ist die Struktur der Investitionen ungünstig. Die hohen Bauinvestitionen können die unzureichenden Ausrüstungsinvestitionen nicht kompensieren; auch ist ein Investitionsaufwand pro industriellem Arbeitsplatz in Höhe von 30.000 bis 50.000 DM nicht zukunftsträchtig. Anstelle einer (wünschenswerten) Normalisierung der ostdeutschen Wirtschaftsstruktur, die Reindustrialisierung mit einschließt, habe sich eher ein Abhängigkeits- und Beherrschungsverhältnis zwischen West- und Ostdeutschland hergestellt, d.h. eine Dependenz- bzw. Transferökonomie. Industriepolitik, so sie denn betrieben werde, sei auf regionaler Ebene kaum anschlußfähig.

Zugespitzt läßt sich resümieren: Die Restrukturierung und Reregulierung der Arbeit in Ostdeutschland war und ist gerade auch verglichen mit Volkswirtschaften wie Tschechien oder Polen, besonderen Schwierigkeiten ausgesetzt. Es läßt sich der Eindruck nicht von der Hand weisen, daß gerade das vermeintlich schützende institutionelle Dach der alten Bundesrepublik zunächst eher retardierend wirkt: Einmal sozusagen als Stabilität verheißende · leere Hülse, deren ‚Füllung' auf sich warten läßt; zum anderen durch die nicht anschlußfähig werdende sozioökonomische Entwicklung Ostdeutschlands.

Faßt man die Hinweise der Regional- und Arbeitsmarktforschung sowie der Industrie- und Wirtschaftssoziologie zusammen, so sind in Ostdeutschland verschiedene Entwicklungslinien zu erwarten:

- Zum einen könnten sich endogene Potentiale auf niedriger Stufenleiter entwickeln, d.h. kleine, regional gebundene und regional begrenzte reproduktive Kreisläufe, in deren Zentrum das Handwerk und personengebundene Dienstleistungen stehen;
- zum anderen dürften die viel zitierten „Kathedralen in der Wüste" auffindbar sein, die über keine oder kaum eine Anbindung an die Region

verfügen. Zwar werden sie von den politischen und wirtschaftsfördernden Institutionen z.Zt. (und in Zukunft) nach Kräften unterstützt, sie haben jedoch kaum positive Multiplikatoreffekte in die Region hinein.
- Schließlich ist mit einer weiteren Ansiedlung von Filialen westlicher Großunternehmen zu rechnen, die ganz im Sinne einer „transnationalen Strategie" agieren, jedoch mittelfristig zu problematischen, fragmentierten Strukturen in der Region führen können (vgl. hierzu Fischer/ Gensior 1995).

Rosig ist angesichts dieser Bestandsaufnahmen und Szenarien auch die Zukunft der Bevölkerungsentwicklung in Ostdeutschland nicht einzuschätzen. Es ist auf mittlere bis lange Sicht weiterhin mit einem Defizit von 30% fehlenden Arbeitsplätzen zu rechnen (vgl. Engelen-Kefer, Kühl et al 1995).

(2) Für die Deutungsvariante von *„zu vielen Erwerbswünschen"* stehen Rüdiger Pohl und die ihm in wesentlichen Argumenten folgende Kommission für Zukunftsfragen der Freistaaten Bayern und Sachsen: Pohl formulierte beispielsweise Mitte des Jahres 1995,

- daß Deutschland die Wiedervereinigung wirtschaftlich gemeistert habe, und
- daß Ostdeutschland eine eigene Volkswirtschaft wäre wie Tschechien oder Polen (vgl. Pohl 1995).

Zwar konstatierte Pohl, daß der Beschäftigungseinbruch zu den stark belastenden Entwicklungen gehöre; andererseits sei die Beschäftigung seit 1994 wieder angestiegen, auch wenn der Beschäftigungsanstieg die vorangegangenen Einbußen nicht einmal annähernd ausgeglichen habe. Jedoch, so die Argumentationsfigur Pohls weiter, dürfe die ökonomische Bewertung nicht nur durch die Anzahl der Arbeitsplätze vorgenommen werden, sondern es müsse auch deren wirtschaftliche Qualität (Rentabilität) berücksichtigt werden.

Pohl betonte, daß der volkswirtschaftliche Erfolg des Transformationsprozesses an der Zunahme rentabler und nicht am Abbau unrentabler Arbeitsplätze zu messen sei. Denn schließlich gebe es heute in der Summe weniger (rentable) Arbeitsplätze als Beschäftigungswünsche der Bevölkerung; diese müßten von daher auf das Maß reduziert werden, welches sich in Westdeutschland herausgebildet habe (vgl. ebd.).

Hiermit sind die beiden diametralen Positionen markiert, die sich auf die Deutung der Arbeitsmarktentwicklung in Ost- und Westdeutschland beziehen: In der einen Sichtweise wird die Entwicklung des Arbeitsmarktes (d.h. der Arbeitslosigkeit) mit ihren sozioökonomischen Folgen in den Vordergrund gestellt, in der anderen die Beschäftigungsentwicklung und die - in dieser Sicht - erwünschte Richtung und Selektivität ihres Verlaufs.

Und schließlich wird, und hier eröffnet sich ein weiteres Feld, gefragt, wie sich die Strukturen des Arbeitsmarktes in Ostdeutschland denen in Westdeutschland angleichen können. Genauer gesagt, wurden seit 1994/95 insbesondere von Pohl (vgl. a.a.o.) und dann auch von der Kommission für Zukunftsfragen der Freistaaten Bayern und Sachsen (vgl. a.a.o.) Überlegungen angestellt, die darauf zielen, die Reduktion von ‚zu vielen Beschäftigungswünschen' zunächst diskutierbar zu machen; nachdem der Schwellenwert anfänglicher Ablehnung solcher Überlegungen gesenkt war, konnte auch an die Umsetzung gedacht werden. Wie sich bald herausstellen sollte, kristallisierte sich in der Debatte auch die Zielgruppe heraus, deren Beschäftigungswünsche reduziert werden sollte: die in Ostdeutschland erwerbstätigen oder Arbeit suchenden Frauen.

In Zukunft wird es vermutlich so sein, daß sich die Strukturen des ostdeutschen (Frauen-)Arbeitsmarktes den Bedingungen des westdeutschen Marktes angleichen werden: Und zwar sowohl bezogen auf die Beteiligung von Frauen an der Erwerbsarbeit (Erwerbsquote), als auch auf die sektorale Strukturierung der Wirtschaftsbereiche. Ob sich jedoch dieser Angleichungsprozeß nur in eine Richtung vollzieht, das heißt, von Ost nach West oder ob sich hier andere Prozesse herausschälen werden, die man einerseits als Differenzierungsprozesse bezeichnen könnte oder andererseits auch als möglichen Anpassungsprozeß in umgekehrte Richtung, das heißt, von West nach Ost, sollte nicht prinzipiell ausgeschlossen werden. - Denn, und dies ist der Inhalt des zuvor angesprochenen Paradoxons, das in der alten Bundesrepublik vor weit mehr als zehn Jahren bereits verortet wurde: auch die Beschäftigungswünsche der westdeutschen Frauen steigen stetig an.

Derzeit jedoch stößt die nahezu ungebrochene Erwerbsneigung ostdeutscher Frauen auf einen gravierenden Arbeitsplatzmangel vor allem in qualifizierten Tätigkeitsbereichen. Daher verdienen es die sogenannten >Angleichungsprozesse< des ostdeutschen Arbeitsmarktes an die Strukturen des westdeutschen (hier speziell des Frauenarbeitsmarktes), einer besonderen Betrachtung unterzogen zu werden, und zwar aus zwei Gründen: zum einen in bezug auf die diskriminierenden Personal- und Lohnpolitiken von Betrieben, oder allgemeiner formuliert, bezüglich der Mechanismen der Verdrängung von Frauen aus Tätigkeitsfeldern, in denen Männer wie Frauen bisher gleichermaßen qualifiziert oder auch weniger qualifiziert beschäftigt waren. Zum anderen gilt es auch auf einen aus dem Westen bekannten Prozeß der Maskulinisierung qualifizierter Tätigkeiten mit Aufstiegs- und Entwicklungschancen aufmerksam zu machen, durch den Frauen in Positionen mit geringen Beschäftigungs- und Qualifizierungschancen abgedrängt (Feminisierung) bzw. ganz verdrängt werden. Schließlich ist - damit zusammenhängend - auf solche Teilarbeitsbereiche des Dienstleistungssektors das Augenmerk zu lenken, die derzeit als Niedriglohnsektor diskutiert werden.

## Existenzgründerinnen und Managerinnen im klein- und mittelbetrieblichen Sektor

Der Weg in die Selbständigkeit kann für Frauen als Erwerbsalternative gegenüber abhängiger Beschäftigung angesehen werden, verändert jedoch ihre schwierigere Erwerbslage - verglichen mit der von Männern - nicht. Existenzgründungen von Frauen als Lösungswege aus prekären Erwerbssituationen sind - nach bisherigen Erkenntnissen - sehr individuelle Entscheidungen; sie können nicht als kollektive Verlaufsmuster der Erwerbstätigkeit beschrieben werden. Frauen beschreiten mit dem Gang in die berufliche Selbständigkeit jeweils sehr unterschiedliche Wege; sie bilden eine heterogene Gruppe (Jungbauer-Gans 1993; Bläsche 1997).

Tabelle 1: Selbständige und mithelfende Familienangehörige
Gesamtes Bundesgebiet, Jahresdurchschnitt in 1000

| Nr. der Klassifikation | Wirtschaftsbereich | 1994 | 1995 | 1996 | 1997 |
|---|---|---|---|---|---|
| 0 | Land- und Forstwirtschaft | 652 | 619 | 582 | 547 |
| 1 | Energie und Wasserversorgung, Bergbau | 1 | 1 | 1 | 1 |
| 2 | Verarbeitendes Gewerbe | 459 | 451 | 444 | 435 |
| 3 | Baugewerbe | 248 | 255 | 261 | 265 |
| 5 | Handel | 778 | 786 | 786 | 785 |
| 6 | Verkehr und Nachrichtenübermittlung | 115 | 117 | 118 | 120 |
| 7 | Kreditinstitute und Versicherungsgewerbe | 79 | 79 | 79 | 79 |
| 8 | Dienstleistungen, soweit von Unternehmen und freien Berufen erbracht | 1255 | 1306 | 1343 | 1384 |
| 9 | Organisationen ohne Erwerbszweck und private Haushalte | - | - | - | - |
| 0 | Gebietskörperschaften und Sozialversicherung | - | - | - | - |
| | **Gesamt:** | **3587** | **3614** | **3614** | **3616** |

Quelle: StBA, Statistisches Jahresbuch für Bundesrepublik Deutschland 1998, S. 102 u. 103.

Ihre besonderen Risiken sind in der Charakteristik der neugegründeten Unternehmen zu suchen. Es handelt sich bei den Existenzgründungen von Frauen vorwiegend um kleine Ein-Personen-Betriebe in den Bereichen Handel, Dienstleistungen und Gastgewerbe. Betriebe in diesen Bereichen weisen in den ersten Jahren geringe Wachstumsmöglichkeiten und Überlebenschancen auf; sie haben ein relativ hohes „Sterberisiko". Die Risiken, denen Neugründungen von Frauen ausgesetzt sind, können sich zusätzlich durch geringe Managementerfahrungen und mangelnde Unterstützung im privaten, persönlichen Bereich sowie bei der konkreten betrieblichen Arbeit verschärfen; hinzu treten die schwachen Innovationspotentiale dieser Betriebe. Trotz dieser problemhaften Grundstrukturen und Rahmenbedingungen wissen wir durch viele Beispiele, daß die von Frauen gegründeten Unternehmen durchaus auch erfolgreich sein können.

## 3. Angleichung und Differenz

Wie ist der Entwicklungs-, um nicht zu sagen Emanzipationsprozeß, den ost- und westdeutsche Frauen in ihren jeweiligen Gesellschaften durchlaufen haben, zu interpretieren? Und auf welche Weise ist er jeweils an Erwerbsarbeit und Bildung gekoppelt und welche Folgen hat dies für ihre sozio-ökonomische Lage?

Die ostdeutschen Frauen halten nach wie vor mehr oder minder am Gleichberechtigungsmodell fest. Jedenfalls gibt es keine gravierenden Anzeichen dafür, daß ein Rückzug in Nicht-Normarbeitsverhältnisse und Lebensbereiche außerhalb der Erwerbsarbeit für ostdeutsche Frauen hohe Priorität hätte. Sie waren es im Rahmen von Partnerschaftsbeziehungen und ohne Angst vor Verlust des Arbeitsplatzes gewohnt, sich in verschiedenen Sphären der Gesellschaft gleichzeitig erfolgreich zu bewegen. Beziehen wir uns zunächst auf die westdeutschen Frauen.

### *Westdeutschland*

Im vergangenen Vierteljahrhundert haben sich die westdeutschen Frauen ein erweitertes Terrain gesellschaftlicher und beruflicher Betätigung erobert; die Ausweitung ihres Betätigungsfeldes war zum großen Teil an die Überwindung von Bildungs- und beruflichen Qualifikationsschranken gebunden und nicht auf materielle und soziale Besserstellung begrenzt. Das heutige Selbstverständnis von Frauen, ihre Erwartungen an Berufstätigkeit, Liebesverhältnisse und Partnerschaft können mit den Verhältnissen der fünfziger und selbst der sechziger Jahre nicht mehr gleichgesetzt werden. Dabei hat sich der Trend der steigenden Bildungsbeteiligung eher kontinuierlich fortgesetzt, als daß radikale Umbrüche erfolgt wären. Dies gilt auch für die „Vorbereitung der weiblichen Bildungsexpansion" durch ihre Müttergeneration und den Bedeutungszuwachs, den Bildung und Ausbildung im weiblichen Lebenszusammenhang der Nachkriegsgeneration erlangt hatte.

### *Ein Blick über die Grenzen:*

Im internationalen Vergleich zeigt sich beispielsweise, daß in der Bundesrepublik die Erwerbsquote von Frauen im Alter von 25-35 Jahren bedeutend stärker abfällt als in anderen Ländern. Dies ist zum einen auf andere Einstellungen zur Erwerbstätigkeit von Frauen zurückzuführen, beispielsweise in Frankreich und in den USA, hat aber insbesondere mit einer entsprechenden Schul- bzw. Bildungspolitik (dem Vorhandensein von Ganztagsschulen, Vorschulen, Kindergärten) zu tun. Gleichwohl läßt sich in der Bundesrepublik von einer stillen Revolution der Frauen bezüglich ihrer Bildungsmotivation und Berufsorientierung sprechen, denn trotz zunehmender Arbeitslosigkeit und entmutigender Effekte in der Organisation von Arbeit steigt die Erwerbsbeteiligung von Frauen stetig an. Es ist daher von einem dauerhaft stabilen Trend wachsender Erwerbsbeteiligung von Frauen auszugehen; auch ist zu erwarten, daß der Zustrom von Frauen zu höherwertigen Ausbildungen, insbesondere auch zum Hochschulstudium, anhält und diese „gebildeten" Frauen in der Folge eine höhere Erwerbsbeteiligung aufweisen werden. Neben der besser ausgebildeten, älteren Frauengeneration kommen auch diejenigen in die „Familiengründungsphase", die grundsätzlich günstigere Voraussetzungen für eine Erwerbstätigkeit haben.

Tabelle 2: Erwerbsbeteiligung und Bildungsstand von Männern und Frauen

| Erwerbsbeteiligung [1] und Bildungsstand von Männern und Frauen, 1992 ||||||||||
|---|---|---|---|---|---|---|---|---|---|
| | Primär- und Sekundärbereich 1 || Sekundärbereich 2 || Nicht universitärer Tertiärbereich || Universitäts- Ausbildung || GESAMT ||
| | Männer | Frauen | Männer | Frauen | Männer | Frauen | Männer | Frauen | Männer | Frauen |
| Deutschland | 80,2 | 46,1 | 85,6 | 67,3 | 89,4 | 80,9 | 93,8 | 82,4 | 86,7 | 64,2 |
| Großbritannien | 79,4 | 54,2 | 91,1 | 71,4 | 93,2 | 77,7 | 94,2 | 83,6 | 88,6 | 66,4 |
| Frankreich | 77,4 | 54,6 | 90,6 | 74,9 | 95,4 | 84,7 | 91,2 | 81,9 | 85,1 | 65,7 |
| USA | 75,2 | 45,6 | 89,9 | 70,7 | 94,1 | 81,0 | 93,8 | 82,2 | 88,7 | 70,0 |
| OECD insgesamt | 80,2 | 49,6 | 90,2 | 69,8 | 92,7 | 81,8 | 93,9 | 84,6 | 86,8 | 61,6 |
| 1) Anteil der Erwerbstätigen an der Bevölkerung zwischen 25 - 64 Jahre ||||||||||
| Quelle: OECD 1995: S. 33 - 35 ||||||||| IAT 1998 |

## Modell der Erwerbsperson

Der konstatierte Trend steigender Erwerbsbeteiligung von Frauen wirft ein neues Licht auf das Modell der Erwerbsperson. Es hat sich herausgestellt, daß es nicht mehr der männliche Arbeitende ist, der allein mit seinem Erwerbseinkommen eine Familie ernährt, im beruflichen Dauereinsatz und um den Preis der Abwesenheit von der Familie. Jedoch ebenso wie der männliche Vollerwerbstätige nicht mehr allein Maßstab des gesellschaftlichen Zusammenhangs sein kann, ebensowenig ist pauschal vom Modell *einer weiblichen* Erwerbsperson auszugehen, die allgemeingültige Lebensbedingungen repräsentiert. Vielmehr tritt eine Pluralisierung der Lebensmodelle und Existenzweisen von Frauen auf, ebenso wie eine Differenzierung ihrer Arbeitsmarktlage bedingt durch ein gestiegenes Bildungs- und Qualifikationsniveau wie auch durch die Krisenanfälligkeit traditioneller Formen des Zusammenlebens der Geschlechter nicht zu übersehen ist.

## *Differenzierung von Erwerbsbedingungen*

In historischer Perspektive allerdings relativiert sich die quantitative Steigerung des weiblichen Anteils an der Erwerbsbevölkerung in Deutschland. Sie hat erst jetzt wieder den Stand von vor 100 Jahren erreicht. Dies ist unter anderem auf die Veränderung der Beschäftigungsverhältnisse zurückzuführen, also beispielsweise darauf, daß sich die mithelfenden Familienangehörigen in abhängig Beschäftigte wandelten. Zum Teil liegt dies darin begründet, daß die Erwerbsquote der Männer seit zwei Jahrzehnten rückläufig ist (vorzeitiger Ruhestand, Arbeitslosigkeit).

Die Entwicklung der verschiedenen Beschäftigungsformen bewirkte in den letzten Jahren beispielsweise in der Bundesrepublik eine relative Abnahme der Vollzeit-Erwerbsarbeit bei Frauen wie auch bei Männern, wobei der Trend des Rückgangs sozialversicherungspflichtiger Beschäftigung in Ost- wie auch Westdeutschland unvermindert anhält (vgl. Abbildung 3). So entrichten Frauen in Ostdeutschland prozentual häufiger Beiträge zur Sozialversicherung als die ostdeutschen Männer. Der Anstieg bei den geringfügig Beschäftigten und den Selbständigen gerät somit zum Nachteil von sozialversicherungspflichtiger (Vollzeit-) Beschäftigung und führt zu entscheidenden Finanzierungsproblemen im System der sozialen Sicherung.

Von großer Bedeutung ist jedoch die Veränderung der Binnenstruktur der Gruppe der erwerbstätigen Frauen: Die Erhöhung des Eintrittsalters in den Arbeitsmarkt, die Anteilssteigerung verheirateter Frauen an den Erwerbstätigen, insbesondere der mittleren Altersgruppe, und eine kürzere Unterbrechungsdauer durch eine Familienphase deuten Angleichungen an männliche Erwerbsbiographien an. Diesen Angleichungstendenzen stehen im Vergleich mit männlichen Arbeitsbiographien jedoch gravierende Unterschiede gegenüber, die in der Vergangenheit insgesamt mit den Begriffen: geschlechtsspezifische Arbeitsteilung und Arbeitsmarktsegmentation gut beschrieben worden sind (Lappe 1981 und 1986; Gensior 1995; Gottschall 1990; Krüger 1992).

Tabelle 3: Entwicklung der Beschäftigungsverhältnisse in Ost- und Westdeutschland

|  | Westdeutschland | | | | Ostdeutschland | | | |
| --- | --- | --- | --- | --- | --- | --- | --- | --- |
|  | Männer | | Frauen | | Männer | | Frauen | |
|  | 1991 | 1995 | 1991 | 1995 | 1991 | 1995 | 1991 | 1995 |
| Beschäftigte insg. in 1000 | 17719 | 17141 | 11965 | 12102 | 4156 | 3797 | 3605 | 3007 |
| Berufliche Stellung der Haupterwerbstätigkeit in vH – Insgesamt | 100,0 | 100,0 | 100,0 | 100,0 | 100,0 | 100,0 | 100,0 | 100,0 |
| Sozialversicherungspflichtig | 72 | 70 | 70 | 66 | 90 | 82 | 93 | 86 |
| - Vollzeitbeschäftigt | 71 | 69 | 49 | 45 | 89 | 80 | 78 | 66 |
| - Teilzeitbeschäftigt | 2 | 2 | 21 | 22 | 2 | 2 | 15 | 19 |
| Beamte | 10 | 10 | 5 | 6 | 1 | 3 | 1 | 1 |
| Selbständige | 12 | 12 | 10 | 10 | 7 | 10 | 4 | 6 |
| - Mithelfende Familienangehörige | 2 | 1 | 3 | 2 | 0 | 1 | 2 | 1 |
| Geringfügig Beschäftigte* | 5 | 8 | 16 | 17 | 3 | 6 | 3 | 7 |
| - geringfügige Teilzeitbeschäftigung als Haupttätigkeit | 3 | 3 | 11 | 10 | 0 | 1 | 1 | 2 |
| - geringfügige Nebenerwerbstätigkeit von Nichterwerbstätigen | 2 | 5 | 5 | 7 | 2 | 5 | 2 | 5 |

\* In der Haupttätigkeit geringfügig Teilzeitbeschäftigte sowie Nichterwerbstätige mit geringfügiger Nebenerwerbstätigkeit
Quelle: Holst, E.; Schupp, J.: Erwerbstätigkeit von Frauen in Ost- und Westdeutschland weiterhin von steigender Bedeutung. DIW - Wochenbericht 28/1996. S. 10-11

Beispielsweise befindet sich ein Drittel der erwerbstätigen Frauen in einem Teilzeitarbeitsverhältnis (mit daraus folgender Aufstiegsbegrenzung), davon wiederum ein Drittel in ungeschützten, d.h. nicht versicherungspflichtigen Beschäftigungsverhältnissen. Teilzeitbeschäftigungsverhältnisse sind nach wie vor Kompromißverhältnisse, die überwiegend von Frauen eingegangen werden. Hier mußte also gar keine Aufklärungsarbeit der bayerisch-sächsischen Kommission für Zukunftsfragen (vgl. ebd.) erfolgen, sondern Frauen befanden und befinden sich bereits in den von der Kommission gewünschten „Nicht-Normarbeitsverhältnissen". Dies empfinden Frauen als Nachteil, der eigentlich behoben werden sollte.

Zudem ist der Arbeits- (und Ausbildungs-)Markt für Frauen nach wie vor durch eine abteilungs- und branchenspezifische Konzentration von industriellen Tätigkeitsfeldern gekennzeichnet, die unsichere Beschäftigung bieten und/oder niedrig entlohnt werden. Ein weiteres Merkmal ist die Konzentration von Dienstleistungsberufen auf den unteren und im besten Fall mittleren Hierarchieebenen der Betriebe. Durchgängig tritt in allen Bereichen eine Einkommens- und Lohndiskriminierung der weiblichen Beschäftigten auf.

Frauen konzentrieren sich immer noch in den niedrigen und schlechter bezahlten Positionen des Beschäftigungssystems. Auf den unteren Ebenen, dem An- und Ungelerntenbereich, sind Frauen beispielsweise zu circa 40% und Männer zu 26% vertreten. Der Brutto-Verdienst eines Arbeiters in der Industrie beträgt circa 20,00 DM pro Stunde, der seiner Kollegin circa 15,00 DM. Ein Angestellter verdient im Schnitt 4484,00 DM, eine Angestellte 2875,00 DM. Auch läßt die Verteilung der Nettoeinkommen - 58% der Frauen verdienen unter 1400,00 DM monatlich, aber nur 17% der Männer – die Rede von Gleichstellung eigentlich nicht zu. Darüber hinaus erweisen sich die Aufstiegsbedingungen für Frauen in den Unternehmen als bedeutend komplizierter, so daß ihre Aufstiegsmöglichkeiten insgesamt geringer sind.

Die beschriebenen geschlechtsspezifischen Ungleichheiten in der Berufsausbildung, die Konzentration von Frauen auf wenige Berufe im Dienstleistungsbereich mit geringerer Qualifikation und mit unsicheren Zukunftsprognosen setzen sich auf dem Arbeitsmarkt fort. Damit wird bereits durch die Berufsausbildung, die junge Frauen und Mädchen in spezifische Bereiche ‚lanciert', die Basis für ein mit höherem Risiko behaftetes Berufsleben geschaffen, das heißt mit einer strukturell größeren Chance, arbeitslos zu werden sowie - damit einhergehend - einem abnehmenden Niveau sozialer Sicherung bis hin zur (wahrscheinlicheren) Armut von Frauen im Alter. Diese Abfolge ist als Ergebnis einer ‚Strukturvorgabe des Arbeitsmarktes' zu interpretieren, ohne daß Erwerbsunterbrechnungen z.B. aufgrund von Mutterschaft hinzutreten müßten.

## 4. Zwei Pole - Beschäftigungs- und Armutsrisiken und Schritte in hochwertige Beschäftigungsbereiche

In der Bundesrepublik hat man sich seit einigen Jahren an einen festen Bestand von Langzeitarbeitslosen gewöhnt: Die hohe Arbeitslosigkeit trifft vor allem ältere Beschäftigte, die - einmal arbeitslos geworden - kaum wieder eine Stelle finden. Eine Politisierung der Langzeitarbeitslosigkeit - in der Regel folgt der ökonomischen dann auch die soziale Ausschließung - blieb bisher sowohl in West- als auch in Ostdeutschland weitgehend aus. Thematisiert wurde die mit Arbeitslosigkeit verkoppelte „Neue Armut" erst, als Arbeitslosigkeit und Armut das ‚Zentrum' der Erwerbstätigen, den (männlichen) Normalarbeiter, der zudem noch gewerkschaftlich und politisch organisiert ist, zu erreichen drohten.

Tabelle 4: Armut in Ost- und Westdeutschland 1990-1995 - Haushalte mit weniger als 50 vh des jeweiligen Durchschnittseinkommens

|  | Westdeutschland | Ostdeutschland* I | II |
|---|---|---|---|
| 1990 | 10,5 | 26,7 | 3,5 |
| 1991 | 10,0 | 20,5 | 4,3 |
| 1992 | 10,0 | 17,8 | 6,1 |
| 1993 | 11,1 | 16,0 | 6,3 |
| 1994 | 11,1 | 13,3 | 7,9 |
| 1995 | 13,0 | 11,5 | 7,9 |
| Geschlecht: |  |  |  |
| - Männer | 12,0 | 11,2 |  |
| - Frauen | 14,0 | 11,8 |  |
| Haushaltstypen: |  |  |  |
| - Einpersonenhaushalt | 7,3 | 7,6 |  |
| - Partner-Haushalt | 5,0 | 2,9 |  |
| - Familienhaushalt insg. | 16,8 | 16,1 |  |
| - Familienhaushalt mit drei und mehr Kindern | 31,4 | 46,2 |  |
| - Einelternhaushalt | 42,4 | 35,5 |  |
| Erwerbsstatus: |  |  |  |
| - Erwerbstätig | 6,8 | 7,5 |  |
| - Arbeitslos | 33,8 | 25,7 |  |
| Nationalität: |  |  |  |
| - Deutsche | 9,2 | 9,4 |  |
| - AusländerInnen | 27,1 | - |  |

*I: bezogen auf westdeutsches Durchschnittseinkommen
II: bezogen auf ostdeutsches Durchschnittseinkommen
*Quelle:* Statistisches Bundesamt (Hg.) 1997: Datenreport 7. Bonn, S.523

Ein Blick auf die Verteilung von Armutsrisiken in der Bundesrepublik läßt deutlich erkennen, daß zunehmend männliche Erwerbstätige, sowie Paar- und Familienhaushalte von Armut betroffen werden. Die Zahl der armutsgefährdeten Haushalte steigt seit Anfang der neunziger Jahre kontinuierlich an (vgl. Tabelle 4). Das wachsende Armutsrisiko, das auch für Erwerbstätige der Bundesrepublik immer mehr an Geltung gewinnt, verweist auf das aus den angelsächsischen Ländern bekannte Phänomen der „working poor": Arbeit als sogenannte klassische abhängige Erwerbsarbeit schützt nicht mehr vor Armut (Kurz-Scherf 1998).

Die einschlägige sozialwissenschaftliche Forschungsliteratur deutet den Umstand, daß Armut in der Bundesrepublik für die Mehrzahl der Menschen bislang kein relevantes Thema war, folgendermaßen (Zapf u.a. 1987; Riedmüller 1994; Klammer 1997): Armut in Folge von Arbeitslosigkeit hätte bisher nur einzelne soziale Gruppen getroffen, die sowohl hinsichtlich ihrer verbandlichen und politischen Organisationsfähigkeit als auch im Hinblick auf ihre Stellung auf dem Arbeitsmarkt mehr oder weniger marginal waren: Die Frauen in Deutschland (-West), die immer eine Randgruppe des Arbeitsmarktes bildeten, die Ausländer, die ungelernten Arbeiter, die Jugendlichen ohne Berufsausbildung und ohne Hauptschulabschluß, Behinderte und ältere Menschen. Sie bilden keine homogene Gruppe. Sie sind Opfer eines Prozesses sozialer (Aus-)Differenzierung geworden, der die Bindeglieder zwischen Einkommenslage, Bewußtseinslage, sozialen und kulturellen Orientierungen nach innen und außen aufgebrochen hat.

Unterschiede in den Lebensformen, zwischen Schichten und Altersgruppen treten vor allem im Hinblick auf Konsum- und Freizeitverhalten, Familie und Ehe auf. Solche Differenzierungen von Lebensformen beeinflussen die Niveaus objektiver und subjektiver Wohlfahrt und setzen Ängste vor sozialer Deklassierung frei. Am deutlichsten tritt dieser Zusammenhang von veränderten sozialen Risiken und modernen gesellschaftlichen Milieudifferenzierungen in bezug auf den Zusammenhang von Arbeit und Armut von Frauen hervor. Die Tatsache der Altersarmut von Frauen ist in der Bundesrepublik seit langem bekannt: 1988 waren 143500 weibliche und 36000 männliche Empfänger von Hilfe zum Lebensunterhalt älter als 65 Jahre. Die Altersarmut hat sich auch bei zunehmender Erwerbstätigkeit von Frauen auf hohem Niveau stabilisiert. Auffallend ist hierbei, daß in den vergangenen Jahren vor allem die Armut alleinerziehender Mütter angestiegen ist. Sie erreichte 1989 eine Armutsquote von 47% aller von Armut betroffenen Haushalte (vgl. Pfaff 1992; Riedmüller 1994). Armut Alleinerziehender ist allerdings nicht nur die Folge von Arbeitsmarktrisiken von Frauen mit Kindern, sondern sie weist auf die Instabilität der Familie und insgesamt auf veränderte Familienorientierungen hin. Insbesondere die materiellen Probleme von Scheidungsfolgen unterstreichen die Existenz veränderter Lebensformen von Familien. Auch die prekäre Lebenslage unverheirateter Frauen mit Kindern verweist auf einen entsprechenden kulturellen Wandel, der Frauen und Kinder an staatliche Subsistenz bindet, da der Familienverband als Unterstützungsinstanz nicht (mehr) zur Verfügung steht. Die Benachteiligung dieser Gruppe Alleinerziehender wird daher nicht nur als symptomatisch für neue soziale Differenzierungsprozesse jenseits des Arbeitsmarktes betrachtet, sondern auch für veränderte Anspruchsniveaus gegenüber sozialstaatlichen Leistungen. Denn anders als die Gruppe von armen alten Frauen früherer Epochen, die dem Arbeitermilieu entstammten, sind die alleinerziehenden Sozialhilfeempfängerinnen eine sozial und kulturell eher inhomogene Gruppe, die den Sozialstaat mit unterschiedlichen Lebensweisen konfrontiert (Riedmüller 1994).

*Neue Armut in Ostdeutschland*

Durch einen Vergleich von Lebenslagen zwischen Ost- und Westdeutschland können zum einen Quantität und Qualität der Betroffenheit von Armut erfaßt werden (vgl. Rosenow 1993); zum anderen sind künftig unter Verweis auf markante Unterschiede in der Sozialstruktur und in der Modernisierungsentwicklung zwischen Ost- und Westdeutschland Schlüsse auf politischen Problemdruck und auf Problemverhalten in der Bevölkerung möglich.

*Die Zahlen:* Über 1,4 Millionen Menschen waren im Jahr 1997 in Ostdeutschland ohne Arbeit, in der gesamten Bundesrepublik waren es - nach offizieller Statistik - rund 4,3 Millionen. 50 Tausend Lehrstellen fehlten im vergangenen Ausbildungsjahr. Immer mehr Menschen laufen Gefahr, auf Dauer an den Rand der Gesellschaft gedrängt zu werden. 2,8 Millionen Menschen sind in Deutschland auf Hilfe zum Lebensunterhalt angewiesen; besonders bedrückend ist hierbei der hohe Anteil von Kindern und Jugendlichen. Allein in den neuen Ländern stieg die Zahl der Sozialhilfeempfänger seit 1991 auf etwa 300 Tausend an, d.h. auf etwa 20%. 40 von 100 sozialhilfeberechtigten Haushalten nehmen dagegen Leistungen gar nicht in Anspruch. Derzeit sind die meisten Arbeitslosen in Ostdeutschland aufgrund ihrer früheren durchgängigen Erwerbsbiographie noch nicht auf Sozialhilfe angewiesen. Der vollständige Trend der Armutsentwicklung schlägt sich deshalb noch gar nicht in der Statistik nieder. Zu befürchten ist daher: Es dürften in der Sozialversicherung mittel- und langfristig kumulierende Effekte auftreten; zum Beispiel fehlen bei den Jüngeren bereits die Vorversicherungszeiten.

Frauen sind in Ostdeutschland besonders von Arbeitslosigkeit betroffen. Mit ihrer steigenden Betroffenheit bzw. Bedrohung durch Arbeitslosigkeit verengt sich gleichzeitig ihr Zugang zu sozialen Ressourcen und es verändern sich die Bedingungen des Wohnens, der Lebenshaltungskosten und des Konsumverhaltens. Gerade ältere und Frauen der mittleren Jahrgänge sind in hohem Maße ‚Wendeverliererinnen'. Aufgrund ihrer Verteilung über die Berufsstruktur in der ehemaligen DDR, ihrer Kinderzahl, weil sie Alleinerziehende sind sowie wegen ihrer sozialen Netze und Beziehungen werden sie zu dieser Gruppe gerechnet (vgl. Gensior 1995).

Ob Qualifikation und Kompetenz beziehungsweise vorgängige berufliche Erfahrung den ostdeutschen Frauen künftig - nach der langen Phase der Entwertung und Irritation seit 1990 - einen Weg in beruflich stabilere und akzeptablere Verhältnisse bahnen können, ist derzeit eine offene Frage. Einiges deutet jedoch darauf hin, daß der Wendepunkt für die vielzitierten ‚Wendeverliererinnen' erreicht sein könnte: Ihre gesellschaftliche Herkunft sowie berufliche Erfahrung und damit ihre Kompetenz werden - zumindest in der beruflich hoch qualifizierten Gruppe - den ostdeutschen Frauen dort, wo sie sich bisher behaupten konnten, nicht abgesprochen. Im Gegenteil, es handelt sich auch hier nur um ein weiteres Paradox: Zwar ist die Arbeitslosigkeit ostdeutscher Frauen generell nach wie vor hoch, doch werden zugleich Motivation, Engagement und die Qualität ihrer Arbeit in den hochwertigen Beschäftigungsbereichen, in denen sich etliche von ihnen wiederfinden, sehr geschätzt.

## Literatur

Bläsche, A. (1997), Existenzgründungen von Frauen in den neuen Bundesländern. Diplomarbeit, Humboldt-Universität zu Berlin

Engelen-Kefer, U, Kühl, J., Peschel, P., Ullmann, H. (1995), Beschäftigungspolitik, Düsseldorf

Gensior, S. (1999), Funktionalisierung der Frauenerwerbsarbeit und Armutsrisiken. Ein beschäftigungssoziologischer Kommentar, in: Brigitte Stolz-Willig/Mechthild Veil (Hrsg.) Es rettet uns kein höh'res Wesen... Feministische Perspektiven der Arbeitsgesellschaft, VSA-Verlag Hamburg, S. 29-44

Gensior, S. (1998), Anwälte und Architekten in den neuen Bundesländern: Strukturelle und arbeitsorganisatorische Wandlungsprozesse in professionellen Arbeits- und Berufsfeldern, in: Wissenschaftsmagazin, Brandenburgische Technische Universität Cottbus, Forum der Forschung, H. 6, S. 78-85, mit Alexandra Bläsche

Gensior, S. (1997), „Aufschwung Ost" durch Managementqualifizierung? - Erste Ergebnisse und Analysen einer sozialwissenschaftlichen Evaluation, in: Wissenschaftsmagazin, Brandenburgische Technische Universität Cottbus, Forum der Forschung, 3. Jg., H. 5.2, S. 96-107, mit Joachim Fischer, Elfriede Lemke, Ellen Protzmann

Gensior, S. (1997), Beschäftigungswirkungen der Braunkohlesanierung - Ein Forschungsprojekt am Lehrstuhl Industriesoziologie (1. Bericht), in: Wissenschaftsmagazin, Brandenburgische Technische Universität Cottbus, Forum der Forschung, 3. Jg., H. 5.1, S. 102 - 104, mit Joachim Fischer, Horst Miethe, Andreas Ringer, Christiane Wessels

Fischer, J., Gensior, S. (HG) (1995), Netz-Spannungen. Trends in der sozialen und technischen Vernetzung von Arbeit, darin: Einleitung, S. 11–50; darin: Betriebsgründungen in Cottbus. Probleme regionaler und internationaler Vernetzung von Unternehmen, S. 261–284, Berlin

Gensior, S. (Hg.) (1995), Vergesellschaftung und Frauenerwerbsarbeit. Ost-West-Vergleiche, Berlin, darin: Einleitung, S. 13-26 sowie „Blick in ein Forschungsprojekt - Beschäftigung, Arbeit und Bildung ostdeutscher Frauen", S. 69-152

Gensior, S. (1994), Gesellschaft im Umbruch und das Problem des theoretischen Abstands: Der Fall Frauenerwerbsarbeit im ost-westdeutschen Vergleich, in: Sonderdruck Soziale Welt, Sonderband 9, Niels Beckenbach, Werner van Treeck (Hg.), Umbrüche gesellschaftlicher Arbeit, S. 39-47

Gensior, S.; Metz-Göckel, S. (1989), Differentielle Gleichheit und subtile Diskriminierung. Zur Gleichstellung der Geschlechter in Bildung und Beruf - Eine Zwischenbilanz, in: Zwischenbericht der Enquete-Kommission „Zukünftige Bildungspolitik - Bildung 2000", Deutscher Bundestag, 11. Wahlperiode, Drucksache 11/5349, S. 148-168

Jungbauer-Gans, M. (1993), Frauen als Unternehmerinnen. Eine Untersuchung der Erfolgs- und Überlebenschancen neugegründeter Frauen- und Männerbetriebe, Frankfurt M./ Berlin/ Bern/ New York/ Paris/ Wien

Klammer, U. (1987), Wieder einmal auf der Verlierer(innen)seite - Zur arbeitsmarkt- und sozialpolitischen Situation von Frauen im Zeitalter der „Sparpakete", in: WSI-Mitteilungen (50. Jg.) H. 1, S. 1-12

Kommission für Zukunftsfragen der Freistaaten Bayern und Sachsen, Erwerbstätigkeit und Arbeitslosigkeit in Deutschland, Entwicklung, Ursachen und Maßnahmen (1997), 3 Bde., Bonn

Krüger, H. (Hg.) (1992), Frauen und Bildung. Wege der Aneignung und Verwertung von Qualifikationen in weiblichen Erwerbsbiographien, Bielefeld

Kurz-Scherf, I. (1998), Krise des Sozialstaats - Krise der patriarchalen Dominanzkultur, in: Zeitschrift für Frauenforschung (16.Jg.) Sonderheft1, S. 13-48

Lappe, L. (1981), Die Arbeitssituation erwerbstätiger Frauen. Geschlechtsspezifische Arbeitsmarktsituation und ihre Folgen, Frankfurt a.M.

Lappe, L. (1986), Frauenarbeit und Frauenarbeitslosigkeit. Ein empirische Überprüfung geschlechtsspezifischer Arbeitsmarktsegmentation, Arbeitskreis Sozialwissenschaftliche Arbeitsmarktforschung (SAMF), Arbeitspapier 1986 - 2, Paderborn

Nickel, H.M.; Schenk, S. (1994), Prozesse geschlechtsspezifischer Differenzierung im Erwerbssystem, in: Nickel, H.M.; Kühl, J.; Schenk, S.: (Hg.), Erwerbsarbeit und Beschäftigung im Umbruch, Berlin, S. 259-282

Pohl, Rüdiger (1995) Dynamisch voran - noch nicht am Ziel: Die ostdeutsche Wirtschaft fünf Jahre nach der Währungsunion, in: Wirtschaftsdienst (75. Jg.), Nr. 6, S. 297-300

Pfaff, A. (1992), Feminisierung der Armut durch den Sozialstaat? in: Armut im modernen Wohlfahrtsstaat, Kölner Zeitschrift für Soziologie und Sozialpsychologie, Sonderheft 32/1992, Opladen

Riedmüller, B. (1994), Sozialpolitik und Armut. Ein Thema zwischen Ost und West, in: U. Beck, E. Beck-Gernsheim (Hg.), Riskante Freiheiten. Individualisierung in modernen Gesellschaften, Frankfurt a.M., S. 74-88

Rosenow, J. (1993), Die Altersgrenzenpolitik in den neuen Bundesländern: Trends und Regulationsmechanismen im Transformationsprozeß - Differenzen zur Entwicklung in den alten Bundesländern, in: Zeitschrift für Sozialreform

Zapf, W. u.a. (1987), Individualisierung und Sicherheit. Untersuchungen zur Lebensqualität in der Bundesrepublik Deutschland, München

*Ursula Rabe-Kleberg*

# Wie aus Berufen für Frauen Frauenberufe werden
# Ein Beitrag zur Transformation des Geschlechterverhältnisses

Daß die Frauen in Ostdeutschland die Verliererinnen des Transformationsprozesses seien, gilt heute als unumstritten. Meistens werden in diesem Zusammenhang die für diese Frauen verschlechterten Möglichkeiten genannt, Familien- und Erwerbsarbeit zu koordinieren; vor allem aber wird der statistisch unwiderlegbare Prozeß der zeitweisen oder endgültigen Verdrängung der Frauen vom Arbeitsmarkt ins Auge gefaßt. Weitgehend verborgen bleiben dagegen Prozesse der Strukturveränderungen in den Berufen, die vorrangig von Frauen ausgeübt werden. Hierzu zählen z.b. Arbeitsbedingungen und berufsbiographische Entwicklungsmöglichkeiten, Anforderungsprofile und berufliche (Weiter-)Qualifikationsmöglichkeiten. Im folgenden wird es vor allem um solche Veränderungen von Berufsstrukturen im Transformationsprozess gehen. An diesem Prozess kann exemplarisch gezeigt werden, wie das Geschlechterverhältnis (gender) in den Strukturen der Gesellschaft verortet und von deren Veränderungen betroffen ist. (Beer 1990, Wetterer 1992). Ehemals effektive und erfolgversprechende Handlungspotentiale der von den Strukturveränderungen betroffenen Individuen können im Verlaufe solcher Prozesse „leerlaufen" und Hilflosigkeit entstehen lassen.

Auch für die DDR läßt sich eine Segregation der Berufe nach Geschlecht nachweisen. Auch hier verdienten Frauen in ihren Berufen und Positionen im Durchschnitt ein Drittel weniger als Männer (Rabe-Kleberg 1995a). Aber - und das ist das Essential der folgenden Überlegungen -, die den Frauen vorbehaltenen oder zugewiesenen Berufe hatten nicht die aus den westlichen Ländern, vor allem der Bundesrepublik Deutschland, bekannten Strukturen von Frauenberufen (Rabe-Kleberg 1993); diese erhielten sie erst im Laufe und in der Konsequenz der Transformation.

Wie sich diese Strukturveränderung vollzog, soll in groben Zügen am Beispiel des Berufes der Kindergärtnerin, heute Erzieherin, nachgezeichnet werden. Weiterhin wird aufgrund berufsbiographischer Interviews mit Erzieherinnen nach der „Wende" gezeigt, wie schwierig es für die in diesem Berufsfeld tätigen Frauen ist und war, die Prozesse der strukturellen und institutionellen Veränderungen, in deren Zentrum sie standen, zu begreifen, und - wenn überhaupt möglich – sie auch zu bewältigen.

## 1. Frauenberufe und Berufe für Frauen

Immer wieder wird neu und naiv - naiv, weil ohne Blick auf die sich immer wiederholende geschlechtsspezifische Reproduktion der Berufsstrukturen und auf deren die Geschlechtsunterschiede stiftende Funktion in der Gesellschaft - behauptet, Frauenberufe seien nur ein traditionelles Relikt und nun bald überwunden. Nun bald - wenn die Frauen nicht immer die falschen Berufe wählten oder das falsche Fach studierten!

Das Scheitern des Gesellschaftsprojektes „Mädchen in Männerberufen" in der Bundesrepublik Deutschland der 80er Jahre sowie 40 Jahre Berufs- und Bildungsgeschichte der Frauen in der DDR zeigen dagegen,

- daß sich zwar die Vorstellung davon ändert, was Männer- und Frauenarbeit ist oder sein soll, nicht aber die Trennung selbst;
- daß die Trennung der Berufe nach dem Geschlecht einer der Garanten für die Identität oder besser die Identifizierung der Geschlechter in der Gesellschaft ist und
- daß neben der so hergestellten Differenz auch immer wieder die Ungleichheit im Sinne der Hierarchie zwischen den Geschlechtern über die geschlechtsspezifische Berufskonstruktion reproduziert werden kann.

Von der Tradition der Frauenberufe hatte sich die DDR zwar nicht vollständig abgekoppelt, aber wesentliche strukturelle Defizite, die Frauen- gegenüber Männerberufen traditionell immer besessen haben, waren gemindert oder ganz verschwunden.

In den von Angelika Willms-Herget analysierten Berufszählungen (Willms-Herget 1985), die seit 1880 die Trennung von Berufen in Männer- und Frauensegmente belegen, konnten für das Deutsche Reich und die Bundesrepublik Deutschland folgende Tendenzen nachgezeichnet werden:

- Frauen sind im Vergleich zu Männern auf eine geringere Anzahl von Berufen konzentriert. Diese Tendenz hatte in der BRD bis in die 80er Jahre nur eine leichte Abschwächung erfahren.
- Männer arbeiten überwiegend in für ihr Geschlecht typischen Berufen, während dies allerdings nur für weniger als ein Drittel der Frauen gilt.
- Frauentypische Berufe haben eher Dienstleistungs- oder Reproduktionscharakter. Die Hoffnung allerdings, daß sich die zur Zeit vollziehende Tertiarisierung der Berufsstruktur sozusagen automatisch zugunsten der Frauen in diesen Bereichen auswirken würden, erweist sich heute nicht selten als Illusion.

Langfristig, so hat Angelika Willms-Herget gezeigt, ist ein Eindringen von einer bemerkenswerten Anzahl von Frauen in sogenannte Männerdomänen nur in Zeiten von Expansionen beobachtbar. Kontraktionen auf dem Arbeits-

# Frauenberufe

markt, wie wir sie (nicht nur) infolge der Transformation in den 90er Jahren beobachten konnten, führen eher zu statistisch nachweisbaren Prozessen des Hinausdrängens des „anderen" Geschlechtes - und dies nicht nur aus traditionellen Männer-, sondern auch aus den angestammten weiblichen Berufsdomänen.

Erklärungsversuche allerdings, die die Trennung von Männer- und Frauenberufen an dem Gegenstand der Arbeit, an dem Schwierigkeitsgrad der Arbeit oder gar an der Eignung des einen oder des anderen Geschlechtes festmachen bzw. die Tradition bemühen, erweisen sich als vorgeschobene Legitimationen von gesellschaftlicher Ungleichheit der Geschlechter und fallen somit unter Ideologieverdacht. Vielmehr läßt sich jenseits der vielfältigen Einzelprozesse, wie z.B. betriebliche Ausbildungs- und Einsatzstrategien, schulische Sozialisationsprozesse und Prozesse der individuellen Berufswahl pointieren, daß Frauenberufe solche sind, die Männer den Frauen übriggelassen haben, d.h. Berufe, für die Männer erst gar nicht zur Verfügung stehen, Berufe also, die Männer zugunsten besserer, sprich modernerer Tätigkeiten, verlassen haben, oder solche, die in Prozessen der beruflichen Ausdifferenzierung als hierarchisch niedriger entstanden sind. Das Zitat von Hedwig Dohm aus dem Jahr 1874 erweist sich so auch heute noch als treffend.

„Ich hoffe, beweisen zu können, daß zwei Grundprinzipien bei der Arbeitstheilung zwischen Mann und Frau klar und scharf hervortreten. Die geistige Arbeit und die einträgliche Arbeit für die Männer, die mechanische und die schlecht bezahlte Arbeit für die Frauen; ich glaube, beweisen zu können, daß der maßgebende Gesichtspunkt für die Theilung der Arbeit nicht das Recht der Frau, sondern der Vortheil der Männer ist, und daß der Kampf gegen die Berufsarbeit der Frau erst beginnt, wo ihr Tagelohn aufhört, nach Groschen zu zählen [...]. Gering geschätzte und halb bezahlte Arbeit ist Sclaverei in milderer Form, und das ist die allgemeine Lage der Frau auf all' den Gebieten, die wir freie Arbeit nennen." (zit. nach Brinker-Gabler 1979, 124, 131)

Frauenberufe haben - heute nur in Einzelfällen und in Ansätzen z. B. in der Pflege durch engagierte Professionsbemühungen gemildert - folgende Merkmale, die sie in ihrer Attraktivität entscheidend mindern:

1. Es handelt sich um Sackgassenberufe, d.h. um Berufe, in denen trotz individueller Fort- und Weiterbildungsbemühungen kein Aufstieg möglich ist, da Hierarchien in der Regel flach und Durchlässigkeiten nicht gegeben sind, oder weil sie als Assistenzberufe in der Regel männlich besetzten anderen Berufe untergeordnet und somit ohne Aufstiegskanäle sind.
2. Es handelt sich um Tätigkeiten, deren Qualifikationsprofil durch Diffusion zwischen beruflicher- Qualifikation und Laienqualifikationen angesiedelt ist, so daß ein eindeutiger Berufscharakter eher schwer zu begründen ist.
3. Beide Merkmale führen dazu, daß das gesellschaftliche Ansehen von Frauenberufen durchweg niedrig, zum Teil auch ambivalent ist, und zwar

nach dem Muster: „Eine sehr schwierige und wichtige Aufgabe - eigentlich unbezahlbar. Aber wer will schon immer ... (... alte Leute waschen, mit kleinen Kindern spielen, behinderte Erwachsene betreuen)?"

In der DDR wurde bei der Konstituierung der Berufe für Frauen versucht, diese drei typischen Merkmale von Frauenberufen zugunsten einer „normalen" (i.e. männlichen) Berufskonstruktionen zu verändern. Dies soll im folgenden am Beruf der Kindergärtnerin kurz skizziert werden:

1. Die Ausbildung der Kindergärtnerin erfolgte an Fachschulen, d.h. auf der gleichen Ebene wie die der Ingenieure, und wie für diese bestand die Möglichkeit des Bildungsaufstiegs bis zum Universitätsstudium. Der Beruf war nicht als Sackgassenberuf angelegt, obwohl die meisten Kindergärtnerinnen auf der Ebene der Gruppenleiterin in Kindergärten verblieben.[1]

2. Das Fachwissen der Kindergärtnerin war eindeutig als berufliches definiert, kodifiziert und in seiner Praxis weitgehend im „Bildungs- und Erziehungsplan" festgeschrieben.[2] Dieses Wissen war so strukturiert, daß es sich von dem der Laien (z.B. Eltern) unterschied und - was wichtiger war - hierarchisch abhob. Dieses Wissen erhielt durch die organisatorische Anbindung an den Ort der Wissensproduktion, die Akademie der Pädagogischen Wissenschaften, seine wissenschaftliche Legitimation und „Unangreifbarkeit".

3. Der Kindergarten war in der DDR Teil des allgemein hochgeschätzten Volksbildungssystems. Der Beruf der Kindergärtnerin war nach Ausbildungsniveau und Status, Verdienst und sozialer Absicherung (Stichwort: Intelligenzrente) dem der Grundschullehrerin nahezu gleichgestellt. Die gesellschaftliche Wertschätzung der pädagogischen Arbeit im Kindergarten zeigte sich im politischen System der DDR nicht zuletzt dadurch, daß die Notwendigkeit der Erziehung der „sozialistischen Persönlichkeit von klein an" in vielen Parteitagsdokumenten der SED erwähnt wurde.

Der Beruf der Kindergärtnerin ist als traditioneller Frauenberuf in der DDR nach dem Muster technischer Berufe modernisiert worden. Dieser Modernisierungsprozeß ging mit einem Rationalisierungsprozeß einher, der zu einem einheitlichen und hochverbindlichen Bildungs- und Erziehungsplan für die Arbeit mit Kindern führte. Die Kindergärtnerin wurde dabei zu einer Spezialistin für die Erziehung von Kindern einer bestimmten Altersgruppe. Sie verfügte über ein spezialisiertes, allerdings auch durch rigide Vorgaben

---

[1] Daß dies auch durchaus problematische Aspekte hatte, die sich im Delegationsprinzip und auch in der Verkürzung des fachspezifischen Universitätsstudiums auf 4 Semester („Schnellbesohlung") zeigten, soll nicht verschwiegen werden, kann hier aber nicht ausführlicher dargestellt werden.

[2] Zur Kritik der pädagogischen und erziehungssoziologischen Problematik dieser Festlegung: vgl. Rabe-Kleberg 1995.

Frauenberufe 97

begrenztes Wissen und war aufgrund ihrer Ausbildung kompetent, es in komplexen Praxissituationen anzuwenden.

Zu untersuchen ist nun, wie im Prozeß der gesellschaftlichen Transformation aus einem Beruf für Frauen ein Frauenberuf wird.

## 2. Von einem Beruf für Frauen zu einem Frauenberuf

Es sind im wesentlichen drei Prozesse, die zwar voneinander unabhängig zu betrachten sind, denen aber gemeinsam ist, daß sie zum einen als Teile oder Folge des Gesamtprojektes „Transformation" auszumachen sind; zum anderen wirkten sie sich einschneidend auf die Konstruktion und Realität des Berufes der Kindergärtnerin - jetzt Erzieherin – aus, vermutlich ohne daß dies intendiert gewesen wäre. Diese drei (Einzel-) Prozesse sind:

- die in der Folge der Transformation einsetzende demographische Veränderung, die in manchen Bereichen zur Reduktion der Zahl der Kinder im Kindergartenalter von bis zu 75% geführt hat;
- die Verlagerung der Kindergärten aus dem Bildungs- in das Sozialsystem und seine Einbindung in die Regelungen des Kinder- und Jugendhilfegesetzes (KJHG);
- die Auflösung der Akademie der Pädagogischen Wissenschaften sowie der weiterführenden universitären Studiengänge für die Ausbildung von Fachschullehrerinnen und Leitungskader im Kindergarten (Rabe-Kleberg 1995b).

Diese Vorgänge haben entscheidend zur Verwandlung des Kindergärtnerinnenberufes von einem Beruf für Frauen zu einem Frauenberuf mit allen genannten strukturellen Defiziten beigetragen. Diese Entwicklung ist nun längst strukturell verfestigt, neuere Tendenzen beschleunigen den Prozeß der Restrukturierung eines Frauenberufes bloß, statt ihn zu kritisieren oder gar anzuhalten.

Ganz wesentlich tragen allerdings auch die Coping-Strategien der in ihrer bedrängten Vereinzelung weitgehend hilflosen Erzieherinnen dazu bei, daß sich diese Entwicklung bruchlos durchsetzen konnte. Hierauf soll zum Schluß eingegangen werden.

*Arbeitsmarkt Kindergarten*

Der Arbeitsmarkt ist für die Erzieherinnen in den neuen Bundesländern faktisch zusammengebrochen. Junge Erzieherinnen finden so gut wie keine Zugangsmöglichkeiten. Einmal entlassene Erzieherinnen haben mit ihrem

Arbeitsplatz auch ihren Beruf verloren, weil ein Wiedereinstieg in biographisch absehbarer Zeit kaum möglich ist. Gekündigt wird ihnen nach den Regelungen des Kündigungsschutzgesetzes, d.h. nach sog. „sozialen Kriterien", mit dem Ergebnis, daß eher Erzieherinnen mittleren und höheren Alters in den Einrichtungen verbleiben. Und auch diese müssen damit rechnen, daß ihre Berufsbiographien im nächsten oder übernächsten Jahr beendet sein werden.

Zum einen verschwindet mit den Trägerinnen auch der Beruf zusehends aus der gesellschaftlichen Praxis, wo er in der DDR ein quantitativ wie qualitativ erfahrbaren Stellenwert hatte. Zum anderen werden Erzieherinnen - wieder aus Gründen der „Sozialverträglichkeit", d.h. um weniger Kolleginnen in die Arbeitslosigkeit entlassen zu müssen - gedrängt, Teilzeitverträge zu unterschreiben. So wird der Beruf der Erzieherin zu einem Tätigkeitsfeld, von dem sich frau nicht eigenständig ernähren kann. Sie wird also zur Sicherung ihrer Existenzgrundlagen auf einen anderen (in der Regel männlichen) Ernährer verwiesen.[3]

Diese für die Frauen auf dem Hintergrund ihrer Berufserfahrung in der DDR besonders einschneidende Veränderung ist nicht nur im Sinne der beschränkt zur Verfügung stehenden finanziellen Ressourcen (der öffentlichen Hand) zu betrachten, sondern soll hier im Sinne der Veränderung des Geschlechterverhältnisses in Richtung auf eine schlechte Tradition fokussiert werden. Die Frauen üben nun einen Beruf aus, der strukturell, nicht aufgrund von individuellen Einzelregelungen, so angelegt ist, daß er nicht mehr die Sicherung einer eigenständigen Lebensführung aufgrund von Erwerb garantiert. Dieser Beruf erfüllt somit auch nicht mehr die wesentlichen Kriterien der Berufsdefinition, er wird zum „typischen Frauenberuf".

## Kindergarten im System der Jugendhilfe

In der Folge des Transfers westdeutscher Institutionen in die neuen Länder wurde auch der Kindergarten, bislang erste Stufe des Volksbildungssystems, dem Jugendhilfesystem zugeordnet. Es ist hier nicht der Ort, die widersprüchlichen Prozesse des Institutionentransfers zu diskutieren, wohl aber müssen die einschneidenden Strukturveränderungen benannt werden, die dieser Teil des „Systemwechsels" für den Beruf der Kindergärtnerin und die Kindergärten selbst hatte:

Zunächst wurden die Fachschulzertifikate der Kindergärtnerinnen - im Unterschied zu denen der Ingenieure, die ja auf gleichem Bildungsniveau ausgebildet wurden - nicht als gleichwertig zu dem entsprechenden westdeutschen Beruf, zu dem der westdeutschen Erzieherinnen anerkannt. Dies

---

3   Die zunehmende Teilzeitarbeit hat darüber hinaus negative Auswirkungen auf die pädagogische Organisation in den Kindergruppen.

obwohl die Erzieherinnen im Westen auf dem deutlich niedrigeren Niveau der Berufsfachschule ausgebildet werden. Den DDR-Kindergärtnerinnen dagegen wurde ihre Ausbildung nur als Teilqualifikation anerkannt, und sie wurden gezwungen, sich nachschulen zu lassen, um die geltende Berufsbezeichnung „Erzieherin" zu erwerben.[4]

Mit der Zuordnung zum Jugendhilfesystem verlor der einzelne Kindergarten seine Einbindung in ein hierarchisch ausdifferenziertes, aber durchschaubares System von pädagogischer Leitung und fachlicher Kontrolle. Aufgrund dieser bürokratisch-paternalistischen Strukturen war der Beruf der Kindergärtnerin zu DDR-Zeiten in eher homogene Strukturen eingepaßt, die berufliches Selbstverständnis als in sich weitgehend widerspruchsfrei erscheinen ließ und die berufsbiographische Entwicklungen garantierten. Mit der Einbindung in das vielfältige und vielgestaltige Jugendhilfesystem nach 1989/90 wird der Kindergarten als Einrichtung zugleich in ein für die meisten Erzieherinnen undurchsichtiges und komplexes Verwaltungssystem eingebunden; dabei bleiben sie in für sie bisher unbekannter Weise auf sich selbst gestellt.

Unter dem Eindruck der existentiellen Bedrohungen durch die Arbeitsmarktentwicklung konnte diese neue Situation kaum als Chance genutzt werden, pädagogische Vielfalt zu entwickeln; sie wurde von den Erzieherinnen - wie unsere Interviews[5] zeigen – vielmehr grundsätzlich als Entwertung des Berufsortes und damit insgesamt des Berufes aufgefaßt.

Dabei sind es insbesondere strukturelle Veränderungen, die sich auf den Charakter des Berufes der Erzieherinnen als Frauenberuf auswirken. Die Abflachung der Hierarchie auf zwei Ebenen beschränkt die beruflichen Entwicklungsmöglichkeiten entscheidend. Der Beruf erhält so den Charakter einer Sackgasse. Berufliche Fort- und Weiterbildungsmöglichkeiten führen nun nicht wie zu DDR-Zeiten zu beruflichen Aufstiegen, sondern verbreitern lediglich horizontal die Arbeitsfähigkeiten im Sinne einer Diversifikation. Der Sackgassencharakter wird so eher noch verstärkt.

*Diffusion des beruflichen Wissens*

Die dritte Veränderung aber, die den Beruf der Kindergärtnerin zu einem strukturtypischen Frauenberuf macht, ist die wesentlichste: Es geht um die Entwertung und damit um den Verlust des beruflichen Wissens, oder besser,

---

[4] Undiskutiert bleibt an dieser Stelle, daß inhaltlich pädagogische Kritik an der Ausbildung der Kindergärtnerinnen ihre Berechtigung hat. Einer mindestens ebensolchen Kritik bedürfen aber auch die Nachschulungen, die, wie so manche Weiterbildung in der Wendefolgezeit, den Kriterien qualifizierter beruflicher Fortbildung kaum standhalten konnten.

[5] Siehe Kapitel 3 „Frauen im Frauenberuf".

um die Gültigkeit eines Fachwissens, das signifikant dem beruflichen Handeln zugehört. Dieser Prozeß hat zwei Elemente:

- Noch 1990 wurde vom damaligen DDR-Ministerium der Bildungs- und Erziehungsplan für den Kindergarten außer Kraft gesetzt. Wie materiell durchschlagend dieser Vorgang für das berufliche Handeln war (und ist), kann nur ermessen werden, wenn Ausmaß und Rigidität, insgesamt also die Relevanz dieses Plans als alltägliche Orientierung und Anleitung für berufliches Handeln klar sind. Der Bildungs- und Erziehungsplan hatte die Verbindlichkeit eines schulischen Lehrplans oder allgemeiner ausgedrückt: einer verbindlichen Technik. Er strukturierte Planung, Durchführung, Kontrollierbarkeit und damit Einheitlichkeit des beruflichen Handelns der Erzieherin. Der 1990 für ungültig erklärte Plan wurde von seiten der vorgesetzten fachlichen Bürokratien oder Träger nicht durch ein anderes, gemeinsames und für alle geltendes Erziehungskonzept ersetzt. An die Stelle traten vielmehr Beliebigkeit, Zufälligkeit und im besten Fall Vielfalt des pädagogischen Angebotes. Im Laufe der folgenden Jahre wurden von einzelnen Kindergärten pädagogische Konzepte für die Einrichtungen entwickelt, die so allgemein und unverbindlich formuliert waren, daß sie eher die Schwäche, denn die Stärke des Berufs offenbarten.
- Hier kommt nun das zweite Element dieses Prozesses zum Tragen. Abgekoppelt von den ehemaligen Orten und Kräften der Wissensproduktion und Evaluation, den Universitäten und der Akademie der Pädagogischen Wissenschaften, erwies sich das berufliche Wissen der (nunmehr) Erzieherinnen als starr und war nur in Grenzen vom Alltagswissen der durch Ratgeber etc. oftmals gut informierten neuen Elterngeneration zu unterscheiden. Es entwickelt(e) sich das frauenberufstypische Problem der Diffusion des beruflichen Wissens gegenüber dem Wissen von interessierten Laien.

Zusammenfassend ist festzuhalten, daß durch Prozesse der Systemtransformation und des Institutionentransfers auf der Ebene der Strukturen ein ehemaliger Beruf für Frauen zu einem typischen Frauenberuf verwandelt wurde. Wie die betroffenen Erzieherinnen sich mit diesem Strukturwandel, der ja nicht nur hinter, sondern sehr konkret auf ihrem Rücken ausgetragen wurde, auseinandergesetzt haben, wird im anschließenden Kapitel beschrieben.

## 3. Frauen im Frauenberuf

Die folgenden Ausführungen basieren auf den Ergebnissen eines Projektes zur Erforschung von „Berufsbiographien in der Transformation" - hier derjenigen der Erzieherinnen.[6]

Zunächst wurden im Rahmen einer Fragebogenerhebung unter allen staatlich anerkannten Erzieherinnen in Halle und dem Saalkreis (n=973) Daten über den bisherigen Berufsverlauf und über die Teilnahme an Fort- und Weiterbildungen vor und nach 1990 erhoben. Darüber hinaus wurden die Erzieherinnen auf persönliche Einschätzungen ihrer aktuellen Arbeitsmarktlage wie nach Wünschen für ihre berufliche Zukunft befragt. Darüber hinaus wurden fast 30 qualitative Interviews mit Erzieherinnen über ihre Berufsverläufe vor und nach der staatlichen Vereinigung geführt.

Als wichtigster Befund dieser Untersuchung ist eine besonders hohe Erwerbsorientierung der Erzieherinnen sowie eine tiefgehende berufliche Identifizierung zu verzeichnen, die wir als Ergebnis besonders stark berufssozialisierender Prozesse vor allem in der Zeit vor 1990 verstehen können. Das Besondere hierbei ist, daß diese Identifizierung auch den seitdem erfahrenen Verlusten des beruflichen Status und der Unsicherheit ihrer Arbeitsplätze, insgesamt der Entwicklung zu einem typischen Frauenberuf, widersteht. Denn es ist hervorzuheben, daß die Frauen nicht nur irgendwie erwerbstätig, sondern in ihrem erlernten Beruf als Erzieherin berufstätig sein wollen. Dafür nehmen sie sogenannte Cooling-out-Prozesse in Kauf und zeigen weiterhin hohe Fort- und Weiterbildungsbereitschaft und entsprechende Aktivitäten.

Die Anzeichen dafür, daß die Erzieherinnen mit dem Verlauf ihrer Berufsbiographie vor 1990 sehr zufrieden sind, beziehen wir nicht aus einer Abfrage entsprechender Meinungsäußerungen, da wir davon ausgehen mußten, daß die möglichen Antworten zu sehr von nostalgischen Erinnerungen angesichts heutiger schlechterer Erfahrungen geprägt sein würden. Vielmehr haben wir die Erzieherinnen nach Ereignissen in ihrem Berufsverlauf wie Aus-, Fort- und Weiterbildung, Veränderungen in bezug auf Position und Einsatzfeld, aber auch auf unerfüllt gebliebene Wünsche in ihrer Berufsbiographie hin befragt.

Gehen wir davon aus, daß in traditionellen Frauenberufen gerade das Defizit an beruflichen Entwicklungsmöglichkeiten für die Unzufriedenheit der Frauen mit diesem Beruf verantwortlich zu machen ist, so müssen die Chancen, die den Kindergärtnerinnen in der DDR geboten wurden, zur Zufriedenheit und Identifizierung mit diesem Beruf wesentlich beigetragen haben.

---

6  Der quantitative Teil dieses Projektes wurde aus Mitteln der KSPW (Kommission für die Erforschung des sozialen und politischen Wandels in den neuen Bundesländern e.V.) finanziert. MitarbeiterInnen: Christian Erzberger, Solvig Lukas, Susann Hildebrand, Marion Musiol.

Überraschend ist deshalb, daß diese grundlegende Orientierung bis heute, obwohl nun alle diese beruflichen Entwicklungsmöglichkeiten weggebrochen sind, stabil geblieben ist. Wir müssen uns fragen, warum die Erzieherinnen Statusverluste ohne größere Proteste hingenommen haben und vermutlich auch in Zukunft hinnehmen werden. Wir müssen uns aber auch fragen, ob sie gegenüber diesem passiven Hinnehmen auch aktive Strategien entwickeln, persönlichen Statusverlusten und Desorientierungen entgegenzuwirken, um damit der Beschädigung ihrer hohen Identifizierung mit dem Beruf zu begegnen.

Angesichts der im vorigen Kapitel dargestellten dramatischen Veränderungen der Berufsbedingungen, die auch im Alltag praktisch erfahrbar waren, erstaunen ein auch argumentatives Festhalten an Beruf und Arbeitsplatz und das Bemühen, heutige Bedingungen auf dem Hintergrund biographischer und beruflicher Erfahrung von vor 1990 zu re-interpretieren. Dieses Beharren ist allerdings nur schwerlich als widerständig zu interpretieren, sondern kann bzw. muß als biographische Umdeutung verstanden werden, ein Verhalten, das die Erzieherinnen als Akteurinnen letztlich eher passiv und hilflos macht.

Im folgenden sollen drei solcher kollektiven Umdeutungsversuche vorgestellt werden:

*„Selbstgewählt"*

Überraschend ist, daß ein nicht unbeträchtlicher Teil der Befragten negative Veränderungen ihrer Berufsposition oder -bedingungen (z.B. die Annahme eines befristeten Teilzeitvertrages statt einer Kündigung, die Herabsetzung von der Kindergartenleiterin zur Gruppenleiterin) als „selbstgewählt" darstellt.

Vorausgesetzt werden muß, daß die Erzieherinnen, zu Ereignissen beruflicher Mobilität befragt, diese wie folgt kennzeichneten: Vor der „Wende" waren mehr als 54,9% ihrer beruflichen Veränderungsprozesse Aufstiege, nach der Wende nur noch 14,2%; 50,5% dagegen sind als Abstiege zu bezeichnen. Vor der Wende sind 76,1% der Veränderungen selbst gewünscht, nach der Wende halten sich fremd- und selbstbestimmte Mobilitätsprozesse die Waage. Damit hat der Anteil der fremdbestimmten Veränderungen deutlich zugenommen.

Die Erzieherinnen haben nach der Wende bei sich und ihren Kolleginnen eine dichte Folge eher fremdbestimmter Veränderungen im Beruf mit negativer Mobilitätsrichtung erlebt. Offensichtlich sind sie sogar bereit, berufliche Abstiege in Kauf zu nehmen oder gar selbst zu initiieren, wenn dadurch der Verbleib im Beruf gesichert werden kann. Angesichts der Zwangslage, in der sie sich bei der Annahme dieser neuen Verträge befanden, ist es dann doch sehr überraschend, wenn die Erzieherinnen diese einschneidende Veränderung trotzdem als „selbstgewählt" einordnen.

Versuchen wir zu erklären, wie es zu einer solchen - sicherlich nicht zufälligen - Entwicklung kommt, so sind wir zunächst auf Vermutungen angewiesen. Bei genauerem Hinsehen fällt auf, daß es vor allen Dingen die Gruppe der Jüngeren (26- bis 30jährigen) ist, die zu einem deutlich höheren Teil ihre beruflichen Veränderungen als „selbstgewählt" begreift, während die Gruppe der Älteren (46- bis 50jährigen) die gleichen Prozesse als „fremdbestimmt" versteht. Hier könnte eine Erklärung in der unterschiedlichen biographischen Situation gesucht werden, in der sich die Altersgruppen befinden. Vermutlich ist es im Hinblick auf die weitere Lebensgestaltung, die nunmehr vor allen von den Jüngeren verlangt wird, subjektiv besser zu ertragen, Brüche und Veränderungen als selbstgewählt zu begreifen. Angesichts der objektiven Umstände und Beweggründe für Kündigungen, Versetzungen und Befristungen nach der Wende, kann bzw. muß eine solche Selbstinterpretation jedoch als biographische Umdeutung - oder auch als Selbstbetrug - begriffen werden.

*„Fachliche Kompetenz"*

Es gehörte zum beruflichen Selbstverständnis der Kindergärtnerinnen in der DDR, über ein wissenschaftlich ausgewiesenes, eindeutig definiertes und kodifiziertes, ein spezifisches berufliches Wissen zu verfügen. Dieses Wissen wurde in Fort- und Weiterbildungen systematisch gepflegt.

Die von uns befragten Erzieherinnen haben vor 1990 regelmäßig an Fort- und Weiterbildungsveranstaltungen teilgenommen, was nicht selten durch berufliche Aufstiege positiv sanktioniert wurde. Nach 1990 fielen mit dem Übergang der Zuständigkeit für die Kindergärten vom Volksbildungswesen zum Sozialwesen, also zu den kommunalen und Landesjugendämtern, die Fort- und Weiterbildungsstrukturen mit einem hohen Maß an Durchsichtigkeit und ihrem Charakter kollektiver Verpflichtung weg und wurden entsprechend dem westdeutschen Vorbild durch ein zum Teil für die Erzieherinnen unübersehbares und wechselndes Angebot von Bildungsveranstaltungen unterschiedlicher freier und staatlicher Träger ersetzt. Im Unterschied zum System der Fortbildung in der DDR, das am einheitlichen Curriculum des Bildungs- und Erziehungsplans für den Kindergarten ausgerichtet war und in dem das berufliche Wissen planmäßig vertieft werden sollte, müssen die Fortbildungsbemühungen der Erzieherinnen nach 1990 in ihren Konsequenzen für die Qualifizierung ihrer Arbeitskraft neu interpretiert werden. Die Erzieherinnen erweitern nun ihr berufliches Wissen eher horizontal. Arbeitsmarktpolitisch verstanden versuchen sie, ihre Kompetenzen und damit ihre Einsatzmöglichkeiten zu verbreitern, um damit ihre Positionen in ihrem Arbeitsmarktsegment zu stabilisieren. Sie diversifizieren sozusagen ihr Arbeitskraftangebot, um auf dem Arbeitsmarkt zu bestehen.

So ist es zunächst verständlich, daß über 90% aller befragten Erzieherinnen ihr Interesse an beruflichen Bildungsmaßnahmen für groß bzw. relativ groß halten. Dabei ergeben sich aber deutliche Unterschiede in der Einschätzung der Relevanz der Bildungsbemühungen für die eigene berufliche Qualifikation und ihre Relevanz für die Sicherung des Arbeitsplatzes. Während fast alle Erzieherinnen Fort- und Weiterbildung als wichtig für die eigene berufliche Qualifikation einschätzen, sind es immerhin vier Fünftel, die davon ausgehen, daß sich ihre Bildungsbemühungen auch positiv auf die Sicherung des Arbeitsplatzes auswirken werden. Ein Teil von immerhin einem Viertel besteht sogar darauf, daß fachliche Kompetenz zumindest eine der entscheidenden Kriterien für Erhalt und Wiedergewinn eines Arbeitsplatzes als Erzieherin sei.

Dieses Ergebnis ist angesichts der breit in der Fachöffentlichkeit und in der lokalen Presse diskutierten Realität der Entscheidungsfindung über Kündigung oder Verbleib von Erzieherinnen aufgrund sog. arbeitsrechtlich definierter „sozialer Kriterien" erklärungsbedürftig. Warum verschließen sich die Erzieherinnen gegen die selbstgemachten Erfahrungen? Vermutungen können in die Richtung gehen, daß die Erzieherinnen diese Frage persönlich-existentiell und in bezug auf ihre berufliche Identität als bedrohlich erfahren. Sie halten zur Aufrechterhaltung eines auf Fachlichkeit gegründeten beruflichen Selbstbildes weiterhin daran fest, daß Kompetenz, Ausbildung und Qualifikation sowie berufliches Engagement als Kriterien für die Auswahl der weiter zu Beschäftigenden eingesetzt werden.

Eine tiefergehende Analyse dieses Antwortverhaltens zeigt, daß Kompetenz als Kriterium für die Personalentscheidung in erster Linie von älteren Erzieherinnen genannt wird. Also diejenigen, die aufgrund ihres Dienstalters die größten Chancen haben, im Beruf zu bleiben, akzeptieren soziale Entscheidungskriterien weniger; sie tun dies vermutlich, um das auf Kompetenz basierende berufliche Selbstbild nicht zu zerstören.

## „Plan"

Die bis heute anhaltende beruflich-existentielle Bedrohung der Erzieherinnen durch den weiteren Abbau von Kindergartenplätzen hat eine pädagogische inhaltliche Diskussion um den Verlust des (angeblich) gesicherten beruflichen Wissens und das aktive Bemühen um neue Formen und Inhalte ganz wesentlich behindert - wenn nicht verhindert. Dieses Manko ist vor allem auf dem Hintergrund des ersatzlosen Wegfalls der hierarchisch aufgebauten Institutionen der DDR-Kindergartenpädagogik erklärlich. Dieser lag eine einheitliche

Vorstellung von der Erziehung der Kinder nach einem Top-down-Modell zugrunde, angefangen von der Akademie der Pädagogischen Wissenschaften über ein mehrstufiges fachlich organisiertes System bis hinunter in den einzelnen Kindergarten.

Diese Versuche, systematische und systemische Gewißheit in den pädagogischen Handlungsprozeß zu bringen, wurden auf der Seite der Kindergärtnerinnen zudem durch ein in sich gegliedertes, für alle verbindliches Programm beruflicher Aus-, Fort- und Weiterbildung abgestützt. So war das Verhältnis von Bildung und Beruf für die Kindergärtnerinnen eindeutig geklärt. Bildung und Beruf boten den Kindergärtnerinnen ein hohes Maß an Identifizierung oder anders formuliert: Das institutionelle Angebot biographischer und beruflicher Gewißheit stellte die Grundlage für eine hohe berufliche und soziale Integration der Kindergärtnerin dar.

So ist es nicht verwunderlich, daß wir immer wieder in unseren Interviews und Befragungen einen fast wortgleich formulierten Satz hörten: „Ich war Kindergärtnerin, ich bin Kindergärtnerin und ich möchte Kindergärtnerin bleiben." Dies gilt auch heute für die Mehrheit der Erzieherinnen unter stark veränderten Bedingungen. Trotz und gerade wegen der Eindringlichkeit des zitierten Satzes ist bei den von uns befragten Frauen durchweg von einer grundlegenden (beruflichen) Identitätskrise auszugehen. Für die von uns befragen Erzieherinnen fallen die Erfahrungen des Verlustes beruflich-biographischer Gewißheiten mit dem Verlust des inhaltlich beruflichen Wissens zusammen.

Die Coping-Strategien der Erzieherinnen im Umgang mit den doppelten Verlust lassen sich aufgrund unserer Interviews typisieren. Unter dem Druck, weiterhin täglich mit den (wie sie sagen: „immer schwierigeren") Kindern konfrontiert zu sein, weiterhin pädagogisch sinnvoll handeln zu müssen, aber keine legitimierten Anweisungen von oben mehr zu haben, entwickeln sie drei zu unterscheidende Handlungsstrategien, die hier anhand von exemplarischen Beispielen vorgeführt werden können:

1. „Es muß wieder ein Plan her", sagt eine Erzieherin und sie meint damit einen staatlichen oder zumindest vom Arbeitgeber legitimierten, möglichst weitgehend ausdifferenzierten Erziehungsplan. So lange dieser nicht geliefert wird, handelt sie weiter nach dem alten Bildungs- und Erziehungsplan, läßt höchstens ideologisch belastete „Stellen" und einzelne, angeblich „verbotene" Begriffe weg.
2. Für die andere Erzieherin ist der Wegfall des Planes - wie sie sagt - eine Befreiung und sie hat sich sofort auf den Weg gemacht, selbst ein neues Konzept zu entwickeln oder eines, das ihr gefällt, zu übernehmen. Ziel ist auch hier eine mehr oder weniger verbindliche Handlungsvorschrift, wenn auch nicht von oben, sondern selbstgemacht.
3. Der dritten Erzieherin hat der Wegfall des Planes die Augen geöffnet für die wirklich ablaufenden Prozesse unter den Kindern und zwischen den

Kindern und den Erwachsenen. Dabei erkennt und beklagt sie, daß sie in ihrer bisherigen Ausbildung und Praxis nicht die Fähigkeit erworben hat, eigenständig konkrete pädagogische Prozesse angemessen zu beschreiben und zu reflektieren, sondern sie nur mit den richtigen, d.h. im Sinne von „im Plan vorgeschriebenen Begriffen" zu belegen.

Heute, drei Jahre später, hat sich die berufliche Situation der Erzieherinnen nicht grundlegend verändert - schon gar nicht verbessert. Das berufliche Wissen ist - weiterhin ohne Plan - oder besser: ohne wissenschaftlich begründete Reflexion - einer zunehmenden Diffusion ausgesetzt. Eltern, Kindergartenleiterinnen und Fortbildnerinnen klagen über zunehmende Gleichgültigkeit der Erzieherinnen, über Zufälligkeiten und Willkürlichkeiten des Geschehens im Kindergarten.

## 4. Schlußüberlegung

In den vorgetragenen Argumenten wurde die Transformation eines qualifizierten Berufes, der vorwiegend von Frauen ausgeübt wurde, zu einem Frauenberuf mit den typischen Strukturdefiziten rekonstruiert. Verzichtet wurde auf die Kritik der in sich höchst widersprüchlichen Inhalte des beruflichen Handelns, nämlich die spezifische Kindergartenpädagogik der DDR, ebenso wie auf die nicht ohne weiteres zu beantwortende Frage, ob eine andere Pädagogik in den hierarchisch-bürokratischen Strukturen denkbar gewesen wäre.

Festzuhalten ist, daß die beruflichen Strukturen, die den Beruf der Kindergärtnerinnen in der DDR für Frauen attraktiv machten, die sich im Beruf weiterentwickeln wollten, im Laufe der Transformation zerstört wurden. Dieser Prozeß hat für eine nicht unbeträchtliche Gruppe von Frauen traditionelle Berufsstrukturen mit samt der darin eingelassenen traditionell-hierarchischen Geschlechterstrukturen mit sich gebracht. Beachtenswert ist, daß weder gegen die Zerstörung der Berufsstrukturen noch gegen die dabei beschleunigte Reformulierung eines überholten Geschlechterverhältnisses bemerkenswerter Widerstand auftrat. Eine Begründung dafür sehen wir darin, daß die Erzieherinnen zum Teil ihre neue Lage verleugnen und ihre Erfahrungen gesellschaftlicher Transformation auf dem Hintergrund längst untergegangener Strukturen deuten.

## Literatur

Beer, Ursula: Geschlecht, Struktur, Geschichte. Soziale Konstituierung des Geschlechterverhältnisses. Frankfurt a.M., New York (1990)

Rabe-Kleberg, Ursula: Verantwortlichkeit und Macht. Kleine Verlag Bielefeld 1993

Rabe-Kleberg, Ursula: Wird die Frauensache zur Privatsache? Geschlechterpolitik in den neuen Bundesländern. In: Krüger/Kühnel/Thomas (Hrsg.): Transformationsprobleme in Ostdeutschland. Arbeit. Bildung. Sozialpolitik. Leske + Budrich 1995, S.117-126 (1995a)

Rabe-Kleberg, Ursula: Erzieherinnen, ein qualifizierter Frauenberuf - in den neuen Bundesländern ohne Zukunft? In: Ministerium für Arbeit, Soziales und Gesundheit des Landes Sachsen-Anhalt (Hrsg.): Forschungsbeiträge zum Arbeitsmarkt in Sachsen-Anhalt. Band 7. S. 63-71(1995b)

Willms-Herget, Angelika: Frauenarbeit - Zur Integration der Frauen in den Arbeitsmarkt. Frankfurt a.M., New York 1985

Wetterer, Angelika: Profession und Geschlecht. Über die Marginalität von Frauen in hochqualifizierten Berufen. Frankfurt a.M., New York 1992

*Sigrid Quack*

# Unternehmensreorganisation, Karrierewege und Geschlecht.
# Banken im internationalen Kontext[1]

## 1. Einleitung

Bereits seit Ende der 80er Jahre vollziehen sich im Produktions- und nun auch im Dienstleistungsbereich Reorganisationsprozesse in Unternehmen, deren Betrachtung unter Schlagworten wie „lean production" und „lean management" Eingang in die wissenschaftliche Forschung fand. Im Kern laufen diese organisatorischen Veränderungen darauf hinaus, hierarchische und bürokratische durch dezentrale und z.T. marktförmige Steuerungsformen zu ersetzen. Wichtige Elemente dieser Konzepte sind der Abbau von Managementhierarchien, die Einführung von funktions- und hierarchieübergreifender Projektorganisation, die Schaffung teilautonomer Arbeitsgruppen und das Outsourcing von Arbeitsbereichen, die nicht als Kerngeschäft angesehen werden. Mit der Implementation dieser Organisationsmodelle gehen weitreichende Veränderungen in Arbeitsorganisation und Qualifikationsprofilen, Aufstiegs- und Karrierewegen sowie dem Status von Führungskräften einher. So diagnostizieren Faust u.a. (1995: 202) zum Beispiel eine „Krise traditioneller Karriere- und Aufstiegswege" und Halford u.a. (1997) sprechen von einer „Ausdifferenzierung von Karrierepfaden". Zur Disposition stehen nicht nur die Zahl der erforderlichen Managementpositionen, sondern auch das Aufgaben- und Tätigkeitsprofil der verbleibenden Führungskräfte und somit auch die in den Unternehmen etablierte Geschlechterhierarchie.

Der Bankensektor ist in diesem Zusammenhang von besonderem Interesse. Dieser Wirtschaftsbereich hat sich in den letzten Jahrzehnten zu einem wichtigen Beschäftigungsbereich für Frauen entwickelt. Zugleich war zumindest im unteren - und graduell auch im mittleren - Management ein Anstieg weiblicher Führungskräfte zu verzeichnen (Quack 1997). Die sich derzeit im Bankensektor vollziehenden Konzentrations- und Reorganisationsprozesse zielen jedoch häufig nicht nur auf den Abbau von Personal, sondern auch auf

---

1  Für anregende Kommentare und Verbesserungsvorschläge zu einer früheren Fassung dieses Beitrages, die als WZB discussion paper erschienen ist (Quack 1998), danke ich Ariane Berthoin Antal, Birgit Meding, Jacqueline O'Reilly und Maria Oppen.

eine Verringerung der Zahl der Führungskräfte. Dies wirft die Frage auf, ob mit den derzeit beobachtbaren Reorganisationsprozessen in Banken eine Erweiterung der Aufstiegs- und Karrierechancen von Frauen und damit auch eine veränderte Arbeitsteilung zwischen den Geschlechtern einhergehen kann (vgl. z.B. Goldmann 1993; 1995), oder ob bestehende Geschlechterhierarchien reproduziert, Frauen in Führungspositionen weiterhin marginalisiert oder sogar aus erreichten Positionen verdrängt werden (vgl. z.B. Manthey 1991; Weber 1993; Brumlop 1992). Hierzu werden in der Literatur durchaus kontroverse Positionen vertreten, detaillierte empirische Untersuchungen stehen jedoch noch weitgehend aus (Regenhard 1997).

Diese Fragen werden im vorliegenden Beitrag auf Basis eigener Forschungsarbeiten sowie einer Literaturauswertung anderer Studien untersucht. Der Artikel gliedert sich wie folgt: Im Anschluß an eine kurze Charakterisierung der Reorganisationsprozesse im Bankensektor wird die Ausgangslage von weiblichen Führungskräften am Beispiel einer Untersuchung europäischer Banken beschrieben. Anschließend werden die Auswirkungen der Reorganisation im Bankensektor auf die Position weiblicher Führungskräfte am Beispiel von drei Teilbereichen kritisch hinterfragt: der „Verschlankung" der Unternehmenszentralen, der Reorganisation der Filialnetze im Privatkundengeschäft und der Entwicklungen im Investmentbanking. Die wenigen bisher vorliegenden Forschungsergebnisse legen nahe, daß sich im Zuge der Restrukturierungsprozesse im Bankensektor durchaus neue Aufgabenfelder und Karrierechancen für Frauen im unteren und mittleren Management eröffnen, es aber kaum Anzeichen dafür gibt, daß dies zu einem Zerbrechen des „glass ceiling" (Morrison u.a. 1987) führt. Vielmehr können Re-Segregationsprozesse auf den unteren und mittleren Führungsebenen sogar zur Verhärtung der unsichtbaren Barrieren beitragen, mit denen sich Frauen an der Schwelle zum höheren Management konfrontiert sehen.

## 2. Restrukturierung und Reorganisation im Bankensektor

Die sich derzeit vollziehenden Prozesse der Unternehmensreorganisation im Bankensektor sind eine Antwort auf veränderte Markt- und Wettbewerbsbedingungen. So hat zum Beispiel innerhalb der Europäischen Union die De-Regulierung und Öffnung vormals abgeschotteter nationaler Märkte, die Privatisierung ehemals staatlicher Kreditinstitute sowie die Konkurrenz von bankfremden Anbietern seit Ende der 80er Jahre zu einem verstärkten Wettbewerb im Markt für Finanzdienstleistungen geführt (OECD 1992). Diese Entwicklungen haben, zusammen mit der zunehmenden Internationalisierung der Finanzmärkte, sektorale Restrukturierungsprozesse angestoßen, die noch in vollem Gange sind und von denen weitreichende Folgen für Niveau und Qualität der Beschäftigung in diesem Wirtschaftsbereich erwartet werden.

So ist innerhalb der Europäischen Union sowohl auf nationaler Ebene als auch grenzüberschreitend eine wachsende Zahl von Unternehmensfusionen und -aufkäufen zu beobachten (Von Köppen 1996). Die führenden Banken und Versicherungen Europas werden immer mehr zu Finanzkonglomeraten, die ihre Geschäftsaktivitäten auf einen europaweiten Binnenmarkt ausrichten; die traditionellen Grenzen zwischen Bank-, Börsen- und Versicherungswesen verschwimmen; kleinere Banken sind häufig zu Fusionen gezwungen, um im Wettbewerb mit den Finanzgiganten weiterhin wirtschaftlich operieren zu können (OECD 1993).

Auf der Suche nach lukrativen und gewinnversprechenden Geschäftsfeldern unterziehen viele Banken ihre bisherigen Geschäftsstrategien im Kerngeschäft einer kritischen Korrektur. Neben der Vermögensverwaltung für wohlhabende KundInnen gewinnen vor allem „internationalisierte" Aktivitäten wie das Merchant- und Investmentbanking sowie die Organisation von Mergers & Acquisitions auf regionaler oder internationaler Ebene an Bedeutung, während das Privatkundengeschäft oft als zu kostenlastig und rationalisierungsbedürftig eingestuft wird (Oberbeck und D'Alessio 1997). Innerhalb der Bankkonzerne ist damit häufig eine Verlagerung von Ressourcen und Personal vom Privatkundengeschäft hin zu den als attraktiver angesehen Geschäftsfeldern verbunden. Im personalintensiven Mengengeschäft steigt hingegen der Druck, Dienstleistungen möglichst kostengünstig, und d.h. auch mit möglichst wenig Personal, zu erbringen. Hier geht es vor allem um eine verstärkte Kundengruppensegmentierung, den Ausbau elektronischer Vertriebswege sowie um den Einsatz traditioneller Rationalisierungsmaßnahmen durch Automatisierung und Leistungsverdichtung. Eine Kostenreduktion soll durch den Abbau von Personal in allen Bereichen erzielt werden, in denen Dienstleistungen auch ohne persönlichen Kontakt verkauft werden können: Kundenselbstbedienung, Telefonbanking, Discount- und Direktbanken, PC- und internet banking (Kopper 1996).

Von Führungskräften auf der unteren und mittleren Ebene wird ebenso wie von den MitarbeiterInnen in den Zweigstellen und Fachabteilungen eine stärkere Eigenverantwortung für den Leistungsbeitrag ihrer Organisationseinheit zum Gesamterfolg des Unternehmens eingefordert. Zugleich wird aber die Führungsverantwortung in den Unternehmenszentralen stärker konzentriert und das zentrale Controlling für die konzernweite Profit-Center-Rechnung ausgebaut. Formen der Projektorganisation sollen helfen, überkommene horizontale und vertikale Arbeitsteilungen zwischen Zentrale und Region, Stäben und Linie zu durchbrechen und die Kommunikations- und Arbeitsabläufe innerhalb des Unternehmens transparenter und flexibler zu gestalten (Müller 1994; kritisch hierzu Flecker und Schienstock 1994).

Die Auswirkungen der strategischen Neuausrichtung der Banken für die Personalentwicklung lassen sich anhand der Entwicklung der Beschäftigtenzahlen im privaten Bankgewerbe Deutschlands verdeutlichen. Wie aus Tabelle 1 hervorgeht, hat sich die Zahl der Beschäftigten in den privaten Banken zwischen 1994 und 1997 per Saldo von 220.850 auf 215.500, d.h. um 2,4% verringert.[2] Der Personalabbau in Westdeutschland setzte zum Teil bereits früher ein, wurde aber im Zuge der deutschen Vereinigung zunächst noch durch den Aufbau von Filialen und die damit verbundene Personalausweitung in Ostdeutschland überdeckt. Bislang betrifft der Beschäftigungsrückgang vor allem Verwaltungs- und Servicebereiche der Banken und deshalb, wie aus Tabelle 1 hervorgeht, in besonders starkem Maße die Frauenbeschäftigung. Für den Bereich der hochqualifizierten Fach- sowie Führungspositionen gibt es hingegen bislang keine Anzeichen für eine Verringerung des Personals. Vielmehr erhöhte sich die Zahl der außertariflich Beschäftigten im Zeitraum von 1994 bis 1997 per Saldo von 40.416 auf 44.844, d.h. um 10,9%. Zugleich stieg die Zahl der weiblichen AT-Kräfte überproportional (+32,5%) an. Der Frauenanteil an den außertariflich Beschäftigten erhöhte sich von 12,9% im Jahre 1994 auf 15,4% im Jahre 1997. Von der Ausweitung der AT-Beschäftigung lassen sich jedoch nur bedingt Rückschlüsse auf die quantitative Entwicklung der Führungskräfte ziehen: Einerseits kam es im genannten Zeitraum zu einer Zunahme von hochqualifizierten Fachpositionen ohne Führungsaufgaben (z.B. spezialisierte BeraterInnen im Firmenkunden- und Investmentgeschäft), andererseits wurden einige Führungsaufgaben im unteren Management abgewertet (z.B. die Führung kleiner Filialen) und werden nicht mehr außertariflich entgolten.

Während in der Bundesrepublik ein eher gradueller Veränderungsprozeß gerade erst begonnen hat, sind die Reorganisationsprozesse im Finanzsektor anderer europäischer Länder, wie etwa Großbritanniens oder der skandinavischen Länder, bereits weiter fortgeschritten. Dort durchlief der Bankensektor in der Folge von Deregulierung und wirtschaftlicher Rezession in den frühen 90er Jahren eine tiefe Krise, die mit einem drastischen Abbau von Beschäftigten wie auch Führungskräften verbunden war. Die dortigen Entwicklungen können deshalb Anhaltspunkte für mögliche geschlechtsspezifische Auswirkungen der Restrukturierung auf Führungskräfte geben. Deshalb werde ich im folgenden empirische Untersuchungen aus diesen Ländern in die Betrachtung mit einbeziehen.

---

2 Eine Betrachtung der Personalentwicklung in einzelnen Großbanken zeigt einen wesentlich drastischeren Personalrückgang. So reduzierte z.B. allein der Deutsche Bank Konzern die Zahl seiner Inlandsbeschäftigten von 54.384 im Jahre 1994 auf 49.086 im Jahre 1997, was einem Rückgang von 9,7% entspricht (Deutsche Bank, laufende Jahrgänge, eigene Berechnungen).

Unternehmensreorganisation, Karrierewege und Geschlecht

Tabelle 1: Beschäftigte im privaten Bankgewerbe Deutschlands, 1985-1997

|  | 1985 | 1990 | 1994 | 1996 | 1997 | Veränderung 1994/97 | |
|---|---|---|---|---|---|---|---|
|  |  |  |  |  |  | absolut | in % |
| Beschäftigte [1] |  |  |  |  |  |  |  |
| Insgesamt | 184.200 | 211.700 | 220.850 | 213.350 | 215.500 | -5.350 | 2,4% |
| Männer | 89.890 | 98.864 | 100.928 | 99.208 | 100.638 | -290 | -0,3% |
| Frauen | 94.310 | 112.836 | 119.922 | 114.142 | 114.862 | -5.060 | -4,2% |
| Frauen in Prozent der Beschäftigten | 51,2% | 53,3% | 54,3% | 53,5% | 53,3% |  |  |
| Beschäftigte im außertariflichen Bereich [2] |  |  |  |  |  |  |  |
| Insgesamt | 24.332 | 32.422 | 40.416 | 42.896 | 44.844 | +4.428 | +10,9% |
| Männer | 22.994 | 29.439 | 35.202 | 36.848 | 37.938 | +2.736 | +7,8% |
| Frauen | 1.338 | 2.983 | 5.214 | 6.048 | 6.906 | +1.692 | +32,5% |
| Frauen in Prozent der AT- Beschäftigten | 5,5% | 9,2% | 12,9% | 14,1% | 15,4% |  |  |

Quelle: Interne Arbeitsunterlagen sowie Geschäftsberichte des Arbeitgeberverbandes des Privaten Bankgewerbes e.V., eigene Berechnungen. Ab 1990 einschließlich neue Bundesländer.
Anmerkungen: 1) Berechnet auf Basis der Gesamtbeschäftigten.
2) Berechnet auf Basis von Kopfzahlen.

## 3. Weibliche Führungskräfte in europäischen Banken - einige Daten und Fakten zur Ausgangslage

Um die Auswirkungen der Restrukturierungs- und Reorganisationsprozesse auf die geschlechtsspezifische Aufgaben- und Machtverteilung im Management von Banken diskutieren zu können, ist zunächst einmal eine kurze Bestandsaufnahme der Ausgangslage erforderlich. In welchem Umfang sind Frauen unter den Führungskräften in Banken vertreten und wie hat sich ihr Anteil seit Beginn der 90er Jahre entwickelt? Welche Managementpositionen nehmen sie ein, über welche Ausbildungs- und Berufszugänge gelangen sie dorthin und welche Erfahrungen mit Benachteiligungen machen sie im Verlauf ihrer beruflichen Karriere?

Eine Umfrage unter Banken und Bankmanagerinnen in Europa (für Einzelheiten siehe Quack 1997) ergab, daß in den letzten Jahren eine moderate Zunahme von Frauen im Management zu verzeichnen war. Im Zeitraum von 1990 bis 1995 erhöhte sich der Frauenanteil in den befragten Kreditinstituten im unteren Management von 26% auf 29%, im mittleren Management von 13% auf 18% und im höheren Management von 6% auf 8%. Trotz des Anstiegs bestand 1995 weiterhin eine breite Kluft zwischen dem Anteil der

Frauen an der Gesamtbelegschaft und ihrer Präsenz im Management: Während Frauen knapp die Hälfte der Beschäftigten ausmachten, stellten sie nur ein Sechstel der Führungskräfte in den befragten Instituten. Weiterhin nimmt der Anteil weiblicher Führungskräfte mit steigender Führungsebene kontinuierlich ab. Dabei weist, wie aus Tabelle 2 zu ersehen, die Präsenz von Frauen auf den drei Managementebenen ebenso wie der Beschäftigtenanteil starke Variationen zwischen den verschiedenen Mitgliedsländern auf. Im Hinblick auf beide Indikatoren lagen deutsche Banken lediglich im Mittelfeld hinter skandinavischen und angelsächsischen Kreditinstituten. Insbesondere in den Spitzenpositionen der Banken hat sich nur wenig an der Vorherrschaft der Männer geändert. Aus dem vermehrten *Eintritt* von Frauen *ins* Management folgen also nicht zwangsläufig verbesserte Möglichkeiten zum *Aufstieg* von Frauen *im* Management.

Die Studie zeigt verschiedene Prozesse auf, die zur Entstehung und Aufrechterhaltung eines „glass ceiling" an der Schwelle zum höheren Management beitragen. Zum einen gibt es nicht nur eine ungleiche Verteilung zwischen Männern und Frauen auf den unterschiedlichen Hierarchiestufen (vertikale Segregation), sondern auch innerhalb der gleichen Managementebene (horizontale Segregation): Weibliche Führungskräfte leiten überproportional häufig Einheiten im Privatkundengeschäft oder „marktferne" Stabsabteilungen (Personal, Verwaltung, Öffentlichkeitsarbeit), während ihnen nur ausnahmsweise Managementaufgaben in besonders angesehenen Geschäftsfeldern (Investmentbanking, Unternehmenskundengeschäft) übertragen werden. Dadurch gelangen sie nur selten auf die Überholspur für eine schnelle Karriere.

Weiterhin machen Frauen eher Karriere innerhalb einer Managementspezialisierung, während Männer häufiger durch einen Wechsel in breiter angelegte Führungspositionen aufsteigen (siehe auch Hammond 1988). Innerhalb von spezialisierten Managementfunktionen sind die Aufstiegsmöglichkeiten jedoch häufig begrenzt. Hinzu kommt, daß Frauen vorwiegend in Managementfunktionen mit relativ geringem Einfluß in der Gesamtorganisation zu finden sind (Kanter 1977). Weibliche Führungskräfte nehmen auch häufig schwer in die traditionelle Hierarchie einzuordnende Tätigkeiten als Expertinnen oder Beraterinnen von höher gestellten männlichen Führungskräften wahr, bei denen sie weitgehend unsichtbar bleiben. Dies führt dazu, daß Frauen bei der Rekrutierung für Spitzenpositionen oft gar nicht als potentielle Kandidatinnen in Betracht gezogen werden.

Schließlich heben die Befragten die Bedeutung der weitgehend männlich geprägten Unternehmenskultur sowie den im Vergleich zu ihren männlichen Kollegen geringeren Grad der Einbindung weiblicher Führungskräfte in informelle Organisationsnetzwerke hervor, die privilegierten Zugang zu Informationen, Unterstützung sowie Aufstieg bieten (siehe auch Ibarra 1993; Scott 1996). Abhilfe kann hier nach Meinung der Mehrheit der Befragten durch Mentoring-Programme geschaffen werden (vgl. auch Berthoin Antal 1993; Segerman-Peck 1991), die jedoch bislang nur in einer kleinen Minderheit der befragten Banken existieren.

Tabelle 2: Frauenanteil an den Beschäftigten und Führungskräften in Banken der EU-Mitgliedsstaaten, 1995

| (Zeilenprozent) | Frauen in % der Beschäftigten | Frauen in Prozent der Führungskräfte | | | | |
|---|---|---|---|---|---|---|
| | Insgesamt | Insgesamt | Unteres Management | Mittleres Management | Höheres Management | Zahl der Banken |
| Skandinavische Banken[1] | 61,5 | 22,2 | 38,1 | 23,8 | 14,3 | (7) |
| Angelsächsische Banken | 65,2 | 24,4 | 42,8 | 16,2 | 6,8 | (13) |
| Westeuropäische Banken | 45,6 | 14,0 | 22,2 | 11,1 | 5,0 | (22) |
| *darunter:* *Deutsche Banken* | *55,4* | *20,2* | *33,6* | *10,6* | *4,1* | *(5)* |
| Südeuropäische Banken | 28,9 | 7,9 | 17,5 | 11,3 | 5,9 | (15) |
| Tochterfilialen ausländischer Banken[2] | 45,4 | 20,6 | 14,7 | 33,7 | 11,0 | (6) |
| Banken insgesamt | 46,6 | 16,1 | 26,8 | 16,5 | 8,4 | (63) |

1) Die Länderkategorien setzen sich wie folgt zusammen: Finnland, Schweden und Dänemark; Großbritannien und Irland; Frankreich, Deutschland, Österreich und die Benelux-Staaten; Spanien, Portugal, Italien und Griechenland.
2) Es handelt sich hierbei um Tochterfilialen von französischen, deutschen, niederländischen und belgischen Banken, die ihren Sitz in den europäischen Nachbarländern Luxemburg, Belgien, Portugal und Griechenland haben.
Quelle: Eigene Erhebung im Rahmen der Bankenbefragung in Europa. Siehe auch Quack (1997).

Die Ausbildungs- und Karrierepfade der Bankmanagerinnen weichen insofern von dem branchenüblichen internen Ausbildungs- und Aufstiegsmodell ab, als drei Viertel der Befragten ein Hochschulstudium abgeschlossen und vier Fünftel der Befragten im Anschluß daran zunächst in einem anderen Wirtschaftsbereich oder Kreditinstitut berufliche Erfahrung gesammelt haben. Die Karrieremuster von Frauen im Bankensektor scheinen also schon in der Vergangenheit von dem dominanten „männlichen" Modell abgewichen zu sein. Zugleich weist der hohe Akademikerinnenanteil insbesondere unter den jüngeren Führungskräften darauf hin, daß in den letzten Jahren eine Öffnung der Banken gegenüber weiblichen Hochschulabsolventen erfolgt ist. In den Konzernzentralen steht jüngeren Hochschulabsolventinnen heute offenbar eine breitere Palette von Managementfunktionen in den Bereichen Recht, Controlling, Risikomanagement und Strategie offen als es für die ältere Generation weiblicher Führungskräfte in den klassischen „Frauen-Ressorts" Personal, Verwaltung und Öffentlichkeitsarbeit der Fall war.

## 4. „Verschlankung" des Managements auf Kosten von Frauen?

Mit der Einführung neuer Organisationsmodelle wird häufig ein Abbau von Hierarchieebenen durch Verbreiterung der Leistungsspannen und horizontale Entdifferenzierung angestrebt. Insofern liegt eine Verringerung der Zahl der Managementpositionen in der Logik der Konzepte. Einige Autorinnen gehen davon aus, daß dieser Abbau von Führungspositionen quasi „naturwüchsig" zu Lasten von Frauen gehen wird. Sie sehen hart erkämpfte Positionen von Frauen im mittleren Management - als Abteilungsleiterin, Hauptabteilungsleiterin, als Expertin in den Stäben oder anderen Zentralbereichen - zur Disposition gestellt (vgl. z.B. Brumlop 1992; Regenhard 1997). Zu erwarten ist demnach nicht nur eine Stagnation, sondern möglicherweise sogar ein Zurückfallen hinter den erreichten Stand.

Bislang liegen jedoch kaum verläßliche und verallgemeinerbare Daten vor, anhand derer diese These überprüft werden könnte. Eine erste Annäherung erlauben die in der Bankenbefragung in Europa erhobenen statistischen Angaben. Wie aus Tabelle 3 hervorgeht, berichtet ein Viertel der an dieser Befragung beteiligten Kreditinstitute, daß die Zahl der Führungskräfte auf der unteren und mittleren Ebene in den Jahren von 1990 bis 1995 stagniert oder abgenommen hat. Immerhin ein Drittel der Institute konstatiert eine solche Entwicklung im höheren Management. Diese Zahlen können als Hinweis darauf verstanden werden, daß Reorganisationsprozesse eher „top-down" als „bottom-up" verlaufen und die Einführung einer divisionalisierten Unternehmensstruktur sich zunächst vor allem in einer Straffung des Spitzenmanagements niederschlägt. In der überwiegenden Mehrheit der befragten Banken war hingegen im Befragungszeitraum eine weitere Zunahme des Führungspersonals auf allen drei Ebenen zu verzeichnen.

Der bereits weiter oben konstatierte leichte Anstieg des Anteils weiblicher Führungskräfte erfolgte, wie ebenfalls aus Tabelle 3 zu ersehen ist, weitgehend unabhängig davon, ob in den Banken im Fünf-Jahres-Zeitraum eine Zu- oder Abnahme des gesamten Führungspersonals zu verzeichnen war. Mit anderen Worten: Auch in Kreditinstituten, in denen sich die Gesamtzahl der ManagerInnen auf der unteren und mittleren Ebene verringert hat, war trotzdem ein Anstieg des Anteils weiblicher Führungskräfte zu verzeichnen. Lediglich in Banken, welche die Zahl der Führungspositionen auf höchster Ebene verringert haben, ist ein leicht negativer Effekt für Frauen zu verzeichnen. Eine Zunahme des Anteils weiblicher Manager war auf dieser Ebene nur in Banken festzustellen, in denen zugleich eine Ausweitung dieser Managementpositionen stattfand, während der Frauenanteil in der Vergleichsgruppe stagnierte. Eine solche Durchschnittsbetrachtung schließt natürlich nicht aus, daß in Einzelfällen die Präsenz von Frauen im Management abgenommen hat.

Aufgrund der z.T. geringen Fallzahlen können die Ergebnisse auch nicht als statistisch signifikant interpretiert werden. Vielmehr bedürfen sie der Bestätigung oder Widerlegung durch detaillierte Unternehmensfallstudien. Die Daten legen aber nahe, daß die Unterstellung einer einfachen kausalen Beziehung zwischen der „Verschlankung" des Managements und einer „Verdrängung" von Frauen aus dem Management die derzeitigen Entwicklungen in der Unternehmenswirklichkeit nicht treffend wiedergibt.

Tabelle 3: Entwicklung des Führungspersonals in Banken der EU-Mitgliedsstaaten, 1990-1995

| Management ebene | Entwicklung der absoluten Zahl der Führungskräfte im Zeitraum 1990-1995 | Anteil weiblicher Führungskräfte | | | Zahl der befragten Banken |
|---|---|---|---|---|---|
| | | 1990 (in Prozent) | 1995 (in Prozent) | Veränderung 1990/95 (in Prozentpunkten) | |
| Höheres Management | Abnahme/Stagnation | 8,8 | 9,1 | +0,3 | (8) |
| | Zunahme | 4,9 | 8,3 | +3,4 | (18) |
| | Insgesamt | 6,1 | 8,5 | +2,4 | (26) |
| Mittleres Management | Abnahme/Stagnation | 13,3 | 18,5 | +5,2 | (7) |
| | Zunahme | 13,2 | 17,9 | +4,7 | (22) |
| | Insgesamt | 13,2 | 18,1 | +4,9 | (29) |
| Unteres Management | Abnahme/Stagnation | 22,8 | 24,8 | +2,0 | (6) |
| | Zunahme | 23,8 | 26,8 | +3,0 | (19) |
| | Insgesamt | 23,5 | 26,3 | +2,8 | (25) |

Quelle: Eigene Erhebung im Rahmen der Bankenbefragung in Europa.

Möglicherweise haben die Reorganisationsprozesse noch nicht die „Reifephase" erreicht, in der die Verringerung des Managementpersonals auf aggregierter Ebene statistisch sichtbar wird. In einer Übergangsphase kann ja sogar eine Ausweitung des Personals auf den unteren und mittleren Führungsebenen erforderlich werden, wenn neben den althergebrachten auch neue Managementfunktionen und „Task Forces" eingerichtet werden sollen. Da diese neugeschaffenen Funktionen nicht von vornherein von einer geschlechtsstereotypisierenden „Aura" (Alvesson und Billing 1992) umgeben sind, eröffnen sich möglicherweise gerade hier Chancen für das vorhandene Potential an hochqualifizierten und karriereorientierten weiblichen Führungsnachwuchskräften. Schließlich ist aus der Organisationsforschung bekannt, daß Restrukturierungsprozesse oft nicht intendierte Folgen zeigen, denen man dann mit neuen Reformen entgegen zu wirken versucht (Brunsson und Olson 1994). Eine starke Dezentralisierung operativer Aufgaben in Divisionen wird zum

Beispiel sehr schnell ineffizient, wenn sie nicht von einer starken Koordinierung und Steuerung auf zentraler Konzernebene begleitet wird. Organisationsstrukturen weisen ein großes Beharrungsvermögen auf - besonders dann, wenn die Interessen mächtiger Gruppen wie der Führungskräfte zur Disposition stehen. Aus dieser Perspektive ist kritisch zu hinterfragen, ob der als Ziel vieler Reorganisationsprozesse angestrebte Abbau von Managementpositionen überhaupt Realität werden wird.

Alle diese Argumente verweisen darauf, daß die Effekte von Unternehmensrestrukturierungen auf das Geschlechterverhältnis (bislang) eher in qualitativen als quantitativen Entwicklungen zu suchen sind. Mit den Veränderungen, die sich im Zuge der Reorganisation für das Aufgaben- und Tätigkeitsprofil vieler Managementpositionen ergeben, unterliegen auch die symbolischen Repräsentationen von Weiblichkeit bzw. Männlichkeit, die mit diesen Positionen verbunden werden, einem Wandel. Mit der Auf- bzw. Abwertung bestimmter Managementpositionen werden geschlechtsspezifische Öffnungs- und Schließungsprozesse angestoßen. So irreführend dabei einerseits die Annahme ist, daß neue Organisationsmodelle und Managementstile aufgrund der wachsenden Bedeutung sozialer Kompetenzen quasi automatisch Frauen zum Durchbruch im Management verhelfen werden (Helgesen 1991), so falsch kann sich andererseits die Erwartung herausstellen, daß die Verringerung der Managementpositionen im unteren und mittleren Management per se zu Lasten von Frauen gehen wird. Wie ich im weiteren zeigen will, kann es auf einzelnen Ebenen und in bestimmten Funktionen durchaus auch zu einer Feminisierung von Führungspositionen kommen.

## 5. „Entschlackung" der Unternehmenszentralen: Mythos oder Realität?

Wie bereits aus den Daten der europäischen Bankenbefragung zu ersehen war, sind weibliche Führungskräfte überproportional häufig in den Unternehmenszentralen tätig, während sie im Linienmanagement eher unterrepräsentiert sind. Dies erklärt sich unter anderem dadurch, daß Banken in den letzten Jahrzehnten vermehrt von ihren traditionellen Rekrutierungspraktiken abgekommen sind und Führungspositionen in den zentralen Abteilungen wie Personal, Recht, und Controlling und in den Stabsabteilungen zunehmend mit HochschulabsolventInnen besetzt haben. Handelte es sich in der „ersten Akademikergeneration" noch überwiegend um Männer, so hat der deutliche Anstieg von Frauen unter den Hochschulabsolventen in den Wirtschafts- und Rechtswissenschaften in den letzten Jahren auch zu einem wachsenden

Zustrom weiblicher Nachwuchskräfte in die Unternehmenszentralen der Banken geführt.[3]

Was bedeutet es aber nun für die Karrierechancen von Frauen in den zentralen Unternehmensbereichen, wenn diese - wie in den „Lean Management"-Konzepten impliziert - einer „Entschlackung" unterzogen werden? Bei der Annäherung an diese Frage ist zunächst einmal hervorzuheben, daß es weder in der Literatur noch in der Unternehmenspraxis eine einhellige Meinung darüber gibt, wie denn eigentlich „schlanke" Unternehmenszentralen aussehen sollen. Festzustellen sind sowohl Tendenzen einer Verlagerung von Managementaufgaben „nach unten" (z.B. durch den Ab- oder Rückbau zentraler Personalabteilungen zugunsten der Einrichtung von dezentralisierten Personalreferaten in den jeweiligen Unternehmensdivisionen, vgl. Woodall u.a. 1997) als auch einer Konzentration von Führungsaufgaben „nach oben" (etwa durch Einrichtung neuer Stabsfunktionen auf Konzernebene, die den Vorstand bei der Koordinierung operativer Aufgaben entlasten sollen, vgl. Deutsche Bank 1997). Diese gegenläufigen Entwicklungen scheinen keineswegs nur spezifisch für den Bankensektor zu sein, sondern spiegeln das allgemeine Problem wider, daß eine Dezentralisierung von Führungsaufgaben in die Unternehmenseinheiten häufig neuen Steuerungs- und Koordinierungsbedarf zwischen den Unternehmenseinheiten hervorruft. Die geschlechtsspezifischen Effekte der Reorganisationsprozesse in den Unternehmenszentralen sehen vermutlich anders aus, je nachdem ob dem Dezentralisierungs- bzw. Zentralisierungstrend Priorität eingeräumt wird.

Eine zu diesem Thema sehr hilfreiche Studie ist die Untersuchung von Woodall u.a. (1997), die Reorganisationsprozesse in drei britischen Unternehmen (darunter eine Versicherung) analysiert, bei denen das „Delayering" überwog, d.h. die Verlagerung von Führungsverantwortlichkeit aus den Unternehmenszentralen in die einzelnen Divisionen. Die Autorinnen kommen zu dem Ergebnis, daß die Position weiblicher Führungskräfte in Phasen der Unternehmensrestrukturierung besonders verwundbar ist und bringen dafür folgende Argumente vor: Managementbereiche, in denen sich weibliche Führungskräfte konzentrieren, wie Personal, Verwaltung und Öffentlichkeitsarbeit, sind besonders stark vom „Delayering" betroffen. Die Reduzierung der zentralen Abteilungen geht mit Umsetzungen von Personal in Teams einher, die enger an die einzelnen Unternehmensdivisionen angebunden und zugleich thematisch breiter ausgerichtet sind. Damit werden die Möglichkeiten für Karrieren innerhalb der obengenannten Stabsfunktionen, wie sie bislang für viele weibliche Führungskräfte in der Unternehmenszentralen typisch waren, eingeschränkt. Zugleich werden wichtige Karrierepfade, über die Frauen bislang in die Unternehmenszentrale gelangen konnten, abgeschnitten.

---

3   Die Entwicklung der Traineeausbildung in der Commerzbank verdeutlicht dies: Der 1980 noch bei 12% liegende Anteil weiblicher Trainees stieg im Jahr 1990 auf 31% und betrug 1992 (inkl. neue Bundesländer) sogar 43% (Bolte 1993).

Weiterhin gehen die Autorinnen davon aus, daß im Verlauf von Reorganisationsprozessen in Unternehmen die Zuteilung und erfolgreiche Erfüllung von Schlüsselaufgaben, d.h. komplexen Management- und Problemlösungsaufgaben, an Bedeutung für Karrierechancen gewinnt, weil formale Personalentwicklungspläne nicht mit den Umbrüchen in der Organisation Schritt halten können. Die Teilnahme an speziellen „Task Forces" und Entwicklungsprojekten erhöht die Sichtbarkeit in der Organisation und damit auch die weiteren Karrierechancen. Aus der Literatur ist jedoch bekannt, daß Frauen bei gleicher Ausgangsqualifikation solche Aufgaben seltener zugeteilt werden (Ohlott u.a. 1994). Die Tatsache, daß in Zeiten von Umbrüchen formelle Beziehungen und etablierte Machtstrukturen in Organisationen an Bedeutung verlieren zugunsten von informellen Kontakten und Netzwerken, führe schließlich dazu, daß bereits bestehende Benachteiligungen weiblicher Führungskräfte im Hinblick auf die Mobilisierung von Informationen, Ressourcen und Unterstützung in informellen Netzwerken (Ibarra 1993) weiter verstärkt würden. Woodall u.a. (1997) gelangen deshalb zu der Einschätzung, daß Frauen in den unsicheren Zeiten unternehmerischer Reorganisation bei der Besetzung von höheren Managementpositionen noch eher übersehen werden, als dies sowieso schon der Fall ist.

Die von Woodall u.a. (1997) vorgebrachten Argumente mögen z.T. nur für die spezifisch britische Situation Geltung haben (so spiegelt sich z.B. in der vorherrschenden Dezentralisierung von Stabsaufgaben aus den Konzernzentralen in die Divisionen die von jeher starke Fragmentierung britischer Unternehmen). Auch mag die Einschätzung der Zugangschancen von Frauen zu Projektteams und „Task Forces" zu pessimistisch sein: Es gibt auch Anzeichen dafür, daß Frauen ganz gezielt als Problemlöserinnen eingesetzt werden (Tienari 1996), und zwar insbesondere dann, wenn soziale Konflikte gemanagt werden sollen. Sobald es sich allerdings um strategisch relevante und organisationsweit gut sichtbare „Task Forces" handelt, dürften diese im Sinne der obigen Argumentation wiederum eher männlich dominiert sein. Übertragen wir die Ergebnisse auf die großen Geschäftsbanken mit ihrem - selbst nach der Reorganisation - noch hierarchischen und bürokratischen Aufbau, so ist zu vermuten, daß es zwar in einigen Positionen im unteren und mittleren Management zu einer Feminisierung kommt, daß aber die vermeintlichen „Abflachungsprozesse" nicht dazu beitragen, den Karriereengpaß beim Übergang ins höhere Management zu öffnen. Im Gegenteil: Verringert sich die Zahl der Positionen im Spitzenmanagement im Zuge von Unternehmensfusionen bzw. der Einführung von divisionalisierten Unternehmensstrukturen, so fällt dabei nicht selten das einzige weibliche Vorstands- oder Geschäftsführungsmitglied der Reorganisation zum Opfer (vgl. z.B. Tienari (im Erscheinen) zu den negativen Auswirkungen der Fusion zweier großer finnischer Geschäftsbanken auf den Frauenanteil in höheren Managementpositionen).

## 6. Feminisierung von Managementfunktionen im Privatkundengeschäft

Tendenzen für einen solchen Feminisierungsprozeß zeichnen sich bei der Reorganisation der Filialen und Zweigstellen im inländischen Mengengeschäft ab, deren Leitung bislang einen wichtigen Karriereschritt für den bankinternen Aufstieg darstellte. In der Vergangenheit umfaßte die Leitung einer Filiale die volle Fach-, Führungs- und Erfolgsverantwortung für das lokale Geschäft, einschließlich der Betreuung kleinerer und mittlerer Unternehmen (KMU). Im Zuge der Kundengruppensegmentierung werden aber nun besondere Beratungszentren für KMU und vermögende Privatkunden eingerichtet, während in den kleineren Zweigstellen nur noch die Betreuung einfacher PrivatkundInnen mit einem weitgehend standardisierten Produktangebot gewährleistet werden soll. Das Tätigkeitsprofil des/der Zweigstellenleiters/in erfährt dadurch einerseits eine Verengung und Herabstufung im Hinblick auf das erforderliche Fachwissen; andererseits sind die ZweigstellenleiterInnen stärker als früher als Team-Coach, Moderator und Motivator für den Verkaufserfolg der MitarbeiterInnen gefragt.

Ähnliche Entwicklungen führten in den USA - allerdings zur Zeit eines Finanzbooms mit expandierender Beschäftigung - bereits in den 70er Jahren zu einem deutlichen Anstieg weiblicher Zweigstellenleiter (Bird 1990). Auch Tienari (1999) stellt in einer schwedisch-finnischen Vergleichsstudie eine Feminisierung der Zweigstellenleiterposition fest. Im Unterschied zu den USA erfolgte die Öffnung des Filialmanagements für Frauen in diesen beiden Ländern im Verlauf der Finanzkrise, die mit einem drastischen Personalabbau und einer Reduzierung von Managementpositionen einher ging. So verringerte sich in Finnland die Zahl der Bankbeschäftigten von knapp 52.000 in 3.500 Zweigstellen im Jahre 1988 auf nur noch rund 42.000 Beschäftigte in 2.800 Zweigstellen zum Jahresende 1992 (Tienari 1996). Wie in den USA waren viele männliche Führungskräfte mit der Verringerung der Fachverantwortung unzufrieden und bewarben sich auf Positionen in anderen Bereichen. Hierdurch eröffneten sich für qualifizierten Frauen neue Aufstiegsmöglichkeiten. Es kam aber auch zur Kündigung älterer männlicher Zweigstellenleiter, denen von Seiten der Unternehmensleitung nicht die Flexibilität zugetraut wurde, mit den neuen verkaufsorientierten Anforderungen umgehen zu können. Häufig sprangen Frauen ein und bewährten sich in dieser Position. In der Folge stieg der Anteil weiblicher Zweigstellenleiter sprunghaft an: In der schwedischen Bank, die untersucht wurde, betrug der Anteil von Frauen im Zweigstellenmanagement im Jahr 1989 nur 8%; bis zum Jahre 1994 hatte sich der Anteil auf 22% erhöht; in der Region Stockholm wurden zum Jahresende 1995 sogar etwa 35% der Zweigstellen von Frauen geführt. In der finnischen Fallstudienbank gab es im Jahre 1982 in der Region Helsinki nur 3 weibliche

Zweigstellenleiter; bis zum Jahre 1992 war der Anteil auf 40% gestiegen und im Sommer 1995 wurde - nach einer Fusion mit einer anderen Bank, der Zusammenlegung zahlreicher Zweigstellen sowie der Entlassung der Hälfte der Zweigstellenleiter - etwas mehr als jede zweite Zweigstelle von einer Frau geleitet.

Eine Ausweitung dieser Untersuchung auf eine deutsche Fallstudienbank ergab vom Trend her ähnliche Resultate (vgl. Tienari u.a. 1998). Auch in dieser Bank veränderte sich im Verlauf der Organisationsreform, welche neben der Einführung einer Divisionalstruktur eine verstärkte Segmentierung der Kundengruppen im Filialgeschäft umfaßte, mit dem Aufgaben- auch das Personalprofil der Zweigstellenleitung. Zwar wurden - anders als in den skandinavischen Fallstudienbanken - zunächst junge Männer für die Leitung der nun stärker verkaufsorientierten Zweigstellen im Privatkundengeschäft eingestellt. Im weiteren Verlauf der Reform wurden dann jedoch vermehrt junge Frauen rekrutiert. In der Folge stieg der Frauenanteil im Zweigstellenmanagement der deutschen Fallstudienbank ebenfalls an: Während zum Beispiel in der nördlichen Region im Jahre 1990 lediglich 10 Prozent der Zweigstellen von Frauen geleitet wurden, waren es im Jahre 1998 bereits 25 Prozent[4]. Unterschiede im Niveau des Frauenanteils sowie der Zusammensetzung der rekrutierten Zweigstellenleiterinnen (ältere Mitarbeiterinnen jenseits der „Kinderphase" in den skandinavischen Ländern versus jüngere, kinderlose Frauen in Deutschland) sind vor dem Hintergrund unterschiedlicher Geschlechtersysteme in Deutschland und den skandinavischen Ländern zu verstehen (für Einzelheiten vgl. Tienari u.a. 1998). In allen drei Ländern zeichnet sich aber ein ähnlicher Trend ab, der auf systematische Zusammenhänge zwischen der graduellen Abwertung und der Öffnung der Zweigstellenleitung für weibliche Bewerber hinweist.

Das veränderte Aufgabenprofil der Zweigstellenleitung muß jedoch, wie Studien aus Großbritannien zeigen, nicht zwangsläufig zu einer Feminisierung führen. So konnten sich in der von Halford u.a. (1997) untersuchten britischen Bank männliche Zweigstellenmanager erfolgreich gegen die beabsichtigte Statusveränderung ihrer Position zur Wehr setzen, indem sie auf die Einführung eines Satellitensystems von Filialen drängten, bei der die Führung mehrerer Zweigstellen eine Aufwertung erfuhr und somit für Männer attraktiv blieb. Welche anderen Gründe in Großbritannien zur Reproduktion der bestehenden Geschlechterhierarchien führten, ist aus der Studie leider nur indirekt zu erschließen. Eine wichtige Rolle dürfte dabei der hohe Teilzeitanteil unter den weiblichen Beschäftigten in den Zweigstellen, der geringe berufliche Status der Teilzeitbeschäftigten sowie die starke Segmentierung zwischen Teil- und Vollzeitarbeitsplätzen gespielt haben (O'Reilly 1994; O'Reilly und Fagan 1998).

---

4   Es bleibt zu prüfen, inwieweit die später einsetzenden Organisationsreformen in anderen, größeren deutschen Banken zu ähnlichen Resultaten führen werden.

Die in den neuen Bundesländern nach der deutschen Vereinigung zu beobachtende Verdrängung von Frauen aus Zweigstellenleiterpositionen (vgl. Hüning u.a. 1993; Rogas u.a. 1995; Nickel und Hüning 1996) scheint auf den ersten Blick sogar ein krasses Gegenbeispiel für den hier behaupteten Zusammenhang zwischen Reorganisation und Feminisierung dieser Managementposition darzustellen. Denn trotz aller historischen und politischen Besonderheiten kann die Umbruchsphase im Bankensektor der ehemaligen DDR durchaus als Beispiel für einen drastischen Restrukturierungsprozeß auf sektoraler und Unternehmensebene angesehen werden. Die Besonderheit der Transformation des Bankenbereichs in den neuen Bundesländern besteht allerdings darin, daß die Beschäftigung wie auch die Führungspositionen in diesem ehemals als „unproduktiv" angesehenen und gering geschätzten Sektor im Zuge des Übergangs zum westdeutschen Bankenmodell eine deutliche *Aufwertung* im Hinblick auf Tätigkeitsprofil, Status, Einkommen und Einflußmöglichkeiten erfahren haben. Die weiter oben zitierten Studien konstatierten jedoch gerade Veränderungen im Aufgabenprofil der ZweigstellenleiterInnen, die zumindest von den Betroffenen als *Abwertung* wahrgenommen wurden.

## 7. Frauen auf dem Sprung in die Welt der „global finance"?

Bisher wurden die Folgen der Veränderungen im wesentlichen unter Bezug auf große bürokratisch-hierarchische Geschäftsbanken diskutiert. Im Vergleich dazu hatten die Merchant- und Investmentbanken, die in den globalen Finanzmärkten agieren, schon von jeher vergleichsweise flache Organisations- und Führungsstrukturen. Wie steht es aber nun mit den Karrierechancen von Frauen in der Welt der „global finance"? Inwieweit eröffnen sich in diesem expandierenden und dynamischen, aber traditionell männlich dominierten Bereich neue und attraktive Beschäftigungs- und Karrieremöglichkeiten für Frauen? Erste Anhaltspunkte liefert eine Studie, die Linda McDowell (1997) in den Merchant- und Investmentbanken der Londoner City, einem der wichtigsten internationalen Finanzzentren, durchgeführt hat.

Anhand statistischer Daten belegt die Autorin, daß in den 80er Jahren zwar eine wachsende Zahl von weiblichen Hochschulabsolventen eingestellt wurde, daß die Karrieren von Frauen bei gleicher oder sogar höherer Ausgangsqualifikation aber nach wie vor langsamer voranschreiten als die ihrer männlichen Kollegen. Zu Beginn der 90er Jahre wies die City weiterhin einen wesentlich höheren Grad an geschlechtsspezifischer Segregation auf als der britische Bankensektor insgesamt. Hierzu tragen, wie McDowell in einer detaillierten Unternehmensfallstudie zeigt, sowohl strukturelle als auch kulturelle Faktoren bei. Zum einen hat sich auch innerhalb der „global finance" eine geschlechtsspezifische Aufgabenverteilung herausgebildet: Frauen sind häufiger für kundenferne Abwicklungs- und Unterstützungsfunktionen verantwortlich, während Männer stärker in den kundennahen Bereichen, und dort wiederum im prestigeträchtigen Firmenkunden- und Investmentbanking tätig sind.

Zum anderen tragen alltägliche Muster der Interaktion am Arbeitsplatz sowie eine an männlichen Erwerbsmustern orientierte Unternehmenskultur dazu bei, daß sich Frauen in diesen Bereichen häufig als „travellers in a foreign world" (Marshall 1984) fühlen. Die starke Zugehörigkeit zur Unternehmenskultur einer speziellen Bank bleibt ein wichtiger Faktor für den Erfolg in der City, und die kulturelle Konstruktion der Bankenwelt ist nach wie vor elitär und maskulin dominiert. In vielen Bereichen herrscht weiterhin eine „Macho-Kultur" vor, die durch das aggressive Verhalten junger männlicher Beschäftigter geprägt wird (McDowell und Court 1994). Ein zentrales Problem für aufstiegsorientierte Frauen stellen die extrem langen Arbeitszeiten in den kundennahen Aufgabenbereichen dar. Die meisten von McDowell (1997) befragten ManagerInnen hielten es aufgrund der intensiven und häufigen Interaktionen mit KundInnen für unmöglich, auch nur zeitweise Teilzeit zu arbeiten und dabei ihre Position effektiv ausfüllen zu können. Es war oft sogar schwierig, überhaupt ein Privatleben zu führen; die Grenzen zwischen Berufs- und Privatleben verschwammen zunehmend. Diese Arbeitsbedingungen standen für Frauen in wesentlich stärkerem Maße im Konflikt mit ihren persönlichen Lebensentwürfen als für Männer. Die Folge war, daß Frauen tendenziell andere Karriereentscheidungen trafen als ihre männlichen Kollegen: Sie bewarben sich häufiger auf Positionen in Innenabteilungen mit weniger aufreibenden zeitlichen Anforderungen oder schieden nach einer Weile ganz aus der City aus. Hier bestätigt sich die Vermutung, die Rosabeth Kanter (1987) bereits in den 80er Jahren äußerte: Daß nämlich die neuen Führungskonzepte ein „Mehr an Zeit" verlangen, das für Frauen (und zwar nicht nur solchen mit Familienverpflichtungen) den Zugang zu Führungspositionen erschweren kann.

## 8. Auswirkungen auf Gleichstellungspolitiken

Reorganisationsprozesse im Bankensektor bieten Anlaß, überkommene Unternehmenspolitiken und -kulturen daraufhin zu hinterfragen, inwieweit sie noch den veränderten ökonomischen und gesellschaftlichen Umweltbedingungen Rechnung tragen. Dies schafft prinzipiell eine Situation der Offenheit, in der Fragen der Frauenförderung und Gleichstellung in einem neuen Kontext thematisiert werden könnten. In der Praxis wird die Entwicklung und Implementation neuer Organisationsmodelle in Unternehmen aber nur in Ausnahmefällen mit Gleichstellungsinitiativen verbunden; noch seltener gehen sie mit einer gezielten Förderung weiblicher Führungskräfte einher (Brumlop 1991; Schultz-Gambard u.a. 1993; Hegewisch und Mayne 1994). Woodall u.a. (1997) kommen in der bereits oben erwähnten Untersuchung von drei britischen Unternehmen, die sich explizit als „Equal Opportunities Employer" im Rahmen der Initiative „Opportunity 2000"[5] verstehen, zu dem Schluß, daß Gleichstellungsinitiativen im Verlauf betrieblicher Reorganisationsprozesse Gefahr laufen, von anderen Anliegen, wie etwa Personalabbau und allgemeinen Veränderungen in der Organisationskultur, überschattet zu werden. In keinem der untersuchten Unternehmen wurden die Personaldatensysteme rechtzeitig genug an veränderte Organisationsstrukturen angepaßt, um geschlechtsspezifische Auswirkungen der Restrukturierung erfassen zu können. In der Regel beschränkte sich das Berichtswesen auf Daten über Rekrutierung und Aufstieg; für den Restrukturierungsprozeß wichtige Indikatoren wie Kündigung und Umsetzung, sowie Zugang zu Projektteams und „Task Forces" blieben ausgeblendet. Im Zuge der Reorganisation wurde auch die Effektivität der im Rahmen der „Opportunity 2000" Initiative etablierten Zuständigkeiten für die Gleichstellungspolitik unterlaufen. Die Verantwortung für die Implementation der Maßnahmen wurde an ManagerInnen innerhalb der einzelnen Unternehmensdivisionen delegiert und führte zu einer Zersplitterung der Zuständigkeiten. Zusammenfassend stellen die Autorinnen fest, daß die Gleichstellungspolitik in den untersuchten Unternehmen den Charakter einer „Schönwetterpolitik" hatte, die im Zuge der Restrukturierungsmaßnahmen zunehmend ihre Effektivität einbüßte.

## 9. Ausblick

In diesem Beitrag wurde versucht, Zusammenhänge zwischen Unternehmensreorganisation, Karrierewegen und Geschlecht aufzuzeigen. Im Mittelpunkt standen dabei die Implikationen für die geschlechtsspezifische Aufgaben- und Machtverteilung im Management. Die Ergebnisse weisen darauf hin, daß es im Zuge von veränderten Tätigkeits- und Qualifikationsprofilen, verbunden mit Aushandlungen über die Neubewertung dieser Positionen, in einigen Managementfunktionen auf der unteren und mittleren Managementebene

---

[5] Unternehmen, die sich an dieser 1991 ins Leben gerufenen, privaten Kampagne beteiligen, verpflichten sich auf freiwilliger Basis dazu, Gleichstellungsbeauftragte zu benennen und Gleichstellungspläne zu erarbeiten, die gewährleisten, daß Beschäftigte keine Diskriminierung aufgrund ihres Geschlechts, Familienstandes, Hautfarbe, ethnischer Zugehörigkeit, Religion oder Behinderung erfahren.

durchaus zu einer Öffnung für das wachsende Potential qualifizierter weiblicher Führungs- und Führungsnachwuchskräfte kommt. In anderen Bereichen, und zwar vor allem im höheren Management, scheint die geschlechtsspezifische Segregation aber unangetastet zu bleiben.

Die in der Studie festgestellten komplexen und teilweise gegenläufigen Entwicklungen geben Anlaß, darüber nachzudenken, in welchen Kategorien die geschlechtsspezifischen Auswirkungen solcher Veränderungsprozesse angemessener als bisher konzeptionalisiert werden können. Die intellektuellen und politischen Beschränkungen, die aus der Behandlung von Frauen und Männern als jeweils in sich homogener Gruppe sowie der dichotomen Gegenüberstellung von „Weiblichkeit" und „Männlichkeit" resultieren, sind in der Debatte um Differenz und Gleichheit bereits ausführlich aufgezeigt und kritisiert worden (vgl. Lorber und Farell 1991; Gildemeister und Wetterer 1992; Gottschall 1997). Dennoch tendiert die Industrie- und Organisationsforschung bei der Analyse von Geschlechterhierarchien weiterhin zu stark vereinfachenden Klassifikationen und Denkschemata (vgl. Berthoin Antal und Quack 1998).

Die gegenläufigen Trends in unterschiedlichen Unternehmensbereichen bzw. auf verschiedenen Hierarchieebenen wie auch Differenzierungen zwischen verschiedenen Gruppen weiblicher und männlicher Bankbeschäftigter zeigen, daß eine recht große Bandbreite von sozialen Praktiken und kulturellen Orientierungen in die Aushandlungsprozesse der jeweiligen geschlechtsspezifischen Aufgaben- und Machtverteilung eingeht, so daß deren Ergebnisse nicht pauschal vorhersagbar sind, sondern im Einzelfall aus der mikropolitischen Konstellation im Unternehmen heraus analysiert werden müssen (vgl. auch Alvesson und Billing 1992; Goldmann 1995; Gordon und Whelan 1998).

Zukünftige Forschungsarbeiten zu Geschlechterhierarchien und Chancengleichheit - nicht nur in Banken - könnten von einer solch differenzierten Herangehensweise sehr profitieren. In diesem Beitrag wurden einige Themenfelder und Forschungsfragen angerissen, die weiterverfolgt werden sollten. Eine zentrale Fragestellung ist, wo zukünftig in den Unternehmen strategisch relevante Kompetenzen verankert sein werden und welchen Managementaufgaben zentrale Relevanz zuerkannt wird. Wird zum Beispiel Personalentwicklung im Sinne eines Humanressourcenmanagements als Aufgabe des Generalmanagements definiert, sind damit andere und vermutlich weitaus bessere berufliche Entfaltungs- und Aufstiegschancen für Frauen (und Männer) in diesem Bereich verbunden, als wenn Personalentwicklung im Sinne einer dezentralen, eher reaktiven Anpassungsstrategie als Aufgabe der einzelnen Unternehmenseinheiten verstanden wird. Von zentraler Bedeutung ist weiterhin, welcher Stellenwert in Zukunft dem filialgebundenen Privatkundengeschäft beigemessen wird. Davon hängen nicht nur die Qualität der von Banken erbrachten Dienstleistungen sondern auch die Beschäftigungs- und

Karriereperspektiven vieler Frauen in den Banken ab. Strategien wie Outsourcing, Personalrotation im internationalen Kontext und Varianten der Qualitäts- und KundInnenorientierung (versus einer Kostensenkungsstrategie) werden deshalb in Zukunft einen immer wichtigeren Stellenwert für die Positionierung und berufliche Entwicklungsperspektive von Frauen im Bankensektor erhalten. Differenziertere Forschungsansätze und -ergebnisse zu diesen Themenfeldern können dazu beitragen, Fragen von Geschlechterhierarchien und Chancengleichheit im Zusammenhang mit Reorganisationsprozessen adäquater zu erfassen und Gleichstellungs- und Frauenförderpolitiken so weiterzuentwickeln, daß sie auch in „Schlechtwetterphasen" ihre Wirkung entfalten können.

## Literatur

Alvesson, M. und Billing, Y. D. (1992). Gender and Organization: Towards a Differentiated Understanding. In: Organization Studies, 13,12: 73-102.
Berthoin Antal, A. (1993). Odysseus' Legacy to Management Development: Mentoring. In: European Management Journal, 11, 4: 448-454.
Berthoin Antal, A. und Quack, S. (1998). Der langsame Aufstieg in die Beletage - Karrieremöglichkeiten von Frauen im Management in mittleren und grossen Unternehmen. In: Kück, M.: Macht und Ohnmacht von Geschäftsfrauen. Berlin: Arno Spitz Verlag, 109-122.
Bird, C. E. (1990). High Finance, Small Change: Women's Increased Representation in Bank Management. In: B. F. Reskin und P. A. Roos (Hg.): Job Queues, Gender Queues: Explaining Women's Inroads into Male Occupations. Philadelphia: Temple University Press, 145-166.
Bolte, S. (1993). Frauen im modernen Banking. Akademikerinnen bei der Commerzbank. In: Karriereführer Hochschulen II, 13: 151-153.
Brumlop, E. (1991). Frauenförderung in der privaten Wirtschaft: Mehr als ein Regulierungsinstrument betrieblicher Personalpolitik? Vortrag im Rahmen der Ringvorlesung „Frauen und Ökonomie" an der Freien Universität Berlin. Institut für Sozialforschung. Frankfurt am Main. Mimeo.
Brumlop, E. (1992). Frauen im Management: Innovationspotential der Zukunft? Neue Unternehmenskultur und Geschlechterpolitik. In: Die Neue Gesellschaft. Frankfurter Hefte, 1: 54-63.
Brunsson, N. und Olson, J.P. (1994). The Reforming Organization. London: Routledge.
Deutsche Bank (1997). Geschäftsbericht. Frankfurt/Main.
Deutsche Bank (laufende Jahrgänge). Geschäftsbericht. Frankfurt/Main.
Faust, M., Jauch, P., Brünnecke, K. und Deutschmann, C. (1995): Dezentralisierung von Unternehmen. Bürokratie- und Hierarchieabbau und die Rolle betrieblicher Arbeitspolitik. München und Mering: Hampp Verlag.
Flecker, J. und Schienstock, G. (1994). Globalisierung, Konzernstrukturen und Konvergenz der Arbeitsorganisaton. In: N. Beckenbach und W. van Treeck (Hg.):

Umbrüche gesellschaftlicher Arbeit. Sozial Welt, Sonderband 9. Göttingen, 625-642.

Gildemeister, R. und Wetterer, A. (1992). Wie Geschlechter gemacht werden. Die soziale Konstruktion der Zweigeschlechtlichkeit und ihre Reifizierung in der Frauenforschung. In: G. Axeli Knapp und A. Wetterer (Hg.): TraditionsBrüche. Entwicklungen feministischer Theorie. Freiburg: Kore, 201-254.

Goldmann, M. (1993): Organisationsentwicklung als Geschlechterpolitik. Neue Organisations- und Managementkonzepte im Dienstleistungsbereich. In: B. Aulenbacher und M. Goldmann (Hrsg.): Transformationen im Geschlechterverhältnis. Frankfurt/New York: Campus, 115-137.

Goldmann, M. (1995): Industrielle Rationalisierung als Geschlechterpolitik. Neue Perspektiven für Frauen durch Organisationsentwicklung und Arbeitsgestaltung im Betrieb. In: B. Aulenbacher und T. Siegel (Hrsg.): Diese Welt wird völlig anders sein. Pfaffenweiler: Centaurus, 209-230.

Goldmann, M. (1997): Globale Konkurrenz at Home. Umbrüche im Geschlechterverhältnis bei der Organisation von Dienstleistungsarbeit. In: S. Hradil (Hrsg.): Differenz und Integration. Die Zukunft moderner Gesellschaften. Verhandlungen des 28. Kongresses der Deutschen Gesellschaft für Soziologie in Dresden 1996. Frankfurt/New York: Campus, 764-778.

Gordon, J. R. und Whelan, K. S. (1998). Successful professional women in midlife: How organizations can more effectively understand and respond to the challenges. In: Academy of Management Executive, 12, 1: 8-27.

Gottschall, K. (1997): Zum Erkenntnispotential sozialkonstruktivistischer Perspektiven für die Analyse von sozialer Ungleichheit und Geschlecht. In: S. Hradil (Hrsg.): Differenz und Integration. Die Zukunft moderner Gesellschaften. Verhandlungen des 28. Kongresses der Deutschen Gesellschaft für Soziologie in Dresden 1996. Frankfurt/New York: Campus, 479-496.

Halford, S., Savage, M. und Witz, A. (1997): Gender, Careers and Organisations. Current Developments in Banking, Nursing and Local Government. London: Macmillan.

Hammond, V. (1988). Women in management in Great Britain. In: N. Adler und D. N. Izraeli: Women in management worldwide. New York/London: Sharp Inc., 168-187.

Hegewisch, A. und Mayne, L. (1994). Equal opportunity policies in Europe. In: C. Brewster und A. Hegewisch (Hrsg.): Policy and Practice of European HRM. London: Routledge, 194-215.

Helgesen, S. (1991). Frauen führen anders. Vorteile eines neuen Führungsstils. Frankfurt/Main: Campus Verlag.

Hüning, H., Maier, F., Nickel, H.M. u.a. (1993). Berliner Sparkasse: Unternehmen in der Vereinigung. In: Berliner Arbeitshefte und Berichte zur sozialwissenschaftlichen Forschung, Nr. 79. Berlin: Freie Universität, Zentralinstitut für sozialwissenschaftliche Forschung.

Ibarra, H. (1993). Personal Networks of Women and Minorities in Management: A conceptual framework. In: Academy of Management Review, 8, 1: 56-87.

Kanter, R. M. (1977). Men and Women of the Corporation. New York: Basic Books.

Kanter, R. M. (1987). Men and Women of the Corporation Revisited. In: Management Review, 3, 14-16.

Kopper, H. (1996). Zeit zum Sparen. In: manager magazin, 3: 122-131.

Lorber, J., Farrell, S. A. (Hg.) (1991). The Social Construction of Gender. Newbury Park: Sage, ???
Manthey, H. (1991). Der neue Manager: die allseitig entwickelte Persönlichkeit als Vision vollendeter Autonomie. In: ifg, 9, 1 + 2: 48-58.
Marshall, J. (1984). Women Managers: Travellers in a Male World. Chichester/New York: John Wiley & Sons.
McDowell, L. (1997). Capital Culture. Gender at Work in the City. Oxford: Blackwell.
McDowell, L., Court, G. (1994). Performing work: bodily representations in merchant banks. In: Environment and Planning D: Society and Space, 12: 253-78.
Morrison, A. M., White, R. P., Van Velsor, E. and the Center for Creative Leadership (1987). Breaking the glass ceiling: Can women reach the top of America's largest corporations? Reading/MA: Addison-Wesley.
Müller, M. (Hrsg) (1994). Lean Banking. Wien: Ueberreuter.
Nickel, H.M. und Hüning, H. (1996). Finanzdienstleistungsbeschäftigung im Umbruch - Betriebliche Strategien und individuelle Handlungsoptionen am Beispiel von Banken und Versicherungen. Berlin: KSPW.
Oberbeck, H. und D'Alessio, N. (1997). The End of the German Model? Developmental Tendencies in the German Banking Industry. In: Morgan, G. und Knights, D. (Hrsg.): Regulation and Deregulation in European Financial Services. Houndmills and London: Macmillan Business, 86-104.
OECD (1992). Banks under Stress. Paris: OECD.
OECD (1993). Financial Conglomerates. Paris: OECD.
Ohlott, P., Ruderman, M., McCanley, C. (1994). Gender differences in managers developmental job experiences. In: Academy of Management Journal, 37, 1: 46-67.
O'Reilly, J. (1994). Banking on Flexibility. A comparison of flexible employment in retail banking in Britain and France. Aldershot: Avebury.
O'Reilly, J. und Fagan, C. (Hrsg) (1998). Part-time Prospects: An International Comparison of Part-time Work in Europe, North America and the Pacific Rim. London: Routledge.
Quack, S. (1997). Karrieren im Glaspalast. Weibliche Führungskräfte in europäischen Banken. Discussion Paper FS I 97 - 104. Berlin: Wissenschaftszentrum Berlin für Sozialforschung.
Quack, S. (1998). Reorganisation im Bankensektor. Neue Chancen für Frauen im Management? Disucssion Paper FS I 98 – 104. Berlin: Wissenschaftszentrum Berlin für Sozialforschung.
Regenhard, U. (1997): Dezentralisierung als Schritt zum Abbau von Geschlechterhierarchie? Anmerkungen zur Enthierarchisierung der Geschlechterdifferenz bei betrieblicher Restrukturierung. In: WSI Mitteilungen, 1: 38-50.
Rogas, K., Philipp, V. und Maier, F. (1995). Anpassung an westliche Beschäftigungsstrukturen oder neue Wege betrieblicher Personalpolitik? Die Beschäftigungssituation von Frauen bei den Sparkassen im Land Brandenburg. Berlin: Stiftung Weiterbildung.
Schultz-Gambard, J., Glunk, U., Guldenschuh, C. und Helfert, G. (1993). Maßnahmen deutscher Wirtschaftsunternehmen zur vermehrten Integration von Frauen in den Managementbereich: eine Bestandsaufnahme. In: Zeitschrift für Frauenforschung, 11, 4: 17-32.

Scott, D. B. (1996). Shattering the Instrumental-Expressive Myth: The Power of Women's Networks in Corporate-Government Affairs. In: Gender and Society, 10, 3: 232-247.
Segerman-Peck, L. (1991). Networking & Mentoring. A Woman's Guide. London: Piatkus.
Tienari, J. (1996). On the Trail of Vanishing Power. The rise of female local branch managers in Swedish and Finnish Banking. Helsinki School of Economics and Business Administration Working Paper W-150.
Tienari, J. (1999). The First Wave Washed up on Shore. Reform, Feminization and Gender Resegregation. In: Gender, Work and Organization, 6: 1-19.
Tienari, J. (im Erscheinen). Gender Segregation in the Making of a Merger. In: Scandinavian Journal of Management.
Tienari, J., Quack, S. und Theobald, H. (1998). Organizational Reforms and Gender: Feminization of Middle Management in Finnish and German Banking. Discussion Paper FS I 98 - 105. Berlin: Wissenschaftszentrum Berlin für Sozialforschung.
Von Köppen, J. (1996). Bankstrategie und Bankpolitik in Europa. Frankfurt/Main: Bankakademieverlag.
Weber, C. (1993). Welche Maske zu welcher Gelegenheit? Anmerkungen zur Debatte um Frauen und Management. In: Müller-Jentsch (Hrsg.): Profitable Ethik - effiziente Kultur. Neue Sinnstiftungen durch das Management? München/Mering: Rainer Hampp Verlag, 209-228.
Woodall, J., Edwards, C., Welchman, R. (1997). Organizational Restructuring and the Achievement of an Equal Opportunity Culture. In: Gender, Work and Organization, 4, 1: 2-12.

*Iris Peinl*

# Das Ende der Eindeutigkeiten
# Zu Gelegenheitsstrukturen weiblicher Erwerbsarbeit in der Landesbank Berlin und der Deutschen Bahn AG

## 1. Einleitung: Tertiarisierungsprozeß - Unternehmensreorganisation - Gelegenheitsstrukturen für weibliche Erwerbsarbeit

Der säkulare Strukturwandel in Richtung Tertiarisierung der Wirtschaft ist u.a. durch den wachsenden Anteil des Dienstleistungssektors an der gesamtwirtschaftlichen Wertschöpfung und an den Beschäftigten ebenso hinreichend belegt wie durch die Zunahme von Dienstleistungstätigkeiten im industriegewerblichen Bereich.[1] Damit sind die als „Krise der Arbeitsgesellschaft" apostrophierten Notwendigkeiten eines Umbaus des traditionellen Erwerbsarbeitssystems wie die erforderlichen, einschneidenden Adaptionen der Unternehmen an die veränderten Marktbedingungen und -erfordernisse verbunden.

In diesem thematischen Fadenkreuz verortet sich der folgende Beitrag unter einer geschlechtersoziologischen Perspektive. Es wird vor der Folie der „Doppelstruktur der Krise der Arbeitsgesellschaft" (Kurz-Scherf) und der Debatten um zukünftige, zunehmend tertiarisierte Beschäftigungs- und Unternehmensstrukturen (vgl. u.a. Bosch 1998, Pfarr/Linne 1998, Sauer/Döhl 1997) davon ausgegangen, daß „Dienstleistungsarbeit" in Ost- wie Westdeutschland eindeutig geschlechtlich aufgeladen ist. Ohne dazu die differierenden historisch-gesellschaftlichen Ursachen zu diskutieren, kann festgehalten werden, daß hier wie dort Frauen gerade im Dienstleistungssektor einer Erwerbsarbeit nachgehen. Sie öffnet ihnen das Tor zu einem eigenen materiellen Status wie zu sozial-politischen Rechten und gesellschaftlichem Prestige (Meyer 1997: 239f). Nach dem Mikrozensus arbeiteten im tertiären Wirtschaftssektor des früheren Bundesgebietes in den 90er Jahren über die Hälfte Frauen, vornehmlich in den staatlich finanzierten Sozialbereichen. 1991

---

[1] K. G. Zinn markiert zwei Faktoren als Ursachen dieses gesellschaftlichen Strukturwandels. Zum einen führt das über technikinduzierte Rationalisierungen erreichte industrielle Produktivitätswachstum sowohl zu einem rapiden Beschäftigungsabbau als auch zur Überakkumulation im verarbeitenden Gewerbe. Zum anderen existiert in Folge eines Einkommenswachstums eine relative Sättigung der Nachfrage nach konventionellen industriellen Produkten (vgl. hierzu: Zinn 1997: 100-103). Daher verschiebt sich die Nachfrage mehr und mehr auf Produktinnovationen im verarbeitenden Gewerbe sowie auf produktionsbezogene wie soziale Dienstleistungen.

betrug der Frauenanteil 51,5%, 1997 52,3% (gemessen an der prozentualen Verteilung der Erwerbstätigen auf die drei Wirtschaftssektoren).[2] In den neuen Bundesländern hat der genannte Frauenanteil von 1991 bis 1997 zwar 1,8 Prozentpunkte verloren, liegt aber für 1997 mit 58,3% auf einem weiterhin hohen Niveau (1991: 60,1%) (Stodt 1998: 3 und 5).

Gegenwärtig kommen die zugunsten von tertiärer Frauenerwerbsarbeit geronnenen geschlechtlichen Arbeitsmarktsegregationen wieder verstärkt in Bewegung: Dienstleistungsunternehmen geraten infolge einer sich öffnenden Schere von zunehmender Produktivität und abnehmenden Beschäftigungseffekten bei nur zögerlich durchgesetzter Marktrealisation ihrer Produkte unter Veränderungsdruck. Dem wird wie in der Industrie mit mehr oder weniger ganzheitlichen betrieblichen Reorganisationsmaßnahmen als Synthese von Technik-, Sozial- und Organisationsinnovationen entsprochen, die auf wirtschaftliche Synergieeffekte zielen (vgl. zusammenfassend Sauer/Döhl 1997).

Je nach öffentlich-rechtlicher oder privater Verfaßtheit der Unternehmen, der in ihnen geltenden Leitbilder sowie verankerten mikropolitischen Verhältnisse differenzieren sich diese Prozesse auf der betrieblichen Ebene stark aus. Zwangsläufig aber berühren sie die bisherigen geschlechtlichen Erwerbsarbeitsstrukturen der internen Arbeitsmärkte und tragen zu deren Erosion, Modifikation oder auch „Re"strukturierung bei.

Bekanntermaßen werden die in die Reorganisationen von Dienstleistungsunternehmen eingebetteten Veränderungen interner geschlechtlicher Arbeitsmarktsegregationen konträr diskutiert: Während Monika Goldmann speziell für High-Tech-Firmen mit Kunden- und MitarbeiterInnenorientierung Indizien für Veränderungen betrieblicher Geschlechterverhältnisse jenseits von Standardextrapolationen aufspürt, die stereotyp berufliche Benachteiligungen von Frauen hochrechnen (vgl. Goldmann 1997), entdeckt Ulla Regenhard eher stetig wiederkehrende Bilder „monotoner Ähnlichkeiten" (Born) geschlechtshierarchischer Arbeitsmarktspaltungen zuungunsten von Frauen (vgl. Regenhard 1997)[3].

---

[2] Tabelle 1: Erwerbstätige nach Wirtschaftssektoren in den neuen Bundesländern/Berlin-Ost (NBL) sowie dem früheren Bundesgebiet (FBG) 1991 und 1997 (in Prozent) (Stodt 1998: 3 und 5).

| Wirtschaftssektor | 1991 | | 1997 | |
| --- | --- | --- | --- | --- |
| | NBL | FBG | NBL | FBG |
| primär | 6,8 | 3,5 | 3,8 | 2,7 |
| sekundär | 42,3 | 40,6 | 33,4 | 34,5 |
| tertiär | 50,9 | 55,8 | 62,8 | 62,7 |

[3] Zum Beispiel beschreibt B. Aulenbacher unter betriebssoziologischer Perspektive für den industriellen Wirtschaftssektor Prozesse der Restrukturierung von Geschlechterverhältnissen. Ihre Befunde umreißen Tendenzen, „die eher auf eine weitere Abschottung der Segmente männlicher und weiblicher Beschäftigung gegeneinander und eine Stabilisierung geschlechtshierarchischer Arbeitsteilung hindeuten als auf deren Abbau" (Aulenbacher 1996: 247).

Vor diesen polaren Interpretationsfolien will der folgende Beitrag Gelegenheitsstrukturen für Frauenerwerbsarbeit in zwei (auch) auf ostdeutschem Terrain agierenden Dienstleistungsunternehmen thematisieren sowie damit verbundene Implikationen für betriebliche Geschlechterverhältnisse ansprechen.

Dabei wird davon ausgegangen, daß die in sich äußerst widersprüchlichen Verflüssigungen erwerbsbezogener Gelegenheitsstrukturen sowie geschlechtlicher Beschäftigungsverhältnisse jenseits einfacher Schemata (bspw. von „den" VerliererInnen oder GewinnerInnen) verortet sind. Der Begriff der Gelegenheitsstruktur zielt auf die durch das Handeln betrieblicher Akteure in Zeitfenstern „materialisierten" Optionen für weibliche Erwerbsarbeit; etwa in Gestalt von (sich im Wandel befindenden) Aufgabenzuschnitten, Arbeitstätigkeiten, hierarchischen Arbeitsorganisationen oder auch betrieblichen Qualifizierungsangeboten. Sie wirken als Korridore im Sinne von Zwängen und Möglichkeiten für das erwerbsbezogene Handeln von Frauen. Sie haben eine jeweils unternehmensspezifische Bindekraft für Frauenerwerbsarbeit und wirken differenziert auf die betrieblichen Prozesse der Neuziehung geschlechtlicher Arbeitsteilungen.

Methodisch lassen sich die genannten Verflüssigungen nur über Erkundungsuntersuchungen aufspüren, die sich der Untersuchungswelt offen und sensibel nähern und möglichst authentisch die soziale Realität in Form von Forschungshypothesen widerspiegeln. Dieser Methodik fühlt sich der folgende Beitrag verpflichtet. Bei den beiden Untersuchungsfeldern handelt es sich um produktionsbezogene Dienstleistungsunternehmen. Zum einen geht es um ostberliner Filialen der Landesbank Berlin (LBB). Hier wird sich die Darstellung auf die beschäftigungsseitige Aufbauphase von 1990 bis Ende 1993 stützen (vgl. Hüning/Nickel 1998), die daran anschließenden Entwicklungen werden eher skizziert. Zum anderen geht es um die Deutsche Bahn AG (DB AG), wobei sich aufgrund der Heterogenität der Unternehmensstrukturen auf den Geschäftsbereich Personenbahnhöfe für den Zeitraum von 1994 bis 1997 konzentriert wird.[4] Beide Unternehmen haben noch öffentliche Anteilseigner. Beide durchlaufen als inzwischen fusionierte Ost-West-Unternehmen Transformationsprozesse in Richtung verstärkter marktwirtschaftli-

---

4   Dabei wird der Darstellungsmodus für die beiden Unternehmen unterschiedlich sein: Während für die LBB auf verdichtete Forschungsergebnisse insbesondere in Form des Forschungsberichtes des KSPW-Projektes „Finanzdienstleistungsbeschäftigung im Umbruch" zurückgegriffen werden kann (Hüning/Nickel (Hrsg.) 1998), verstehen sich die Ausführungen zur DB AG auf der Basis theoretischer Erörterungen und empirischer Erhebungen eines laufenden DFG-Projektes zu „Frauen im betrieblichen Transformationsprozeß der neuen Bundesländer" (vgl. Nickel//Hüning u.a. 1998) als Arbeitsthesen. Aufgrund des unterschiedlichen Aggregationsniveaus der empirischen Daten sowie der verschiedenen Zeiträume ist kein direkter Vergleich zwischen den Unternehmen angezielt. Vielmehr geht es um die Darstellung von Restrukturierungsprozessen von geschlechtlicher Erwerbsarbeit in den beiden Unternehmen selbst.

cher Effizienz. Diese vollziehen sich in Zeitabschnitten mit offenbar modifizierten Etappen der Reorganisation betrieblicher Organisationsstrukturen und Geschlechterverhältnisse (vgl. Hüning/Nickel 1998: 300, Frey/Kohlmetz 1998).

## 2. Von Uneindeutigkeiten der Restrukturierung geschlechtlicher Erwerbsarbeit I: Landesbank Berlin

Banken und Versicherungen wurden nach der „Wende" 1990/91 durch Fusion von DDR-Instituten mit Westunternehmen oder durch regionale Ausdehnung westlicher Banken und Versicherungen installiert. Sparkassen sowie Volks- und Raiffeisenbanken der DDR sind durch betriebliche Zusammenführungen mit entsprechenden westlichen Unternehmen in Finanzinstituten nach westdeutschem Recht umgewandelt worden.

Im Dezember 1990 wurde die (Ostberliner) Sparkasse der Stadt Berlin (rückwirkend zum 1. Juli 1990) in die Landesbank Berlin (LBB) übergeleitet, die zuvor im Oktober 1990 aus der Sparkasse der Stadt Berlin (West) gebildet worden war. Hervorgehoben werden soll, daß dieser Fusionsprozeß mit der betriebs- und arbeitsorganisatorischen Umstellung der ostdeutschen Zweigstellen nach bewährten Vorlagen der Sparkasse der Stadt Berlin (West) begann. Das Ziel war, so die Formulierung einer westlichen Führungskraft, zunächst ein „modernes Bankwesen" aufzubauen, die östlichen Institutionen baldmöglichst „... um(zu)stellen auf das westliche Know-how" (008/1). Dies betraf u.a. die übernommenen Produktpaletten, die projizierten Aufgaben- und Tätigkeitsfelder, die implementierten hierarchischen Arbeitsorganisationen und das daran gemessene Fachwissen u.a. über Personalführung oder den Technikeinsatz.

Gegen Ende 1993/Anfang 1994 kamen sowohl in Ostberliner und Westberliner Filialen verstärkt Konzepte der betrieblichen Reorganisation zum Tragen, die auf eine Erhöhung wirtschaftlicher Unternehmenseffizienz abzielten und durch den Eintritt der LBB in die Bankgesellschaft Berlin AG[5] zum 01.01.1994 einen verstärkenden Impuls erfuhren.

---

5 Zum 1.1.1994 wurde die Bankgesellschaft Berlin AG gegründet, unter ihrem Dach bildeten die Berliner Bank AG, die Berliner Hypotheken- und Pfandbrief-Bank AG und die Landesbank Berlin eine Bankengruppe mit dem Hauptsitz in Berlin.

## Betriebliche „Integrationsbrücken" in der LBB von 1990 bis Ende 1993: Chancenreiche Fixpunkte für die Erwerbsarbeit von Ost-Frauen

Ein arbeitsmarktstatistischer Blick auf den internen Arbeitsmarkt der LBB von 1990 bis 1993 verdeutlicht, daß im betrieblichen Fusions- und Integrationsprozeß bis Ende 1993 die erwerbsbezogenen Chancen von Ost-Frauen dominierten: Am 31.12.1990 waren mit der Fusion beider Sparkassen von den 5907 Mitarbeiterinnen 4135, d.h. ca. 70%, Frauen. Dieser Anteil veränderte sich bis Ende 1993 nicht wesentlich.

Der im Vergleich zu westlichen Finanzinstitutionen hohe Frauenanteil an den Beschäftigten läßt sich zunächst mit der nahezu vollständigen Übernahme der zu ca. 90% weiblichen Belegschaft der Sparkasse der Stadt Berlin (Ost) in die LBB erklären.[6] Darüber hinaus zeigte die LBB gerade in diesen ersten zwei bis drei Jahren - ebenso wie andere in Ostdeutschland installierte Finanzinstitutionen - einen erheblichen Personalbedarf für die Bewältigung der temporären Aufgaben der Währungsumstellung sowie der Produktangleichung und für eine neu zu entwickelnde Unternehmensstruktur.[7] Daher rekrutierte sie auf den externen Arbeitsmärkten männliche wie weibliche Angestellte mit möglichst kaufmännischer, aber auch berufsfremder, Ausbildung sowie befristete Beschäftigte und Auszubildende.

Diese beschäftigungsseitige Aufbauphase des betrieblichen Fusions- und Integrationsprozesses (Hüning/Nickel 1998: 86-90) war mit einer abgedämpften beruflichen Geschlechterkonkurrenz in den ostdeutschen Filialen verbunden. Unter den Bedingungen der arbeitsinhaltlichen und -organisatorischen Umstellungen auf das westliche Know-how begannen die notwendigen Personalentwicklungen mit den fast ausschließlich weiblichen Ost-Mitarbeiterinnen. Ost-Frauen wurden in die neu aufzubauenden, sich stark verändernden und ausdifferenzierenden Tätigkeits- und Arbeitsteilungsstrukturen ebenso integriert wie in die damit verbundenen betrieblichen Qualifikationsmaßnahmen. Parallel dazu wurden die östlichen an die westlichen Lohn- und Gehaltsstrukturen angeglichen.

---

[6] Ausgenommen hiervon waren vorrangig ältere Arbeitnehmerinnen, die über Frühverrentungen aus dem Arbeitsprozeß ausschieden sowie politisch induzierte Entlassungen.

[7] Diese expansive Personalpolitik von Kreditinstituten und Versicherungen in Ostdeutschland verdeutlicht folgende Tabelle:
Tabelle 2: Erwerbstätige in Finanzdienstleistungsinstitutionen der neuen Bundesländer und Berlin-Ost von 1991 bis 1993

|  | 1991 | 1992 | 1993 |
|---|---|---|---|
| Kreditinstitute | 72000 | 79000 | 79000 |
| Versicherungen | 39000 | 43000 | 52000 |
| Mit den Gewerben verbundene Tätigkeiten | 19000 | 21000 | 14000 |
| Finanzbranche insgesamt | 130000 | 143000 | 145000 |

Quelle: Statistisches Bundesamt, Fachserie 1, Reihe 4.1.

Daher soll als eine im folgenden noch zu begründende Arbeitsthese festgehalten werden: In der ersten, aufbauenden Transformationsphase des Unternehmens LBB waren von der Unternehmensleitung entscheidende „Integrationsbrücken" (vgl. Hüning/Nickel 1998: 129) für die Fortsetzung der Erwerbsarbeit von Ost-Frauen eingebaut worden. Obwohl diese Brücken besonders mit Blick auf ältere und unqualifizierte Arbeitnehmerinnen brüchige Stellen aufwiesen, stellten sie dennoch zentrale Ausgangs- und Bezugspunkte für das als „Suchbewegungen" charakterisierte Erwerbshandeln der Mehrheit der Ost-Frauen (Hüning/Peinl/Walter 1997) in dem sich dynamisch verändernden betrieblichen Raum dar: Sie boten weitreichende strukturelle Unterstützung bei den notwendig gewordenen beruflichen Neuorientierungen und -verortungen, eröffneten neue erwerbsbezogene Handlungsräume und symbolisierten relativ verläßliche betriebliche Orientierungs- und Unterstützungshilfen. Im folgenden werden die über diese betrieblichen Integrationsbrücken manifest unterstützten Beschäftigungschancen von Ost-Frauen auf dem internen Arbeitsmarkt der LBB von 1990 bis Ende 1993 skizziert.

### Die Chance der Neuaufnahme beruflicher Tätigkeitsfelder

Die zu DDR-Zeiten relativ undifferenzierten Arbeitstätigkeiten sowie wenig hierarchisierten Arbeitsorganisationen in der Sparkasse der Stadt Berlin (Ost)[8] wurden zu Beginn der betrieblichen Transformation zügig analog zu denen der westlichen Stamminstitution ausdifferenziert. So entstanden die vergleichsweise feingliedrigeren hierarchisch strukturierten Funktionsbereiche Back-office, Kasse, Service, Beratung und stellvertretende bzw. Filialleitung. Zeitgleich erfolgte die Neukonfigurationen der informationsverarbeitenden bzw. die Implementierung gänzlich neuer Datensysteme.

Der technologische und arbeitsteilig-hierarchische Wandel stellte eine Zäsur für die Berufsbiographien der Ost-Frauen dar: Die in ihren bisherigen Arbeitstätigkeiten und beruflichen Laufbahnen gewonnenen Kenntnisse, Erfahrungen und Fähigkeiten wurden nicht nur zur Disposition gestellt, sondern durch die Nichtanerkennung der beruflichen Zertifikate entwertet.[9] Als symbolisches Beispiel hierfür gilt die Ablösung aller ausnahmslos weiblichen Leiterinnen der 90 ostberliner Zweigstellen Ende 1990 und deren Ersetzung

---

8 Obwohl das Rationalisierungsniveau des zentralen, bargeldlosen Zahlungsverkehrs vergleichsweise höher war als in westlichen Finanzinstitutionen, erforderte die unzureichende Technikausstattung im dezentralen Kundenbereich zeitaufwendige Routinearbeiten: 40% aller Tätigkeiten waren reine Kassentätigkeiten (Barbarino 1986: 84). Die Kundenberatung - überwiegend für Privatkunden - bezog sich auf wenige Spar- und Zahlungsverkehrsprodukte. Es bestanden kaum fachliche und funktionale Ausdifferenzierungen.

9 Nicht anerkannt wurden bspw. die in der DDR erworbenen Abschlüsse des „Finanzökonomen", „Finanzkaufmanns" sowie Zertifikate über ein absolviertes ökonomisches Hochschulstudium.

Das Ende der Eindeutigkeiten

vorrangig durch Männer aus westberliner Filialen. Die ehemaligen Leiterinnen wurden zunächst als Filialstellvertreterinnen oder qualifizierte Kundenberaterinnen eingesetzt. Sie erhielten die Option der Rückversetzung auf die Position einer Filialleiterin bei erfolgreichen, betrieblicherseits als notwendig erachteten, beruflichen Nachqualifikationen.

Strukturell wurden diese berufsbiographischen Zäsuren insofern ein stückweit aufgefangen, als daß durch den - hier filialbezogenen - Transfer der Arbeitstätigkeiten zwar neue, aber genau konturierte Aufgaben- und Anforderungsprofile implementiert wurden. An diesen betrieblichen „Fixpunkten" konnten sich Ost-Frauen in ihrer beruflichen Neuausrichtung orientieren. Sie waren entlang der neuen Betriebshierarchien mit unterschiedlichen Anforderungsprofilen verbunden: Während der personalpolitische Raum für die Einnahme einer Filialleitungsposition durch fachliche Potentialanforderungen engmaschig vorstrukturiert war, lief unterhalb dieser hierarchischen Ebene der „Re"integrationsprozeß von Ost-Frauen in Arbeitstätigkeiten mehr oder weniger als „Wunschkonzert" ab. Gemeint ist, daß sie sich in einem ersten Schritt über einen Abgleich der vorerst für sie nur vage erkennbaren neuen Tätigkeitsanforderungen mit den eigenen Berufsintensionen, Qualifikationen und Erfahrungen im betrieblichen Raum neu plazierten. Diese „Vor"plazierungen wurden im weiteren Verlauf der betrieblichen Transformation über sukzessiv wirkende Leistungsanforderungen - etwa erforderliche Qualifikationsschritte - modifiziert.

Diese Integrationsbrücke, die Ost-Frauen die Möglichkeit eröffnete, ihre Berufsbiographien auf verändertem beruflichen Terrain - in aller Regel - modifiziert weiterzuschreiben, lag zudem auf einem günstigen Ausgangsplateau. Gemeint sind die im Vergleich zur Sparkasse der Stadt Berlin (West) relativ hohen hierarchischen Positionen. So zeigte sich Ende 1993, daß sich ein Großteil der ehemaligen Zweigstellenleiterinnen in Abhängigkeit von ihrem Alter wieder in mittleren Führungspositionen der LBB verankern konnte (Claus 1994: 32).[10] Dieser Prozeß führte zudem zu einer deutlichen Erhöhung des bisherigen Frauenanteils in mittleren Führungspositionen der LBB. So stieg von 1989 bis 1994 der Anteil des weiblichen Leitungspersonals an den GruppenleiterInnen von 38% auf 67%, an den FilialstellvertreterInnen von 36% auf 59% und an den FilialleiterInnen von 12% auf 29%.

---

10 Tabelle 3: Berufliche Positionen der ehemaligen Zweigstellenleiterinnen 1993:

|  | Leiterin | Vertreterin | Kundenberatung | Heruntergestufte |
|---|---|---|---|---|
| Anzahl | 3 | 39 | 22 | 9 |
| durchschn. Alter | 31,7 | 40,5 | 45,6 | 46,8 |
| durchschn. Bruttogehalt | 5045 | 5047 | 4174 | 4953 |

## Zum Grundpfeiler der „Integrationsbrücken": Betriebliche Qualifizierungsofferten

Mit der Neudefinition von Arbeitsinhalten, Arbeitstätigkeiten und hierarchischen Arbeitsteilungen sowie der Durchsetzung dieses veränderten betriebsorganisatorischen Skeletts in der alltäglichen Betriebspraxis wurde sehr schnell die Notwendigkeit beruflicher Nachqualifizierungen der Ost-Mitarbeiterinnen deutlich. Dies betraf u.a. die schnellstmögliche Aneignung der neuen Produktpalette, die Beherrschung der übernommenen Informations- und Kommunikationstechnologien sowie - systematischer - die wertschöpfende „Philosophie" der monetären Dienstleistungen.

Darauf reagierte die LBB mit einer betrieblichen Qualifizierungsoffensive. Sie zielte zunächst auf die Vermittlung grundlegender organisatorischer sowie professioneller Kenntnisse zur Minimierung betrieblicher Reibungsverluste. Dazu gab es neben dem „Training on the job" 14-tägige bzw. dreiwöchige Grundlagenschulungen, an denen von 1990 bis 1993 1295 Beschäftigte aus der ehemaligen Sparkasse der Stadt Berlin teilnahmen. Aufbauend wurden Einführungslehrgänge angeboten, die nach erfolgreicher Prüfung mit dem Abschluss „Sparkassenkauffrau/mann" endeten und von 1083 Ost-Beschäftigten absolviert wurden. Darüber hinausreichende Aufstiegsqualifizierungen (bspw. Kundenberaterlehrgang und Sparkassenfachlehrgang) zielten auf die sukzessive Professionalisierung potentieller Führungskräfte. Von 1990 bis 1993 nahmen ca. 250 Beschäftigte diese Aufbaukurse zum Sparkassenbetriebswirt/in wahr.

Diese Qualifizierungoffensive der LBB stellte den „Grundpfeiler" der Integrationsbrücken dar. Obwohl sie z.T. formal gehandhabt wurde,[11] vermittelte sie dennoch den Ost-Frauen einen schnellstmöglichen Zugang zu den symbolträchtigen (Grund)Abschlüssen der „modernen" Aufstiegswege. Damit wurde das weiter oben genannte Plateau für die beruflichen Neuplazierungen solide untermauert: Die Ad-hoc-Verortungen des Neubeginns konnten mit den Zertifikaten und den daran gekoppelten Fachkenntnissen unterlegt werden, innerbetrieblicher Aufstiege (wieder) angemeldet und bessere Vergütungen erzielt werden. Über die Basisqualifikationen erfolgte eine Verstetigung der weiblichen Erwerbsarbeit im Segment des allgemeinen Kunden(beratungs)dienstes (Kasse, Service, allgemeine Beratung). Darüber hinaus stellten die höheren Qualifikationsabschlüsse das Einlaßtor für die Aufnahme einer leitenden Tätigkeit im mittleren Management und in zukunftsrelevanten spezialisierten Finanztätigkeiten dar. Die betriebliche Gelegenheitsstruktur war dafür gerade in dieser Transformationsphase gün-

---

11  In den Qualifizierungsmaßnahmen waren Anknüpfungen an berufliche Qualifikationen sowie Erfahrungen aus DDR-Zeiten in der Regel nicht vorgesehen. Ebensowenig fanden vor der Grundqualifizierung Personalentwicklungsgespräche über die zukünftigen Berufswege in der LBB statt.

Das Ende der Eindeutigkeiten

stig: Nach dem kurz geöffneten Zeitfenster der Personalrekrutierungen bis 1992/1993 wurden vakante Stellen in aller Regel nur noch auf dem internen Arbeitsmarkt ausgeschrieben, auf dem in Folge des West-Ost-Führungspersonaltransfers ein Mangel an qualifizierten Führungskräften herrschte (Kallabis 1995). Dort aber hatten karriereorientierte Ost-Frauen ihre „Hausaufgaben" in Form von Aufstiegsqualifikationen erfolgreich erledigt.

*Vom Aufholen und Differenzieren: Zur Entwicklung der geschlechtlichen Gehaltsschere*

Für die Ost-Beschäftigten galten in der LBB tarifpolitische Regelungen, die schon zum 01.01.1992 in eine 100%ige Angleichung an das Westniveau einmündeten und einen stark integrativen Charakter trugen. Markante Eckpunkte für diesen Prozeß waren die Einführung des Bundesangestelltentarifs zum 01.07.1991 sowie die Übernahme des Tarifvertrages des privaten Bankgewerbes zum 01.01.1992 (Hüning/Nickel 1998: 109-114).

Tabelle 4: Vergütungsgruppen (VG) der vollbeschäftigten Beschäftigten in der Sparkasse der Stadt Berlin West 89[12] und der LBB im Mai 93 nach Geschlecht sowie darauf bezogene prozentuale Veränderungen für Frauen

| | Sparkasse-Berlin West 1989 | | | | LBB 1993 | | | | |
|---|---|---|---|---|---|---|---|---|---|
| | Männer | | Frauen | | Männer | | Frauen | | |
| VG | absolut | % | absolut | % | absolut | % | absolut | % | |
| 1 | k.A. | | k.A. | | 1 | 100 | 0 | 0 | - |
| 2 | k.A. | | k.A. | | 2 | 25 | 6 | 75 | - |
| 3 | k.A. | | k.A. | | 79 | 25,1 | 236 | 74,9 | - |
| 4 | 70 | 26,9 | 190 | 73,1 | 103 | 10,9 | 839 | 89,1 | +16 |
| 5 | 180 | 23,7 | 580 | 76,3 | 180 | 17,2 | 865 | 82,8 | +6,5 |
| 6 | 140 | 31,8 | 300 | 68,2 | 144 | 18 | 655 | 82 | +13,8 |
| 7 | 205 | 39,4 | 315 | 60,6 | 251 | 33,6 | 496 | 66,4 | +5,8 |
| 8 | 90 | 52,9 | 80 | 47,1 | 158 | 38,4 | 253 | 61,6 | +14,5 |
| 9 | 135 | 71,1 | 55 | 28,9 | 168 | 56,2 | 131 | 43,8 | +14,9 |
| 9a | 110 | 73,3 | 40 | 26,7 | 155 | 66,5 | 78 | 33,5 | +6,8 |
| 9b | 75 | 78,9 | 20 | 21,1 | 130 | 82,3 | 28 | 17,7 | -3,4 |
| 9c | 40 | 100 | 0 | 0 | 46 | 90,2 | 5 | 9,8 | +9,8 |
| 9d | 30 | 100 | 0 | 0 | 22 | 95,6 | 1 | 4,4 | +4,4 |
| 9e | 15 | 100 | 0 | 0 | 6 | 100 | 0 | 0 | - |
| AT | 20 | 100 | 0 | 0 | 79 | 96,3 | 3 | 3,7 | +3,7 |

Quelle: LBB-internes Material/KSPW-Projekt

---

[12] Die Daten für 1989 stellen Rundungen dar.

Diese Tarifpolitik führte in Wechselwirkung mit den anderen o.g. Bestandteilen der betrieblichen „Brückenpolitik" zur Porösitäten, Verschiebungen und Neuschneidungen der traditionellen geschlechtlichen Gehaltsschere, die nicht mehr eindeutig mit dem Label der Benachteiligungen von „den" Frauen charakterisiert werden können. So belegt Tabelle 4, daß sich Ost-Frauen mit ihren in aller Regel erfolgreich absolvierten beruflichen Nachqualifikationen über Führungspositionen bis hin zum mittleren Management und in den entsprechenden Gehaltsgruppen verorten konnten. Dadurch gerieten die bisher festgeschriebenen geschlechtlichen Hierarchiedifferenzen der Sparkasse der Stadt Berlin West sowie die daran gekoppelten Zugriffe auf betriebliche Ressourcen in Bewegung.

Zu vermerken ist der leicht erhöhte Anteil von Frauen im außertariflichen Bereich (AT), besonders aber der manifeste Abbau männlicher Verdienstprivilegien im hohen und mittleren Gehaltsniveau bis zur Tarifgruppe 8 (Bruttogehalt 5184 DM). Darüber hinaus gewannen Frauen auch Terrain in den Tarifgruppen 4 bis 7, deren Gehaltsniveau zwischen 3592 und 4767 DM liegt. Allerdings sind Frauen nunmehr auch in den niedrigen Gehaltsgruppen verstärkt vertreten.

Demnach sind im Ergebnis der Aufbauphase des betrieblichen Transformationsprozesses der LBB die vertikalen Segregationslinien des internen Arbeitsmarktes schwächer an der Differenzierungsachse Geschlecht konturiert. Gleichzeitig allerdings signalisieren sie einen verstärkten beruflichen Differenzierungsprozeß zwischen Frauen selbst. Er wird offenbar an der Achse der beruflichen Qualifikation geschnitten und schlägt sich in der ausgewiesenen zunehmenden Lohn- und Gehaltsschere zwischen Frauen nieder.

## *Reorganisationsprozesse der Landesbank Berlin ab 1994: Erwerbsbezogene Chancen und Risiken für Ost-Frauen*

Relativ zügig nahm eine zweite Etappe betrieblicher Umstrukturierungen Konturen an, die ab 1994 mit der Gründung der Berliner Bankenholding verstärkt zum Tragen kam. Gemeint ist der in den „Institutionentransfer" eingelagerte, mehr oder weniger zeitversetzt verlaufende Reorganisationsaspekt der transferierten Unternehmensstrukturen selbst. Infolge der steigenden Marktkonkurrenz besonders um vermögende Privatkunden verstärkte sich der innerinstitutionelle Prozeß einer deutlicheren Kundengruppenorientierung. Dabei wurden die in der ersten Phase der betrieblichen Transformation ohnehin umgebrochenen Arbeitstätigkeiten und -organisationen nochmals straffer als bisher entlang der Segmente Privatkunden, Firmenkunden sowie Anlage und Finanzierung ausdifferenziert. Gleichzeitig begann eine verstärkte Flexibilisierung der inhaltlich und zeitlich strukturierten Tätigkeiten in den Segmenten selbst, insbesondere die personenbezogenen spezialisierten Einzelfallberatungen für vermögende Privat- sowie Geschäftskunden gewannen vehement an Bedeutung.

Parallel dazu erfolgten auf die Erhöhung wirtschaftlicher Effizienz gerichtete Dezentralisierungen von Unternehmensstrukturen: Unternehmensübergreifende, strategisch arbeitende und auf Synergieeffekte ausgerichtete Abteilungen werden ebenso gegründet (etwa die zentrale Personalentwicklung- oder Controllingabteilung der Bankgesellschaft Berlin AG) wie auch bisherige betriebsfunktionelle Unternehmensbereiche in selbständige Wirtschaftsunternehmen ausgelagert werden (etwa die Betriebsservice GmbH).

Diese eingeleiteten Veränderungen von Arbeitsorganisationen werden zumindest mittelfristig eine Personalreduktion in der beschäftigungsseitig als bislang krisensicher eingeschätzten LBB zur Folge haben. Damit werden die über die genannten betrieblichen Gelegenheitsstrukturen erzielten Arbeitsplatzeffekte der personalintegrativen Aufbauphase gerade für Ost-Frauen zumindest hinterfragt. Das zu ihren Gunsten in Bewegung geratene betriebliche Geschlechterverhältnis kann für die Zukunft nicht (mehr) mit Extrapolationen beschrieben werden. Im folgenden wird versucht, diese nunmehr offenere und erkennbar ambivalentere Erwerbsarbeitssituation von Frauen in der LBB zu skizzieren.

Der interne Arbeitsmarkt der LBB ist seit Ende 1993 nahezu geschlossen und nur noch über enge Pforten für Auszubildende, Trainees bzw. hochspezialisierte Fachkräfte zugänglich. Dies scheint für die Zukunft ein nicht zu unterschätzender Erwerbsarbeitsbonus gerade für alle jene Ost-Frauen zu sein, die in der Aufbauphase über die unternehmensseitig gebauten Brücken gegangen sind und zumindest den berufsqualifikatorischen Abschluß „Sparkassenkauffrau/mann" erzielten. Berufliche Perspektiven scheinen einerseits jene Frauen zu haben, die zeitgemäße berufliche Zertifikate in der Tasche haben sowie Erfahrungen im Segment der operativen Tätigkeit aufweisen. Damit können sie im Rahmen der Entwicklung einer kundengruppenorientierten Allfinanzberatung als flexible „Allrounderin" eingesetzt werden. Andererseits gibt es Chancen für jene Frauen, die über die Basisqualifikationen hinaus Fachqualifikationen abschließen konnten und denen in Personalbeurteilungen fachliche Potentiale sowie erfolgreiches Absolvieren innerbetrieblicher Karrierepfade bescheinigt werden. Ihre Chancen liegen sowohl in den an Bedeutung gewinnenden spezialisierten Tätigkeiten in der Finanzberatung vermögender Privat- oder Geschäftskunden als auch in Führungspositionen im Spektrum betrieblicher Hierarchien.

Allerdings werden diese Chancen auf Verstetigung weiblicher Erwerbsarbeit durch gegenläufige Faktoren konterkariert und begrenzt. So stehen im Prozeß der Dezentralisierung und Enthierarchisierung von bislang integrierten Arbeitsorganisationen bei gleichzeitiger Zentralisation unternehmensstrategischer Organisationsstrukturen zum Teil jene mittleren Managementebenen verstärkt zur Disposition, in denen karriereorientierte Ost-Frauen gerade angekommen sind. Dies könnte u.U. mit einem hierarchischen Abstieg oder im Extremfall einer Gefährdung der Erwerbsarbeit verbunden sein. Des weiteren gilt in den spezialisierten Kundenberatungen eine an die Unternehmens- und Kundenbedürfnisse zunehmend flexibel angepaßte Arbeitszeit. Dieser Arbeitszeitmodus ist allerdings zwiespältig gerade für Frauen mit (Klein)Kindern: Für sie könnte der in den flexibilisierten Arbeitszeitverhältnissen eingelagerte zeitliche Spielraum für eine Balance zwischen Berufs- und Privatleben (Goldmann 1997: 162) vielfach auf eine Restgröße zusammenschnurren (vgl. Heintz/Nadai/Fischer/Ummel 1997: 243). Sowohl feststehende öffentliche Zeitstrukturen, nicht flexibilisierbare Lebensrhythmen der Kinder und traditionelle „private" Arbeitsteilungsarrangements sind hierfür die Argumente. Und schließlich trifft die Wegrationalisierung manueller Tätigkeiten infolge einer vergleichsweise konsequenten Automatisierung von Routinetätigkeiten vor allem ältere und niedrig qualifizierte Frauen.

*Zwischenresümee*

In der LBB waren in den Institutionentransfer von West nach Ost Gelegenheitsstrukturen für die Erwerbsarbeit von Ost-Frauen eingelagert, die als betriebliche Integrationsbrücken charakterisiert werden können. Dies bezieht sich vor allem auf die Garantie des Arbeitsplatzes für die überwiegend weiblichen Ost-Beschäftigten, auf den Transfer von klar umrissenen Arbeitstätigkeiten und hierarchischen Arbeitsteilungen sowie auf die betriebliche Qualifizierungsoffensive. Sie stellten für die weiblichen Ost-Beschäftigten chancenreiche Fixpunkte für ihre berufliche Eingliederung in die neuen Unternehmensstrukturen dar. Ost-Frauen nutzten diese stabile Konstruktion der betrieblichen Integrationsbrücken. Sie erarbeiteten sich ein neues berufliches Plateau und konnten sich vielfach in mittelhierarchischen Erwerbspositionen, z.T. darüber hinaus, verankern. Dabei wurden vertikale geschlechtliche Arbeitsmarktsegregationen ein stückweit zu Gunsten von Frauen verschoben, gleichzeitig wurden Tendenzen eines Differenzierungsprozesses zwischen ihnen selbst sichtbar.

Allerdings gerieten spätestens mit der Gründung der Berliner Bankenholding durch Dezentralisationsprozesse besonders jene mittelhierarchischen Positionen, aber auch niedrig qualifizierte Tätigkeiten, von Frauen unter Druck: Tätigkeitsprofile werden (nochmals) neu geschnitten, hierarchische Arbeitsorganisationen modifiziert und/oder gänzlich verändert. Darüber hinaus deutet sich an, daß die betrieblicherseits verstärkt eingeforderten Arbeitszeitflexibilisierungen gerade für Frauen mit (Klein)Kindern janusköpfig sind. Diese Prozesse hinterfragen erneut die geschlechtlichen Zuschnitte von Erwerbsarbeit. Gleichzeitig aber eröffnen sich unter der Bedingung eines fast geschlossenen internen Arbeitsmarktes besonders in den Segmenten der Allfinanzberatung sowie der spezialisierten Kundenberatung neue Erwerbsarbeitsfelder für Frauen.

## 3. Von Uneindeutigkeiten der Restrukturierung geschlechtlicher Erwerbsarbeit II: Geschäftsbereich Personenbahnhöfe als „Visitenkarte" der Deutschen Bahn AG

Das Untersuchungsfeld Deutsche Bahn AG ist mit Blick auf geschlechtliche Erwerbsarbeitsstrukturen ein spezifischer Fall. Hervorgehoben werden sollen drei Punkte, die für die folgende Erörterung von Aspekten der Gelegenheitsstrukturen relevant erscheinen.

Erstens ist die seit dem 1.1.1994 existierende DB AG (Zwischen-)Resultat des Fusionsprozesses von Deutscher Bundesbahn (DB) und Deutscher Reichsbahn (DR). Er war durch eine umfassende Neugliederung beider Unternehmensstrukturen gekennzeichnet und stellte gleichzeitig den Ausgangspunkt weiterführender komplexer betrieblicher Reorganisationen dar. Dieser Prozeß ist an dem Ziel des Wandels zweier Staatsunternehmen zu einer wirtschaftlich operierenden Aktiengesellschaft ausgerichtet. Er bildet sich in Zeitabschnitten ab. So erfolgte von 1990 bis 1992 in der DR ein Dezentralisations- und Konzentrationsprozeß betrieblicher Organisationen mit - im Vergleich zur DB - schon zielgerichteter Ausrichtung der Organisationsstrukturen auf Geschäftsfelder. Verstärkt seit 1994 wurde auf diese dezentrale Unternehmensorganisation mit einzelwirtschaftlicher Optimierung der einzelnen Unternehmenseinheiten[13] bei gleichzeitiger Verzahnung der innerbetrieblichen Arbeitsteilung in Gestalt der Holding Wert gelegt. Sie ist für Finanz-, Technologie- und (Personal-)Managementsynergien verantwortlich (vgl. Frey/Kohlmetz 1998). Diese gleichzeitige Umgestaltung von DR und DB sowie die forcierte betriebliche Reorganisation ab 1994 in der DB AG implizierte brüchige und diskontinuierliche Um- bzw. Aufbauprozesse von arbeitsorganisatorischen Strukturen in den Unternehmenseinheiten sowie den in ihnen verankerten hierarchischen Tätigkeitsprofilen und Qualifikationsanforderungen.

Zweitens muß für die DB AG im Vergleich zur LBB ein in den einzelnen Geschäftsbereichen unterschiedlicher, generell aber niedrigerer horizontaler wie vertikaler weiblicher Segregationsgrad konstatiert werden (Peinl 1998). Die DR, in der DDR mit einem 32%igen Frauenanteil an den Beschäftigten

---

[13] Im Rahmen der Bahnreform wurden zunächst folgende Geschäftsbereiche gegründet: Personenbahnhöfe, Personennah- und Fernverkehr, Ladungs- und Stückgutverkehr, Netz und Bahnbau sowie Traktion und Werke (Deutsche Bahn AG 1994: 105).

ein mittel männlich segregiertes Unternehmen (vgl. Quack/Maier/Schuldt 1992: 3), ging zum 1.1.1994 mit einem Frauenanteil von 26,4% in die DB AG; bei der Deutschen Bundesbahn betrug er 6,9%.

Drittens schließlich war der Unternehmensumbau bis Ende 1993 mit einem massiven und eindeutig zuungunsten von weiblichen Ost-Beschäftigten ablaufenden Personalabbau verbunden (Peinl 1998). Er wurde auch im darauf folgenden Zeitrahmen der betrieblichen Transformation fortgesetzt, allerdings ohne diese eindeutige geschlechtliche Schieflage (ebenda).

Die folgende Diskussion betrieblicher Gelegenheitsstrukturen für Frauenerwerbsarbeit in der DB AG zielt auf einen weiteren Einblick in unternehmensspezifische Bedingungen und Prozesse der Neu-Schneidungen geschlechtlicher Erwerbsarbeit. Da allerdings die DB AG durch den forcierten Ausbau ihrer dezentralen Unternehmensorganisation hinsichtlich der sich verändernden Aufgaben- und Tätigkeitsstrukturen, der Arbeitsorganisationen sowie der hierarchischen Positionen zu differenziert für generelle Aussagen ist, soll diese Frage anhand ostdeutscher Niederlassungen des zum 1.1.1994 gegründeten Geschäftsbereichs Personenbahnhöfe erörtert werden.

Für diesen Geschäftsbereich spricht, daß er die Orientierung des Gesamtunternehmens auf kundennahe Dienstleistungen an herausragender Stelle repräsentiert. Unternehmensintern gilt er als das Eintrittstor in das Unternehmen:

„Dies ist zwar der jüngste, aber einer der wichtigsten Geschäftsbereiche. Er spielt eine entscheidende Rolle für den geschäftlichen Erfolg des Personenverkehrs und das Image des Konzerns Deutsche Bahn AG insgesamt. Für den Kunden fängt eine Reise nicht erst im Zug, sondern bereits am Bahnhof an, dem Zugang zum Zug. Außerdem sind die Bahnhöfe die Visitenkarte der Bahn..." (Dürr 1994: 18).

Diese Visitenkartenfunktion des Geschäftsbereichs Personenbahnhöfe kam in einer sehr raschen Personalrekrutierung bis zum 31.12.1995 zum Ausdruck. Die MitarbeiterInnenanzahl wuchs vom 1.1.1994 mit 3573 MitarbeiterInnen auf 7686 am 31.12.1995; im Unterschied zu anderen Geschäftsbereichen ist hier bis Ende 1995 eine ausgeprägte beschäftigungsseitige Aufbauphase festzuhalten. Bis zum 1.12.1996 verringerte sich die Anzahl der beschäftigten Personen vor allem durch beginnende Ausgründungen auf 6756.

Bei der Personalrekrutierung wurde - bezogen auf das Gesamtunternehmen - ein vergleichsweise hoher Anteil weiblicher Beschäftigter eingestellt. Der Frauenanteil wuchs vom 1.1.1995 bis 31.12.1996 von 35% auf 38,6% und betrug am 30.9.1997 36,5%. Dies differenziert sich jedoch aufgrund der unterschiedlichen geschlechtlichen Arbeitsmarktschneidungen in der DB und DR für ost- und westdeutsche Niederlassungen der DB AG erheblich aus (Abbildung 1).

Das Ende der Eindeutigkeiten

Abbildung 1: Frauenanteil im Geschäftsbereich Personenbahnhöfe sowie in seinen ost- und westdeutschen Niederlassungen vom 1.1.1995 bis 30.09.1997 (in Prozent)

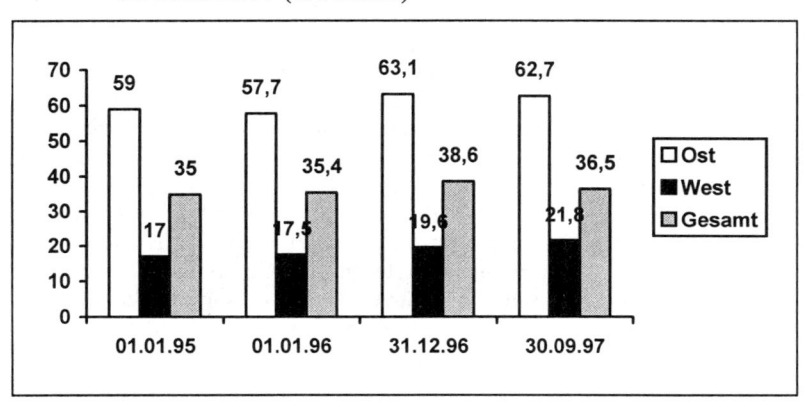

| | 01.01.95 | 01.01.96 | 31.12.96 | 30.09.97 |
|---|---|---|---|---|
| Ost | 59 | 57,7 | 63,1 | 62,7 |
| West | 17 | 17,5 | 19,6 | 21,8 |
| Gesamt | 35 | 35,4 | 38,6 | 36,5 |

Quelle: DB-interne Dokumente, eigene Darstellung

Parallel zur Personalrekrutierung erfolgte ein zügiger Aufbau der Geschäftsbereichsstrukturen. Dabei wurde in den ersten beiden Geschäftsjahren 1994/1995 der Schwerpunkt auf die Sanierung von größeren Bahnhöfen und vor allem auf den Ausbau von Servicefunktionen gelegt. Stichpunkte hierfür waren u.a. die Intensivreinigungen der Bahnhöfe und Installationen von Service-Treffs, Service-Points und 3-S-Zentralen zur kundenorientierten Steuerung von Service, Sicherheit und Sauberkeit. Ab dem 1.1.1996 wurde folgende Organisationsstruktur eingeführt: zentrale Geschäftsbereichsleitung, Bahnhofsbetrieb und Bahnhofsentwicklung. Der Bahnhofsbetrieb umfaßt die Betreuung der Reisenden, der Besucher sowie der Pächter und Mieter. Die Bahnhofsentwicklung verantwortet die Neuanlage sowie den Ausbau einzelner Personenbahnhöfe unter Einbeziehung relevanter Stadtplanungsaspekte.

*Personalrekrutierungen mit Rückgriff auf horizontale wie vertikale geschlechtliche Arbeitsmarktsegregationen in der Deutschen Reichsbahn*

Die ostdeutschen Niederlassungen der Personenbahnhöfe rekrutierten aufgrund des bislang geltenden Unternehmensverzichts auf betriebsbedingte Kündigungen die MitarbeiterInnen mit Ausnahme spezialisierter Fachkräfte auf dem internen, durch Stellenreduzierungen gekennzeichneten, Arbeitsmarkt. Mit den Stellenausschreibungen waren daher vorrangig Beschäftigte anderer Geschäftsbereiche und ihrer Restrukturierungsabteilungen[14] angesprochen. So berichtete eine jetzige Service-Point-Mitarbeiterin:

„Durch Zufall bin ich an dieses Ausschreibungsblatt gekommen und - bub! - habe ich gesagt, das ist es! Service-Point" (501/149).

Diese Personalrekrutierung griff auf die überkommene geschlechtliche horizontale wie vertikale Arbeitsmarktsegregationen der DR zurück. Hier waren Technologinnen, Verkehrsingenieurinnen oder auch Zugführerinnen keine betrieblichen Raritäten; in Personalabteilungen oder in den Fahrkartenausgaben der DR arbeiteten fast ausschließlich Frauen; Zugbegleiterinnen, Zugführerinnen oder auch weibliches Bahnhofspersonal gehörten ebenfalls zum normalen Betriebsalltag. Diese im Vergleich zur DB „etwas andere Art" der Arbeitsmarktschneidungen diffundierte in die Geschäftsbereiche und fungierte zunächst als Schutzfunktion für Frauenerwerbsarbeit. Sie manifestierte sich in einem vergleichsweise hohen Anteil von Frauen an den Beschäftigten (vgl. Abbildung 1). So schätzt eine Mitarbeiterin der Personalwirtschaft ein:

„... so Neueinstellungen ... haben wir ja nicht vorgenommen. Wir haben ja nur immer innerhalb der Bahn verschoben, versetzt, ... Die sind noch alle da, die Frauen. Die hatten hier wahrscheinlich bei der Bahn eine längere Überlebenschance, als wahrscheinlich sonst draußen in der Wirtschaft irgendwo (509/1466).

## 4. Integrations- und Desintegrationskräfte der Verstetigung von Frauenerwerbsarbeit

Dieses Ausgangsplateau geschlechtlicher Beschäftigung der Personenbahnhöfe wird an seinen im Fluß befindlichen Organisationsstrukturen sowie den darin eingelagerten Arbeitstätigkeiten sowie -anforderungen neu geschnitten.

*Exkurs: Betriebliche Reorganisationen - erwerbsbezogene Diskontinuitäten*

Die radikalen Reorganisationsprozesse des Unternehmens, die damit verbundenen Modifizierungen bzw. gänzlich neuen Strukturierungen von Organisationseinheiten, hierarchischen Arbeitsorganisationen und letztlich Arbeitstätigkeiten wurden auf der Ebene der individuellen Erwerbsverläufe als Diskontinuitäten thematisiert.

---

14  Siehe den Beitrag von Hasko Hüning und Ulrike Stodt im vorliegenden Band.

Die Beschäftigten der Personenbahnhöfe erfuhren diese Diskontinuitäten u.U. mehrfach: Ihr Wechsel in den Geschäftsbereich erfolgte häufig infolge von Tätigkeitsveränderungen in anderen Geschäftsbereichen, die für sie nicht mehr akzeptabel waren, oder aber eines (antizipierbaren) Arbeitsplatzverlustes, der die Versetzung in eine der Restrukturierungsabteilungen zur Folge hatte (bzw. hätte). Des weiteren waren um Zuge der Konzeptionalisierung und des Neuaufbaus des Geschäftsbereichs Personenbahnhöfe die Tätigkeitszuschnitte nicht von vornherein stabil, sondern unterlagen zunächst einer - siehe neue Organisationsstruktur zum 1.1.1996 - relativ stetigen Veränderung.

Diese wechselnden Arbeitsaufgaben, -tätigkeiten sowie hierarchischen Positionen wurden von den Beschäftigten folgendermaßen wahrgenommen:

„Es kam immer die nächste Strukturänderung. Man ist von einer Struktur in die andere gestolpert und hat heute ... noch Restsachen aus der ersten Struktur" (505/51).

Eine Service-Point-Mitarbeiterin erzählt:

„Es waren jeden Tag neue (Anweisungen -I.P.), es kamen neue Aufträge und neue Mitteilungen und das mußte man natürlich jeden Tag lesen, ja. Es war nicht so, wenn man sagte, gestern war es so, dann heißt es nicht, daß es morgen noch so ist, ja" (508/295).

Schließlich wünscht sich ein Teamchef einer 3-S-Zentrale

„... daß wir endlich Ruhe reinkriegen. ... Aber auch mal so einfach dieses, auch in den anderen Geschäftsbereichen, daß man einfach mal weiß, Mensch, der sitzt da und vielleicht bleibt's ja nun auch mal so eine Weile" (506/1535).

Deutlich wird: Der betriebliche Raum des Geschäftsbereichs Personenbahnhöfe war in dieser ersten Transformationsphase mit vielfach unbekannten oder nur schemenhaft zu erkennenden Markierungen ausgestattet. Vielfach blieb in ihm wenig von dem, was gestern noch galt: Vertraute, mit Berufskenntnissen und -erfahrungen gesättigte Arbeitstätigkeiten schienen den MitarbeiterInnen ebenso wie hierarchische Arbeitsteilungsprozesse durch den z.T. mehrmaligen Wechsel von Geschäftsbereichen und/oder Tätigkeiten fragil. Dadurch wurde das berufliche Entscheidungshandeln der MitarbeiterInnen äußerst ambivalent. Während einerseits Verunsicherungen, Desorientierungen und Demotivationen festzustellen waren, eröffneten sich andererseits berufliche Handlungs- und Gestaltungsspielräume jenseits zentralisierter Vorgaben. Das Ausschreiten dieser Spielräume erforderte das Training eines im Zuge der betrieblichen Umgestaltung an Bedeutung gewinnenden „aufrechten beruflichen Gangs": Gemeint ist die unternehmenseffiziente und marktkompatible Selbstorganisation und Eigenverantwortlichkeit des beruflichen Handelns.

## Differenzierungen von Frauenerwerbsarbeit qua Berufsqualifikation

1990 konnten die DR-Beschäftigten zu ca. 72 Prozent auf eine eisenbahnspezifische Fachausbildung verweisen. Des weiteren hatten 1990 13 Prozent der Beschäftigten einen Meister-, Fachhochschul- oder Hochschulabschluß; zum großen Teil ebenfalls in eisenbahn- bzw. verkehrstechnischen Fachdisziplinen.

Daher verfügte auch die Mehrheit der Reichsbahnerinnen zumindest über Grundlagenkenntnisse der vielfältigen Facetten des Eisenbahnbetriebes, die aufgrund der ähnlichen Betriebsphilosophien beider Bahnen und der annähernd gleichen Tätigkeitszuschnitte nach 1990 nicht entwertet wurden. Hinzu kamen die profunden Berufserfahrungen; beide - Grundlagenkenntnisse und Berufserfahrung - erwiesen sich für die Reichsbahnerinnen als wesentliche Voraussetzungen für den Erhalt ihrer Arbeit. Im folgenden soll das entlang des Niveaus der Berufsqualifikationen diskutiert werden.

Gerade im Rahmen des Aufbaus des Bahnhofsbetriebes und der damit verbundenen betrieblichen Nachfrage nach Führungskräften eröffneten sich (z.T. hochdotierte) berufliche Chancen für professionalisierte und karriereorientierte Ost-Frauen. Herausragendes Beispiel hierfür ist die Führungsposition der BahnhofsmanagerIn mit weitreichenden betrieblichen Verfügungs- und Weisungsbefugnissen: Während für den gesamten Geschäftsbereich der weibliche Anteil an den BahnhofsmanagerInnen für 1997 bei 20,5% lag, betrug er in den ostdeutschen Niederlassungen 38,1% (Schwarz 1998: 66). Über den Prozeß der Personalrekrutierungen berichtete eine Personalsachbearbeiterin:

„Auch wir haben ... '96 ... diese Managementbereiche durch die Umstrukturierung gebildet und da waren ja etliche Ausschreibungen, sind fast alles Frauen, die Leiter, die Bahnhofsmanager, fast alles Frauen. ... es sind bloß ein paar Männer, es sind fast alles Frauen. ... Ja, es haben sich sehr viele Frauen beworben, ja, die dann irgendwo jetzt auf der Strecke geblieben sind... Ja, und die haben dann echt die besseren Karten gehabt. Auch bei Vorstellungsgesprächen. Also da haben wir fast nur Frauen eingestellt" (509/909).

Es zeigte sich, daß das berufliche Kapital weiblicher Führungskräfte der DR nach 1990 seine Gültigkeit weitgehend behielt. Diese Frauen legten schon in DDR-Zeiten die heute im wesentlichen anerkannten Fachschul- bzw. Hochschulzertifikate ab und lernten die formellen, informellen sowie subtilen Mechanismen distributiver sowie relationaler betrieblicher Macht kennen (vgl. Kreckel 1997: 19f). D.h.: Ihnen sind wichtige Mechanismen der betrieblichen Verteilung materieller und immaterieller Ressourcen etwa in Form von Budgets, Wissen oder auch Informationen bekannt. Sie wissen um die immense Bedeutung ihrer funktionierenden beruflichen Netzwerke sowie sozialer Beziehungen und Interaktionen für die Aneignung dieser Ressourcen zugunsten der Abteilungen, KollegInnen oder ihrer selbst. Dieses berufliche Kapital wird nach 1990 für betriebliche Synergie- und Effizienzeffekte aufgegriffen und genutzt. So erhalten die weiblichen Führungskräfte Zusatzqualifikationen, in denen neue strategische Berufskenntnisse und zukunftsrelevante Schlüsselqualifikationen vermittelt werden. Von einer Mitarbeiterin der Personalwirtschaft wird die Exklusivität dieser spezifischen Qualifikation hervorgehoben: Während sie die Weiterbildung für Beschäftigte mit operativen Tätigkeiten als „...eigentlich tätigkeitsbezogen" charakterisierte, schilderte sie die Anforderungen an Führungskräfte in den Weiterbildungen wie folgt:

„... die leitenden Stellungen, die hatten natürlich dann nachher Kostenstellenverantwortung, ..., mit Controlling-Lehrgängen und so, die mußten dann schon mehr Schulungen absolvieren, um jetzt allround ein bißchen überall reinriechen zu können. Da gab es dann irgendwelche Lehrgänge Rhetorik und alles solche Sachen..." (509/1019).

Des weiteren erhielten Frauen mit einer fachlichen Basisqualifikation gute Gelegenheiten auf Verstetigung ihrer Erwerbsarbeit. Sie wurden vorrangig an den kundennahen Schnittstellen marktnaher Dienstleistungen eingesetzt, also in Reisezentren, Service-Points oder auch 3-S-Zentralen. Hier befinden sich „... mehr Frauen als Männer" (504/148). 62,8% aller MitarbeiterInnen des Bereichs Bahnhofsmanagement sind Frauen (37,2% für den gesamten Geschäftsbereich) (Schwarz 1998: 68).

Damit ist ein Großteil ihrer Arbeitstätigkeiten im Segment des direkten Kundenberatungsdienstes (vgl. für die Finanzdienstleistungen Oberbeck 1997: 133) angesiedelt. Sie beziehen sich auf moderne Informations- und Kommunikationstechnologien eher peripher, d.h. im Sinne einer Unterstützungsfunktion für die originäre Tätigkeit der unmittelbaren Kundenberatung. Lebendige Arbeitskraft wird in diesem Bereich eingesetzt, um mit sozialer Kompetenz, Selbstzurücknahme, Geduld und Herstellung konsensualer (Arbeits)Situationen professionell beratend, flexibel und ökonomisch effizient auf differenzierte Kundenwünsche einzugehen. Diese Dienstleistungsarbeit wird unternehmensseitig eher Frauen als Männern zugeschrieben und übertragen. Dabei wird offenkundig im Rekurs auf traditionelle geschlechtshierarchische Arbeitsteilungsprozesse zwischen Produktion und „privater" Reproduktion davon ausgegangen, daß mehrheitlich Frauen ein Arbeitsvermögen im sog. privaten Reproduktionsbereich entwickeln, das kompatibel in der bahnspezifischen, kundInnennahen Dienstleistungsproduktion eingesetzt werden kann. Die Qualifikationsangebote an jene Frauen (Einstiegskurse und Servicetrainings) vermitteln enge, ausschließlich auf die Tätigkeit bezogene, Kenntnisse und Fertigkeiten. Weiblich konnotierte Dienstleistungsarbeit avanciert unter diesen Gesichtspunkten zu einem Faktor ausschließlich ökonomischer Unternehmenseffizienz.

Diese Dienstleistungstätigkeiten von Frauen sind ambivalent, vor allem auch hinsichtlich der Gefahr einer beruflichen, nur über einen schmalen Korridor zu den 3-S-Zentralen zu verlassende, Sackgasse. Deren Parameter sind u.a. enge berufliche Grundqualifikationen, geringe Entscheidungsbefugnisse und hohe physische wie psychische Belastungen. So bezeichnen sich Frauen in den Service-Points als „... die Mutter der Nation" (501/327), die „... hier am Point ... nicht selber entscheiden" (501/245) dürfen. Sie beschreiben ihr Aufgabenspektrum u.a. mit „Zugauskünfte erteilen", Fragen der Reisenden beantworten wie

„... ist meine Fahrkarte richtig, fährt mein Zug auch heute wirklich, gibt es Veränderungen..., wie ist der Service im Zug..." (501/320).

Sie arbeiten im Schichtdienst, sind gerade bei Störungen des Betriebsablaufs wie Zugverspätungen der Hektik und Nervosität der Kunden ausgesetzt, dürfen aber aufgrund der Kundenorientierung nicht ihr „... Gesicht mal zwei Minuten loslassen" (504/1302).

Zum dritten hingegen steht niedrig qualifizierte Erwerbsarbeit von Frauen zur Disposition. So werden laut Personalabteilung ehemalige Fahrkartenverkäuferinnen,

„... das waren früher mal wirklich attraktive Posten, aber das ist dann weggefallen ..." (509/2036)

zur Reisendensicherung eingesetzt, die als monotone, wenig geistig-produktive Tätigkeit beschrieben wird:

„Die sind auf Bahnhöfen, wo jetzt wirklich keine Tunnel sind und keine Warnanlagen, da muß eben darauf geachtet werden, daß die Leute nicht in die Gleise springen, ja. Das ist kein erfüllender Job, das muß eben gemacht werden" (ebenda). Diese Tätigkeit führen überwiegend Frauen aus „ ... und da sitzen eben überwiegend Frauen" (ebenda).

Diese Art der Tätigkeit fällt laut Bauplanung der Personenbahnhöfe spätestens im Jahr 2003 weg.

## *Von Ambivalenzen flexibler Arbeitsverhältnisse*

Die für den Bahnhofsbetrieb zentralen Service-Stellen werden mit Schichtarbeitszeiten ausgeschrieben: „... wir können eben halt nur Schichten anbieten" (509/1160). Diese betriebliche Arbeitszeitangebotsstruktur teilt die Chancen auf Verstetigung der Erwerbsarbeit zwischen Frauen offenbar nachhaltig, da junge Frauen mit Kleinkindern

„... in ihren eigentlichen Beruf ja gar nicht mehr zurückgehen konnten. Sprich, man hat diesen jungen Frauen oder Müttern angeboten, in den Schichtdienst zu gehen. Wer kann das schon als junge Mutter? Also wurde ihnen angeboten, einen Aufhebungsvertrag zu machen oder es wurde ihnen eine Abfindung angeboten .... Demzufolge sind viele auch von der Bahn weggegangen" (501/819).

Dieser Befund unterstreicht das Ergebnis aus der Betriebsfallstudie der LBB (vgl. Kapitel 2.2). Gerade den Frauen mit Kleinkindern stehen am ehesten Tendenzen einer Asynchronität des flexibilisierten beruflichen und nichtflexibilisierten außerberuflichen Lebens (z.B. Öffnungszeiten von Kinderbe-

Das Ende der Eindeutigkeiten

treungs- oder Kaufeinrichtungen) im Wege. Es gelingt ihnen z.T. nicht, die privat organisierten Kinderbetreuungskonfigurationen zeitlich porenfrei mit den eigenen betrieblichen Arbeitszeiten zu koppeln.

Darüber hinaus wirken diese desintegrativen Tendenzen für die Erwerbsarbeit aufgrund versämtlichender Geschlechtsstereotype (Knapp 1993) generell zuungunsten von Frauenerwerbsarbeit:

„Es werden heute lieber Männer genommen, die Männer sind unabhängiger, die haben nicht die Familie so am Bein und die Kinder" (505).

*Zwischenresümee*

Der Geschäftsbereich Personenbahnhöfe spiegelt auf eine spezifische Weise die komplexe betriebliche Reorganisation der DB AG mit brüchigen Um- und Aufbauprozessen sowie mehrfachen Veränderungen der Tätigkeitsprofile und Arbeitsorganisationen wider. In ihnen sind zwiespältige, integrativ wie desintegrativ wirkende, Gelegenheitsstrukturen für Frauenerwerbsarbeit verankert.

Die beschäftigungsseitige „Aufbauphase" des Geschäftsbereichs war eine eindeutige Chance für Ost-Frauen. Sie differenziert sich jedoch im Zuge des zügigen Auf- und Ausbaus von marktfähigen Produktlinien personengebundener Dienstleistungen aus. Dies bedeutet zum einen, daß Frauen vom Ausbau des zentralen Geschäftsbereichssegments der internen wie externen Dienstleistungstätigkeiten auf unterschiedlichem hierarchischen Niveau profitieren. Zum anderen jedoch ist diese Chance ambivalent: Einerseits baut sich ein Spannungsfeld innerhalb der Frauenerwerbsarbeit auf, nämlich zwischen niedrig qualifizierten beruflichen Sackgassen- und professionalisierten Tätigkeiten. Andererseits können sich nur jene (hoch)qualifizierten Frauen in den Erwerbsarbeitsstrukturen halten, die sich in ihrer Lebenswelt mit den flexibilisierten Arbeitserfordernissen des Unternehmens arrangieren können. Es sind also erwerbsbezogene Differenzierungsprozesse zwischen Frauen selbst zu konstatieren; gering qualifizierte, ältere und jüngere Frauen mit Kindern haben kaum eine Chance auf Verstetigung ihrer Erwerbsarbeit.

## 5. Fazit: Unternehmensspezifische Gelegenheitsstrukturen für Frauenerwerbsarbeit: Wider einfache Dualismen

Die empirischen Ergebnisse zeigen: Die Frage nach den in den Reorganisationsprozessen von Dienstleistungsunternehmen eingelagerten Gelegenheitsstrukturen für Frauenerwerbsarbeit ist mit dem Signum der sich umbrechenden Gegenwart (Kurz-Scherf) zu beantworten: mit dem der Ambivalenz. Es wurde gezeigt, daß in den beiden Unternehmen die betrieblichen Personal(entwicklungs)strategien an dem anderen „Gewordensein" geschlechtlicher Arbeitsmarktsegregation der ostdeutschen Niederlassungen ansetzten. Dies erwies sich trotz aller unternehmensspezifischen Besonderheiten als eine bedeutsame Gelegenheit für die Fortsetzung von Frauenerwerbsarbeit. Unter Ausnutzung ihres „Heimvorteils" (Nickel) konnten sich Frauen Ausgangspositionen schaffen, die je nach Zeitverlauf der unternehmensspezifischen Umgestaltungen wieder hinterfragt werden. Für diese Prozesse ist festzuhalten, daß in ihnen jenseits aller Vereinfachungen gleichzeitig wirkende Integrations- und Desintegrationstendenzen für Frauenerwerbsarbeit existieren. Diese halten die Beantwortung der Frage nach zukünftigen geschlechtlichen Beschäftigungslinien in Dienstleistungsunternehmen ein stückweit offen. Sicher scheint, daß traditionelle und griffige Formeln von „den" Frauen und „den Männern" (Goldmann 1997: 168), zumal in klassischen und ungebrochenen hierarchischen Verhältnissen, diese uneindeutigen geschlechtlichen Beschäftigungslinien nur unscharf abbilden.

## Literatur

Statistisches Bundesamt (1991-95): Bevölkerung und Erwerbstätigkeit. Fachserie 1, Reihe 4.2.1

Claus, M. (1994): Zur Situation früherer Ostberliner Sparkassenzweigstellenleiterinnen im Transformationsprozeß. Unveröffentl. Diplomarbeit an der Humboldt-Universität zu Berlin

Die Deutsche Bahn AG, Zentralbereich Konzernkommunikation (1994): Die Bahnreform. Frankfurt/Main

Deutsche Bahn AG, Zentralbereich Konzernkommunikation (1995): Informationen für die Mitarbeiterinnen und Mitarbeiter des Geschäftsbereichs Personenbahnhöfe vom 28.11.1995

Deutsche Bahn AG (1996): Geschäftsbericht 1996

Aulenbacher, B. (1996): Die Fabrik der Zukunft und ihre geschlechtsspezifischen Konturen. Anmerkungen zur Arbeitskultur. In: Modelmog, I./ Kirsch-Auwärter, E.: Kultur in Bewegung. Beharrliche Ermächtigungen. Freiburg; S. 243-263

Barbarino, I. (1986): Sozialstrukturelle Veränderungen in Angestelltengruppen unter den Bedingungen des Einsatzes informationsverarbeitender Technik. Dissertation A, Akademie für Gesellschaftswissenschaften beim ZK der SED, Institut für marxistisch-leninistische Soziologie. Berlin

Bosch, G. (1998): Ist Vollbeschäftigung nur auf Kosten des sozialen Gleichgewichts möglich? Empirische Befunde zu einem wirtschaftsliberalen Mythos. In: Ders.: Zukunft der Erwerbsarbeit. Strategien für Arbeit und Umwelt. Frankfurt/M./ New York, S. 217-244

# Das Ende der Eindeutigkeiten

Dürr, H. (1994): Bahnreform. Chance für mehr Schienenverkehr und Beispiel für die Modernisierung des Staates. Heidelberg

Frey, M./ Kohlmetz, I. (1998): Transformationen der Strukturen - Strukturen der Transformation. Entwicklungslinien und -dynamik der betrieblichen Integration und Transformation von Reichsbahn und Bundesbahn zur Deutschen Bahn AG. In: Hüning/Nickel u.a., a.a.O.

Goldmann, M. (1997): Globalisierungsprozesse und die Arbeit von Frauen im Dienstleistungsbereich. In: Altvater, E./ Haug, F./ Negt, O. u.a.: Turbo-Kapitalismus. Gesellschaft im Übergang ins 21. Jahrhundert. Hamburg; S. 155-170

Heintz, B./Nadai, E./Fischer, R./Ummel, H. (1997): Getrennte Welten. Ursachen, Verlaufsformen und Folgen der geschlechtsspezifischen Segregation des Arbeitsmarktes. Frankfurt/Main

Hüning, H./Nickel, H. M. (Hrsg.) (1998): Finanzmetropole Berlin. Strategien betrieblicher Transformation. Opladen

Hüning, H./ Peinl, I./Walter, I. (1997): Suche und Balance. Zu Handlungsmustern ostdeutscher Frauen im betrieblichen Transformationsprozeß. In: Hüning, H./ Nickel, H. M. (Hrsg.): Großbetrieblicher Dienstleistungssektor in den neuen Bundesländern. Opladen; S.155-174

Nickel, H. M./Hüning, H. u.a. (1998): Themenschwerpunkt: Transformation - betriebliche Reorganisation - Geschlechterverhältnisse. In: Zeitschrift für Frauenforschung Nr. 1/2

Kallabis, J. (1995): Entwicklungstendenzen im Privatkundengeschäft der Banken und die Integration Ost/West. In: Hüning, H./Nickel, H. M. u.a. (1995). a.a.O., S. 51-56

Knapp, G. A. (1993): Segregation in Bewegung: Einige Überlegungen zum „Gendering" von Arbeit und Arbeitsvermögen. In: Hausen, K./Krell, G.: Frauenerwerbsarbeit. München; S. 25-43

Kreckel, R. (1997): Politische Soziologie der sozialen Ungleichheit. Frankfurt/New York

Kurz-Scherf, I. (1997): Wenn Arbeit entbehrlich wird. Zur "Krise der Arbeitsgesellschaft" im "Zeitalter der Globalisierung". In: WSI-Mitteilungen, S. 41-56

Meyer, T. (1997): Im Schatten der Krise. Über das "Ende der Dienstleistungsgesellschaft" und die öffentliche Dienstleistung von Frauen. In: Kerchner, B./Wilde, G.: Staat und Privatheit: Aktuelle Studien zu einem schwierigen Verhältnis. Opladen; S. 239-257

Nickel, H. M. (1997): Der Transformationsprozeß in Ost- und Westdeutschland und seine Folgen für das Geschlechterverhältnis. In: Aus Politik und Zeitgeschichte. Beilage zur Wochenzeitung Das Parlament B 51/97, S. 20-29

Peinl, I. (1998): Aspekte ambivalenter Gelegenheitsstrukturen für Frauenerwerbsarbeit in ostdeutschen Niederlassungen der Deutschen Bahn AG. In: Hüning/Nickel u.a., a.a.O.

Quack, S./Maier, F./Schuldt, K. (1992): Berufliche Segregation in der BRD und der ehemaligen DDR. Berlin: Bericht für die EG-Kommission Generaldirektorat V, Gleichstellungsstelle

Regenhard, U. (1997): Dezentralisierung als Schritt zum Abbau der Geschlechterhierarchie? Anmerkungen zur Enthierarchisierung der Geschlechterdifferenz bei betrieblicher Restrukturierung. In: WSI Mitteilungen 1, S. 38-50

Sauer, D./ Döhl, V. (1997): Die Auflösung des Unternehmens? - Entwicklungstendenzen der Unternehmensreorganisation in den 90er Jahren. In: ISF, INIFES, IfS, SOFI: Jahrbuch sozialwissenschaftliche Technikberichterstattung 1996. Schwerpunkt: Reorganisation. Berlin; S. 19-76

Schwarz, D. (1998): "... Frauen fällt der Dienstleistungsgedanke etwas leichter als Männern...". Zur Dienstleistungsorientierung des Geschäftsbereichs Fernbahnhöfe (Report). In: Bulletin Nr. 16 des Zentrums für interdisziplinäre Frauenforschung der Humboldt-Universität zu Berlin, S. 60-73

Stodt, U. (1998): Datenanalyse: Mikrozensus. Unveröffentlichtes Arbeitspapier des DFG-Projekts "Frauen im betrieblichen Transformationsprozeß" an der Humboldt-Universität zu Berlin, S. 1-12

Zinn, K. G. (1997): Von der tertiären Zivilisation in die tertiäre Krise. Zum Verhältnis von Dienstleistungen und Produktion. In: Zinn, K. G.: Jenseits der Markt-Mythen. Wirtschaftskrisen: Ursachen und Auswege. Hamburg; S. 98-121

*Alexandra Manske/Hanna Meißner*

# „Und wer wollte, wer möchte, wer will, hat seine Chance auch gehabt." Ehemalige Ostberliner Zweigstellenleiterinnen im betrieblichen Umstrukturierungsprozeß der Landesbank Berlin

## I. Problemaufriß

Im Brennglas der Fusion der Berliner Sparkassen Ost und West läßt sich erkennen, wie betriebliche Veränderungen und Restrukturierungen zu neuen Differenzierungslinien unter den Beschäftigten führen. Dieser Prozeß wird von einem Individualisierungsschub begleitet, da die berufliche Entwicklung zunehmend zu einer individuellen Herausforderung wird. Im Mittelpunkt dieses Beitrags stehen ehemalige Zweigstellenleiterinnen der Sparkasse der Stadt Berlin (Ost), die 1990 ihrer damaligen Position enthoben und zu Stellvertreterinnen gemacht wurden. Die Herabstufung wurde von ihnen als Bruch in ihrer Erwerbsbiographie empfunden, den sie individuell durch erhebliche Anpassungleistungen bewältigen mußten. Diese Anpassung bezog sich zunächst auf die Anforderungen der institutionellen Ost-West-Angleichung im Sinne einer Integration der Ostberliner Sparkasse in den Rahmen einer westdeutschen Betriebsstruktur: Mit der Übernahme der Sparkasse Ost setzte in diesem Betriebsteil ein Prozeß der Restrukturierung und Modernisierung ein. Durch den Transfer von westlichem Institutionengefüge und Know-how sollte den Marktanforderungen an einen rationalisierten, modernen Finanzdienstleistungsbetrieb Rechnung getragen werden. Von Seiten der Landesbank Berlin (LBB) war das zugrundeliegende Konzept der Fusion der beiden Sparkassen eine umfassende Integration unter westlichen Vorgaben. Dies äußerte sich in der Übernahme (nahezu) aller Ost-Beschäftigten, der vergleichsweise schnellen Angleichung der Gehälter an das westdeutsche Niveau, sowie in einer umfassenden Qualifizierungsoffensive der Ost-MitarbeiterInnen. Die über die obligatorische Grundlagenschulung hinausgehenden Qualifizierungsangebote richteten sich vornehmlich an ehemalige Zweigstellenleiterinnen. So läßt sich sagen, daß der Fusionsprozeß 1990-1993/4 für diese Frauen zwar einen Bruch in ihrer Erwerbsbiographie mit sich brachte und mit enormen Anstrengungen und Umstellungen verbunden war, er jedoch aufgrund der betrieblichen (Qualifizierungs-)Maßnahmen zunächst noch in gewisser Weise abgefedert wurde. Diese Verschränkung von betrieblicher Anforderungs- und gleichzeitiger Angebotsstruktur charakterisiert die Fusionsphase gewissermaßen als *betrieblichen Schutzraum*, der den ehemaligen Zweigstellenleiterinnen die Integration in das westdeutsche Finanzunternehmen erleichterte.

Allerdings traf dieser Angleichungsprozeß der Ostberliner Sparkasse auf einen Restrukturierungsprozeß, der in den Sparkassen im Westteil der Stadt bereits vor 1989 begonnen hatte und angesichts der zu bewältigenden Fusionsanstrengungen 1999 ff zunächst in den Hintergrund trat. Nachdem 1995 die betriebliche Zusammenführung von Unternehmensseite 1995 als erfolgreich beendet betrachtet wurde, setzten daran anschließend umfassende betriebliche Umstrukturierungen ein. Angesichts der sich verschärfenden Konkurrenz, vor allem auf dem besonders ertragreichen Feld des Firmenkundengeschäfts, steht dabei eine marktgerechte Betriebsweise im Mittelpunkt. Durch diese betriebliche Modernisierung sehen sich die ehemaligen Zweigstellenleiterinnen aus dem Ostteil der Stadt mit einer zweiten Umstrukturierung ihres alltäglichen Arbeitsablaufs und mit drohender Dequalifizierung konfrontiert. Im Unterschied zum Fusionsprozeß beider Sparkassen werden jedoch von Seiten des Unternehmens keine besonderen Maßnahmen zur Abfederung bestimmter MitarbeiterInnengruppen angeboten. Während sich bereits in der Phase der Bewältigung des Fusionsprozesses Differenzierungen in der beruflichen Entwicklung der ehemaligen Zweigstellenleiterinnen abgezeichnet hatten (die sich vor allem in der Art und Weise der Bewältigung der Qualifizierungsmaßnahmen äußerten), verstärken sich offenbar die Differenzierungsprozesse im nun ablaufenden Restrukturierungsprozeß und es lassen sich neue Differenzierungslinien erkennen, die auf dauerhafte Entwicklungen schließen lassen.

Im Sommer 1997 befragten wir neun ehemalige Zweigstellenleiterinnen[1] der Sparkasse (Ost) zu ihrer Einstellung zur Erwerbsarbeit im allgemeinen und zu ihrer Verarbeitung der betrieblichen Restrukturierung im besonderen. Bei der Auswahl unseres Samples waren wir daran interessiert, ein möglichst weites Spektrum der betrieblichen Hierarchie zu erfassen. Von den neun von uns interviewten Frauen sind vier Leiterinnen, eine Beraterin im Firmenkundengeschäft, drei Mitarbeiterinnen in der übergreifenden Sachbearbeitung und eine Gruppenleiterin. Die Geburtsjahrgänge der Frauen liegen zwischen 1954 und 1966.[2] Es handelt sich also um Frauen, die einerseits bereits zu

---

1 Diese Befragung fand im Rahmen eines Forschungszusammenhangs (Hüning/Nickel u.a. 1996) statt; wir konnten also auf bereits vorliegende Ergebnisse zurückgreifen. Insbesondere konnten wir an eine Untersuchung anschließen, die Martina Claus 1994 durchführte. Sie befragte damals sechs ehemalige Zweigstellenleiterinnen. Um diese Chance einer Forschungskontinuität zu nutzten, waren wir bemüht, diese sechs Frauen in unser Sample aufzunehmen, was uns allerdings nur in vier Fällen möglich war.

2 Eine Ausnahme hinsichtlich des Alterskriteriums ist der Forschungskontinuität geschuldet, da diese Frau bereits von Claus (1994) befragt wurde (vgl. Fußnote 1).

DDR-Zeiten Berufserfahrung hatten, aber auch heute noch einen bedeutenden Teil ihrer Erwerbsjahre vor sich haben. Alle neun Frauen sind verheiratet und leben mit einer Ausnahme mit ihrem Partner zusammen. Die Ehemänner sind alle voll berufstätig. Zwei der Frauen haben keine Kinder, vier haben jeweils ein bzw. zwei Kinder, die zum Zeitpunkt der Befragung jünger als 14 Jahre waren, zwei Frauen haben jeweils ein Kind, das jünger als 10 Jahre war. Nur eine Frau in unserem Sample hat noch nach der ‚Wende' ein Kind bekommen.

In Form eines Werkstattberichtes sollen diese Frauen im folgenden zu Wort kommen. Nachzeichnen wollen wir, wie sich die Positionen der ehemaligen Zweigstellenleiterinnen im Unternehmen in den Jahren seit der Vereinigung entwickelt haben. Dabei wollen wir aufzeigen, daß die Prozesse der Fusion einerseits und der Restrukturierung anderseits an die Frauen ganz unterschiedliche berufliche Anforderungen stell(t)en. Wir gehen ferner davon aus, daß sich betriebliche Optionen nicht nur entlang von formalen Qualifikationen eröffnen, sondern auf ein ‚Faktorenbündel' zurückzuführen sind. Neben der formal-fachlichen Qualifikation spielen überfachliche Kompetenzen wie Dienstleistungsorientierung, Kommunikationsfähigkeit und Verkaufsorientierung eine zunehmend wichtige Rolle. Die Plazierung im Unternehmen vollzieht sich demnach entlang fachlicher und überfachlicher Indikatoren, die in Wechselwirkung zueinander stehen und Aufschluß geben über die weiteren Perspektiven im Unternehmen. Während die *Qualifikation* die notwendige Grundlage bildet, sind die *praktische Bewährung* im beruflichen Alltag sowie die individuelle *Selbstverortung im Unternehmen* ebenfalls entscheidend für die berufliche (Weiter-)Entwicklung

## 2. Der Fusionsprozeß: Ost-West-Integration als Profilierungsphase für die ehemaligen Zweigstellenleiterinnen

Die Sparkasse der Stadt Berlin wurde 1818 gegründet und 1948 - bedingt durch die deutsche Teilung - in zwei Unternehmen getrennt: in die Sparkasse der Stadt Berlin (West) und die Sparkasse der Stadt Berlin. Vor diesem gemeinsamen historischen Hintergrund setzte nach der Maueröffnung 1989 ein Annäherungsprozeß ein, der die Fusion beider Unternehmen einleitete.

Mit der Gründung der Landesbank Berlin (LBB) zum Oktober 1990 wurde vom Berliner Senat der institutionelle Rahmen geschaffen, in den seit Dezember 1990 die Ostberliner Sparkasse integriert wurde. Der Integrationsprozeß ist gekennzeichnet von einer Einpassung der Ost-Sparkasse in die westlichen Betriebsstrukturen, wobei neben der Übertragung arbeitsorganisatorischer und technischer Infrastrukturen die westliche Unternehmenskultur als Vorbild diente. Die im Westen weitaus breitere Leistungs- und Produktpalette (gerade im Kredit- und Anlagebereich)[3] stellte ganz neue Qualifikationsanforderungen an die Beschäftigten aus dem Ostteil. Da die arbeitsorganisatorische Einpassung[4] allein mit einem Personaltransfer von West nach Ost nicht zu bewältigen gewesen wäre, stellte das ostdeutsche Personal ein unabdingbares Potential im Modernisierungsprozeß der Ost-Sparkasse dar. Die nun westliche Unternehmensleitung setzte folglich auf die Integration der gesamten ostdeutschen Belegschaft[5] und begleitete diesen Prozeß durch gezielte Nachqualifizierungsmaßnahmen.

Da der Aufgabenbereich einer Vertreterin in einer LBB-Filiale wesentlich komplexer war als der einer Zweigstellenleiterin einer Ost-Sparkasse, verfügten diese Frauen nicht über die erforderlichen Qualifikationen für einen solchen Posten. Allerdings stellte diese Gruppe für das Unternehmen ein wichtiges Potential ‚förderungswürdiger' Mitarbeiterinnen dar: Zum einen angesichts der hohen Leistungs- und Qualifikationsbereitschaft, die diese Frauen mehrheitlich zeigten, zum anderen, weil sie aufgrund ihrer Tätigkeit als Leiterinnen Erfahrungen im Umgang mit MitarbeiterInnen und KundInnen aus der ehemaligen DDR hatten und somit gewissermaßen ein ‚Scharnier' die

„Vermittlung zwischen Westberliner Unternehmensleitung und Ostberliner ‚Basis'" (Claus 1994: 81)

sein konnten. Aus diesem Grund richteten sich die über eine Grundlagenschulung hinausgehenden Qualifizierungsangebote der LBB im Fusionsprozeß zunächst in erster Linie an frühere Leiterinnen. Vermittels dieser ‚Vorzugsbehandlung' sollte ihre Einpassung in die westliche Unternehmensstruktur erleichtert und ihre - in der Regel ohnehin hohe - betriebliche Anbindung gefördert werden.

---

3   Aufgrund der spezifischen Funktion des Bankwesens in der DDR wurden dort in den Zweigstellen vor allem folgende Operationen getätigt: Ein- und Auszahlungen, Ausgabe von Kontoauszügen, Auskünfte über die Modalitäten der privaten Kreditaufnahme.

4   Mit der Fusion 1990 hatte sich das Filialnetz um 90 Zweigstellen erweitert auf berlinweit 170 und die Beschäftigtenzahl erhöhte sich um gut 1200 MitarbeiterInnen auf 5900 (Hüning/Nickel u.a. 1996: 58), desweiteren wurden ca. 1,4 Mio. Konten mit der entsprechenden Anzahl an KundInnen aus dem Ostteil der Stadt übernommen. Um diesen Arbeitsaufwand zu bewältigen, wurden auch in erheblichem Umfang Personal aus dem externen Arbeitsmarkt rekrutiert (vgl. dazu weitergehend Hüning/Nickel u.a. 1996).

5   Mit der Beschäftigtenübernahme veränderte sich auch das betriebliche Geschlechterverhältnis. Diese Situation stellte sich für die weiblichen Beschäftigten der Sparkasse-Ost zunächst als ein *Heimvorteil* (Nickel 1990) dar, mußten sie sich doch aufgrund der sicheren Beschäftigungssituation nicht der Konkurrenz auf dem externen Arbeitsmarkt stellen. Galt die Sparkasse-West mit ihrem Frauenanteil von ca. 60% als gemischtgeschlechtliches Unternehmen, war die Sparkasse-Ost mit einem Frauenanteil von ca. 90% ein nahezu reiner Frauenbetrieb. Durch die Zusammenführung der beiden Unternehmen wurde die Berliner Sparkasse (LBB) zu einem tendenziell frauendominierten Betrieb, in dem die weibliche Beschäftigtenquote nun bei ca. 70% liegt.

Die Absetzung als Zweigstellenleiterin wird von jeder der von uns befragten Frauen als einschneidendes Erlebnis beschrieben. Auf der fachlichen Ebene äußern sie jedoch Verständnis für das Vorgehen der LBB, da sie ihren eigenen Qualifizierungsbedarf angesichts der veränderten Arbeitsanforderungen deutlich sehen:

„Durch den Zusammenschluß Ost und West wurden ja die Filialleiter prinzipiell alle abgelöst, was ich zum damaligen Zeitpunkt in Ordnung fand, weil die Voraussetzungen einfach überhaupt nicht da waren, weder die fachlichen noch die Sachen, die auf uns zurollten." (065: 13/19)[6]

Die allgemeine Praxis bestand darin, daß jede Ost-Filiale eineN neueN LeiterIn aus dem Westen bekam und die ehemalige Zweigstellenleiterin nunmehr (vorübergehend) als Vertreterin eingesetzt wurde. Dies allerdings mit der Option, nach erfolgreicher Qualifikation bei der endgültigen Besetzung des Vertreterpostens bevorzugt berücksichtigt zu werden. Folglich boten die betrieblichen Strukturen einen übersichtlichen Integrationsrahmen, in dem das weitere betriebliche Handeln durch klare Wege vorgezeichnet war. So war neben der Beschäftigungsgarantie eine breit angelegte Qualifizierungsoffensive ein Bestandteil des Integrationskonzeptes.

„Und ich sage mal, das ist ja nicht in jedem Betrieb so gewesen, daß man also doch so aufgefangen worden ist, nicht? Da hatten wir ja wirklich großes Glück, und daß dann eben so schnell diese Nachqualifizierung vonstatten gehen konnte, war also für uns wirklich ein großes Glück und das rechne ich dem Hause hier wirklich groß an, muß ich so sagen und dazu stehe ich auch." (063: 13/20).

Wenn wir - angesichts der integrativen Maßnahmen von Seiten des Unternehmens - von einem *betrieblichen Schutzraum* sprechen, der einen relativ klar abschätzbaren institutionellen Rahmen bot, so ist dies jedoch im Sinne eines betrieblichen Angebots zu verstehen. Die Nutzung war bestimmt von den individuellen Ressourcen und Möglichkeiten. Aus diesem Grund folgten aus der formal gleichen Ausgangsposition der ehemaligen Zweigstellenleiterinnen keine kollektiv gleichen Bewältigungsverläufe, sondern die Frauen griffen vielmehr zu individuell unterschiedlichen Bewältigungsformen. Zu den wichtigsten Ressourcen, die diese Frauen für die Bewältigung des Fusionsprozesses mitbrachten, zählten ihre hohe Leistungs- und Qualifikationsbereitschaft.[7] Erste Differenzierungslinien zeigten sich entlang der jeweiligen Bereitschaft und Fähigkeit, sich an westliche Leistungs- und Umgangsstandards anzupassen.

---

6 Die Angaben in der Klammer im Anschluß an Zitate beinhalten die jeweilige Interviewnummer und die entsprechende Zeilenangabe im Transkript.

7 Neben der Qualifkationsbereitschaft gelten ebenso die familiäre Situation und das Alter als wichtige Ressourcen. Die Relevanz dieser Faktoren werden detailliert dargestellt in Claus (1994).

Die wichtigste formale Grundlage für den weiteren beruflichen Werdegang bildeten die aufeinander aufbauenden Lehrgänge,[8] in denen die neuen Qualifikationen erworben wurden. Die erste Qualifizierungsmaßnahme setzte 1990 ein. Die extrem hohe Arbeitsbelastung, „wir haben ... zur Währungsunion wochenlang durchgearbeitet (und) hatten keinen freien Sonnabend, keinen freien Sonntag" (065: 234/239), setzte sich in anderer Form fort (vgl. Claus 1994: 20ff):

„Habe dann neben der Arbeit für ein - anderthalb Jahre praktisch noch mal voll durchgezogen, erst einen Einführungslehrgang, d.h. noch mal einen Beruf nach Weststandard nachholen, habe dann einen Kundenberaterlehrgang gemacht. Also das Ganze dauerte anderthalb Jahre und alles nebenbei." (060: 379/389)

Die Phase intensiver Neu- und Weiterqualifizierung war zugleich auch eine *Phase der Profilierung.* Die ehemaligen Zweigstellenleiterinnen mußten beweisen, daß sie den neuen Anforderungen genügen können und bereit sind, die vom Unternehmen geforderten Leistungen zu erbringen. Die Bewältigung dieser beruflichen Zäsur gestaltete sich individuell sehr unterschiedlich und wurde auch rückblickend unterschiedlich reflektiert. Für manche der Frauen stellte die Fusion trotz der damit verbundenen Unsicherheiten und Anstrengungen im Nachhinein eine Chance zu erneutem beruflichen Aufstieg dar, für andere begann eine Phase der Stagnation oder gar des Abstiegs. Neben der fachlichen Qualifizierung spielte dabei die in dieser Zeit erworbene berufliche Praxiserfahrung eine wichtige Rolle. Entscheidend für die Verortung im Unternehmen war dabei auch die Frage, inwiefern die Frauen bereit und in der Lage waren, flexibel und offensiv zu sein und mögliche Chancen zu ergreifen und dafür beispielsweise einen Filialwechsel in Kauf zu nehmen. 1994 waren von den 73 noch im Unternehmen beschäftigten ehemaligen Zweigstellenleiterinnen drei als Filialleiterin tätig, 39 waren Stellvertreterinnen und 31 waren in Service und Beratung beschäftigt. Von diesen 31 Frauen, die nun nicht mehr in einer Führungsposition waren, hatten wiederum neun trotz erworbener Qualifikation darauf verzichtet, sich auf eine Führungsposition zu bewerben.

In der Endphase des Fusionsprozesses war für die meisten der ehemaligen Leiterinnen so etwas wie Ruhe in den beruflichen Alltag eingekehrt. Sie hatten mittlerweile wieder fest umrissene Arbeitsfelder, die ihnen einen klar konturierten Arbeitsrahmen boten und der es ihnen erlaubte, wieder eine gewisse Arbeitsroutine zu entwickeln. Nach der aufreibenden Umorientierungsphase fühlten sie sich in ihrer jeweiligen Position relativ sicher und gefestigt.

---

[8] Nach dem Erwerb der Grundqualifikationen im Einführungslehrgang (Abschluß: Sparkassenkauffrau/-mann) sind für den Posten einer Filialleiterin der Kundenberaterlehrgang (Abschluß: SparkassenfachwirtIn) sowie der Fachlehrgang (Abschluß: SparkassenbetriebswirtIn) die formalen Voraussetzungen.

## 3. Betriebliche Modernisierung der Landesbank Berlin ab 1995: Differenzierungslinien im betrieblichen Restrukturierungsprozeß

Mit der beginnenden Umsetzung der bereits seit längerem geplanten, aufgrund der Zusammenführung aber verschobenen betrieblichen Modernisierung, kündigte sich 1995 zum zweiten Mal eine berufliche Veränderung an. Durch die unternehmensweiten Restrukturierungsmaßnahmen sind die ehemaligen Zweigstellenleiterinnen erneut mit der Neuschneidung ihrer Tätigkeiten konfrontiert und erfahren „nunmehr ... erneut eine Infragestellung der gerade erst mühsam stabilisierten, zum Teil aber noch labilen Orientierungen und Gewißheiten." (Hüning/Nickel u.a. 1996: 184). Diesen Veränderungen stehen sie jedoch nicht mehr als relativ homogene Gruppe gegenüber. Sie bilden nicht mehr die Gruppe gerade ihres Postens enthobener Zweigstellenleiterinnen, denen gezielt Qualifizierungs‚offerten' gemacht werden. Vielmehr hatten sie - wie bereits dargestellt - im Laufe der vergangenen Jahre jeweils unterschiedliche Qualifizierungsstandards erreicht, differente und eher individuelle Tätigkeitsverläufe genommen und befinden sich inzwischen im Unternehmen auf sehr unterschiedlichen Positionen.

Nach Abschluß einer Pilotphase „Neuausrichtung der Filialen der Berliner Sparkasse" (bis Oktober 1995) wurde im Unternehmen mit flächendeckender Neuorganisation auf der Filialebene begonnen.[9] Im Mittelpunkt stand dabei das Ziel der ‚Kundenorientierung'. Die herkömmliche Verkaufsorientierung in der Sparkasse (West) war bis dato spartenorientiert mit jeweils relativ abgeschlossenen arbeitsorganisatorischen Einheiten. Die nun vorgenommene Verlagerung von der Produkt- zur Kundenorientierung hat zur Folge, daß die Betreuung im Sinne einer Allfinanz-Beratung aus einer Hand erfolgt und die KundInnen nur noch eineN BeraterIn aufsuchen und nicht mehr von A nach B geschickt werden. Die Filialstruktur wurde zum einen ausdifferenziert, zum anderen wurden Bereiche zusammengefaßt, um besser auf die Belange der verschiedenen KundInnengruppen eingehen zu können. Die Ausdifferenzierung des KundInnenpotentials erfolgt nach Effizienzkriterien. Organisatorisch spiegelt sich dies in (relativ) unabhängig voneinander wirtschaftenden Filialbereichen wider. So zeichnet der/die TeamleiterIn des

---

9   Hintergrund dieser Veränderungen ist eine Neuausrichtung des Gesamtunternehmens, das zum 01.01.94 in die Bankgesellschaft Berlin (BGB AG) integriert wurde, die als privatwirtschaftlich geführte Holding agiert und unter deren Dach eine Geschäftsbank (Berliner Bank), eine Hypothekenbank (Berlin Hyp) und die öffentlich-rechtlich organisierte LBB zusammengeführt wurden. Da die Konkurrenz um Marktanteile sich hauptsächlich auf Firmenkunden bezieht, gerät die regional organisierte Sparkasse unter einen enormen Anpassungsdruck, weil sie traditionell als öffentlich-rechtliches Finanzinstitut ihren Hauptertrag aus dem privaten Massengeschäft zog.

jeweiligen Geschäftsbereichs gegenüber der Geschäftsbereichsleitung verantwortlich für die Erbringung der Zielvereinbarungen. Hierbei handelt es sich um ein Profit-Center-Konzept, das zum einen zu einer intensiveren Teamarbeit führt und zum anderen veränderte, dezentralisierte Verantwortlichkeiten mit sich bringt. Diese Entwicklung führt zu einer stärkeren Spezialisierung der Beschäftigten, entlang der Linie Privatkundenbereich einerseits und ‚Spezialisten' (Beratung der Individual- und Firmenkundschaft) andererseits.

Die bis dahin praktizierte Trennung von Beratung und Service wurde aufgehoben und zur *allgemeinen Kundenberatung* zusammengefaßt. Für Angelegenheiten, die über die normale Beratung im ‚Massengeschäft' hinausgehen, ist fortan die *spezielle Kundenberatung* zuständig. In diesen Bereich fallen einerseits die Gruppen der IndividualkundInnen (vermögende Privatpersonen), sowie andererseits die GeschäftskundInnen; die hier anfallenden Tätigkeiten setzen in der Regel eine höhere Qualifikation voraus und werden besser vergütet.[10] Die Anzahl der in der speziellen Kundenberatung tätigen Personen ist vom 'Kundenpotential' der jeweiligen Filiale abhängig und hat zur Folge, daß in einigen Filialen dieser Bereich gänzlich wegfällt. Aufgaben, die keinen direkten Kontakt mit KundInnen erfordern, erledigt die *übergreifende Sachbearbeitung* im back-office-Bereich. Ihre Funktion liegt vor allem in der Entlastung der Kundenberatung von Sachbearbeitungstätigkeiten und in der Betreuung der Selbstbedienungsmedien. Im Verlauf der weiteren Betriebsverschlankung wird hier eine möglichst weitgehende Rationalisierung angestrebt.

Auch die Führungsstruktur der Filialen hat sich durch die Restrukturierung verändert. Entsprechend der Filialgröße und der KundInnenstruktur sind nun bis zu drei Leiter bzw. Leiterinnen vorgesehen, die jeweils die Verantwortung für einen Geschäftsbereich innehaben, wobei eineR von ihnen zusätzlich die Gesamtverantwortung für die Filiale trägt. Dies hat u.a. zur Folge, daß die Position der StellvertreterIn - die die Mehrheit der ehemaligen (Ost-)Zweigstellenleiterinnen weiterhin innehatte - als solche nicht mehr existiert. Die inhaltlichen Anforderungen an Führungskräfte modifizieren sich ebenfalls: Ein Hauptgewicht der Führungstätigkeit liegt zukünftig im Personalmanagement. Es läßt sich die Tendenz einer gewissen Trennung von Führungs- und Fachkarriere (vgl. Quack 1997) feststellen: Die Aufgaben der Filialleitung verändern sich hin zur Motivation und Förderung der Filialmit-

---

[10] Diese eher horizontale Differenzierung drückt sich nicht zuletzt in der tariflichen Eingruppierung aus: Die Beratung der PrivatkundInnen wird grundsätzlich mit Tarifgruppe 5 vergütet, die spezialisierte KundInnenberatung mit Tarifgruppe 7. Die Position der Teamleitung PK erhält grundsätzlich Tarifgruppe 8, die Teamleitung der spezialisierten KundInnenberatung Tarifgruppe 9 (Umsetzungsleitfaden LBB).

arbeiterInnen.[11] Die Beratung der FirmenkundInnen wird zunehmend in die übergeordneten Filialdirektionen ausgelagert, wo sie zu einer Tätigkeit von 'SpezialistInnen' wird, die ihrerseits keine Personalleitungsverantwortungen haben. Zudem kommt es zu einer spezifischen Arbeitsteilung zwischen den Filialen und ihrer jeweiligen Filialdirektion: Die als ‚Spezialisten' tätigen MitarbeiterInnen sowie die dazugehörigen KundInnen werden zukünftig verstärkt den Filialdirektionen zugeordnet, während in den Filialen vorwiegend das Privatkundengeschäft abgewickelt wird.

Diese betrieblichen Veränderungen sind von großen personellen Umsetzungen begleitet. Erneut stehen die ehemaligen Zweigstellenleiterinnen vor einer Umorientierung, die sich als weichenstellend für den weiteren beruflichen Weg erweisen könnte. Allerdings sind die Bedingungen nur sehr bedingt vergleichbar mit denen von 1990. Handelte es sich damals um einen eklatanten Bruch, der nicht nur arbeitsorganisatorisch, sondern auch lebensweltlich bewältigt werden mußte, geht es nun um *inner*betriebliche Strukturveränderungen, denen die ehemaligen Leiterinnen ihrerseits mit schon veränderten, an die betrieblichen Erfordernisse angepaßten Voraussetzungen begegnen müssen - und können. Anders als in der Fusionsphase, werden nun keinerlei Orientierungshilfen von Seiten des Unternehmens angeboten. Vielmehr befindet sich das Unternehmen selbst in Veränderungsprozessen, deren angestrebtes Ziel zwar klar ist, die Wege dorthin jedoch weitaus weniger vorgezeichnet sind als im Fusionsprozeß. Dies spiegelt sich auch in der Wahrnehmung der ehemaligen Zweigstellenleiterinnen wider, bei denen weitgehend das Gefühl vorherrscht, über die Entwicklungen im Unternehmen nicht ausreichend informiert worden zu sein; sie beklagen darüber hinaus auch, daß sie in den Prozeß nicht miteinbezogen wurden, sondern daß Entscheidungen über die Köpfe der Beschäftigten hinweg getroffen wurden.

„Also in den drei Jahren haben sie sich zusammengesetzt, also sprich Filialdirektoren ... und haben gesagt, jetzt würfeln wir unsere Mannschaft durch die Gegend im Prinzip, weil man kann oder konnte nicht alles ... nachvollziehen, warum denjenigen auf diesen Posten und den anderen darauf. Und das fand ich also sehr unglücklich." (063: 33/41)

Durch die Restrukturierungsmaßnahmen werden von Seiten des Unternehmens veränderte Aufstiegswege und neue Differenzierungslinien der Berufsverläufe vorgegeben Die Spezialisierung auf die spezielle Kundenberatung bietet die Möglichkeit zu beruflicher Weiterentwicklung und zum Aufstieg jenseits von ‚klassischen' Führungspositionen.[12] Für die Frauen bedeutet dies,

---

11  Zu den Aufgaben der Filialleitung gehört beispielsweise auch die Förderung und Motivierung von ambitionierten Mitarbeiterinnen, mit dem Ziel diese als SpezialistInnen zu gewinnen.
12  Fraglich ist auf der anderen Seite, inwieweit die Spezialisierung auf den Privatkundenbereich die Chancen zu beruflichem Weiterkommen offen läßt. Nach Auskunft einer Expertin aus der Personalabteilung ist die Tätigkeit als Teamleitung in der PK keine ausreichende Qualifizierung für die Übernahme einer Filialleitung. Vielmehr ist die Qualifizierung für

daß sie die betrieblichen Entwicklungen einschätzen können müssen, um realistisch ihre berufliche Zukunft 1 gestalten zu können.

„Es ist auch eine Frage, wie geht die Entwicklung vom Haus weiter? Wie wird zukünftig das kleine Filialnetz aussehen? Wenn es hier nur noch Privatkundengeschäft gibt, weiß ich nicht, ob mir das noch Spaß macht. Mir tut es schon unheimlich weh, daß das Firmenkundengeschäft rausgeht. Vielleicht sage ich auch irgendwann mal, ich setze mich noch mal auf die Schulbank, spezialisiere mich fürs Firmenkundengeschäft und gehe irgendwohin und mache das wieder" (065: 1330/1338)

Waren die formalen Bedingungen für die Frauen zu Beginn des Fusionsprozesses 1990 noch weitgehend gleich auf sie zugeschliffen, als abgesetzte Zweigstellenleiterinnen gestaltete sich die Bewältigung des Umbruchs schon individuell sehr unterschiedlich und führte zu Differenzierungen unter den Frauen.

Mit Beginn des Restrukturierungsprozesses 1995 verfestigen sich die bislang herausgebildeten Differenzierungen und geben Aufschluß über die differente perspektivische Plazierung im Unternehmen. Die neuerlichen Differenzierungsprozesse wollen wir nun anhand folgender Dimensionen nachzeichnen:

- Qualifikation
- Bewährung im beruflichen Alltag
- Selbstverortung im Unternehmen.

*Bewährung im beruflichen Alltag*

Sowohl die 1990 erfolgte Absetzung als auch die sich anschließenden Qualifizierungsmaßnahmen wurden von den ehemaligen Zweigstellenleiterinnen letztlich als notwendig erachtet. Die Bewältigung der betrieblich angebotenen Qualifizierungsmaßnahmen wurde zu einer entscheidenden Weichenstellung für die berufliche Zukunft. Der Erfolg der individuellen Neu- und Weiterqualifizierung war dabei u.a. von dem jeweiligen beruflichen und fachlichen Selbstverständnis der Frau abhängig. Den enormen Anstrengungen begegneten die Frauen mit einer Bandbreite ihres Verhaltens zwischen Herausforderung und Überforderung.

Wir können – auf unsere Interviews gestützt – festhalten, daß ein aus DDR-Zeiten ‚mitgebrachter' Führungsanspruch und eine hohe Fachidentifikation wichtige Faktoren für die schnelle und erfolgreiche Bewältigung der von der LBB angebotenen Qualifizierung waren. Ebenso ist zu vermuten, daß die in der DDR absolvierte Ausbildung eine Rolle spielte, da diejenigen mit einem (oft berufsbegleitend) abgeschlossenen Studium mehr Routine und

---

die Arbeit im Geschäftsgebiet „Firmenkredit' Voraussetzung für die Übernahme einer Leitungsaufgabe im Filialbereich (vgl. auch Kallabis 1995: 56)

Sicherheit für die Situation des Lernens mitbrachten als die, die nach dem Abschluß ihrer Berufsausbildung eher durch praktische Erfahrung den Posten einer Zweigstellenleiterin erlangten.

Während für die einen der Stimulus des Neuen, die Möglichkeit zur beruflichen und persönlichen Weiterentwicklung, der entscheidende Impuls waren, standen andere den veränderten Anforderungen eher skeptisch gegenüber.

„Aber wie gesagt, die Anforderungen, die jetzt gestellt werden bei den neueren Lehrgängen, die sind wirklich so hochgegriffen ... Man hat da wirklich ganz schön zu tun und gerade mit theoretischen Sachen, also mir liegt dann eher das Praktische halt und wenn man da theoretisch so viel zu büffeln hat, dann ist es schon nicht mehr so schön." (067: 350/258)

Der schnelle und möglichst reibungslose Erwerb der Qualifikationen legte für einige der ehemaligen Zweigstellenleiterinnen den Grundstein für ein erneutes berufliches ‚Durchstarten'. Für die individuellen Chancen im Unternehmen sind zwar die formalen Qualifikationen die Grundlage. Allerdings spielen offenbar auch andere Faktoren eine wichtige Rolle, wie sich beispielsweise an Frau M. erkennen läßt. Sie erhielt 1996 die Möglichkeit, wieder als Filialleiterin tätig zu werden, weil ihr bisheriger Filialleiter im Zuge der Restrukturierung versetzt wurde. Da Frau M. die formale Qualifikation als Filialleiterin noch nicht hatte (der Abschluß als Sparkassenbetriebswirtin fehlte ihr noch), scheint sie sich auf eher überfachlicher Ebene für diesen Posten qualifiziert zu haben. Diese Ebene nennen wir ‚Bewährung im Unternehmen'; gemeint ist damit die Profilierung im betrieblichen Alltag, das Maß an Eigeninitiative, welches die einzelnen aufbringen (können). Ebenso spielt der individuelle Aufstiegswille und/oder Führungsanspruch eine wichtige Rolle. Gerade gegenüber Vorgesetzten muß dies deutlich zum Ausdruck gebracht werden, da individuelle Förderung und Empfehlungen von MitarbeiterInnen zu den Aufgaben einer Führungskraft gehören und entscheidend für die Personalentwicklung im Unternehmen sind.[13]

Neben der formalen Qualifikation ist seit der Fusion die praktische Erfahrung und Bewährung im Unternehmen ein entscheidender Faktor für die berufliche Zukunft. Wichtig ist darüber hinaus die Dienstleistungsorientierung der MitarbeiterInnen sowie die im Modernisierungsprozeß sich vollziehende Spezialisierung der Beschäftigten. Es zeichnet sich ab, daß der Bedarf an MitarbeiterInnen für ‚einfache' Tätigkeiten zukünftig drastisch abnehmen wird; was das Unternehmen verlangt, sind

---

[13] Vom Vorgesetzten werden regelmäßig alle zwei Jahren Beurteilungen verfaßt, die für den weiteren Berufsverlauf sehr wichtig sind, da hier die individuelle Leistungsfähigkeit und -willigkeit hervorgehoben werden kann, und die somit einen möglichen Aufstieg fördern oder behindern können.

"kundenorientierte Mitarbeiter: d.h. Mitarbeiter, die kommunikativ, offen, verkaufsorientiert sind, die mit hoher Eigenverantwortung und teambezogen ihre Aufgaben erfüllen" (Kallabis 1995: 55).

Diese Entwicklung wird von den ehemaligen Zweigstellenleiterinnen auch so wahrgenommen, jedoch sehr unterschiedlich bewertet. Frau I. lehnt den Druck, verkaufen zu müssen, ab. Ihr fällt es schwer, sich mit dem kommunikativ-verkaufsorientierten Berufsbild zu identifizieren. Für sie ist dies ein Grund, sich für die Tätigkeit in der übergreifenden Sachbearbeitung zu entscheiden.

„Na, also ich habe aus dem Grunde das gewählt, weil ich eigentlich befürchte, daß der Trend ja dahin geht, an dieses Verkaufen müssen, Produkte verkaufen und das ist eine Richtung, die mir nicht so zusagt. Und aufgrund dessen habe ich diese Arbeit im Hinterland gewählt, wo ich nicht direkt mit dem Kunden zu tun habe, außer am Telefon halt." (072: 20/24)

Frau T. hingegen bezieht ihr Selbstverständnis zu einem großen Teil aus ihrer Funktion als Dienstleisterin. Ihr macht es Spaß, in einem ‚modernen Dienstleistungsunternehmen' zu arbeiten und ihr gefällt der Kontakt mit den KundInnen. Dienstleistungsorientierung ist für sie ein unabdingbarer Bestandteil ihrer Arbeitstätigkeit.

„Es darf nicht so sein, daß man jetzt sagt, das ist nicht mein Kunde, der Kunde gehört eigentlich in den anderen Bereich rein, also bitte betreut den, macht die Arbeit für den, ich will nicht. Damit bringt man zum Ausdruck, daß man eigentlich zwar den Job bezahlt haben will, aber nicht allzu viel dafür tun will und daß man nicht weiß, wie man arbeitet. Das ist ein Dienstleistungsbereich, d.h. also, der Kunde ist König und so muß es eigentlich oder so sollte es eigentlich überall sein." (065: 167/179)

Der Umgang bzw. die Identifikation mit den ‚kundenorientierten' Anforderungen werden zu einem wichtigen Moment, da sie die Möglichkeiten für berufliche Weiterentwicklung bestimmen - die eher kundInnen- und verkaufsferne Tätigkeit der Sachbearbeitung stellt letztendlich eine berufliche Sackgasse dar. Wer die neuen Anforderungen nicht offensiv aufgreifen kann oder will, ist - wie Frau L. - hinsichtlich beruflicher Veränderung mit einer gewissen Perspektivlosigkeit konfrontiert. Obwohl Frau L. mit ihrer Arbeit in der übergreifenden Sachbearbeitung nicht zufrieden ist und sich einen Wechsel wünscht, hat sie noch keine konkreten Vorstellungen, wie sie ihre berufliche Situation verändern könnte.

„Na ja, wie gesagt, das weiß ich eben noch nicht so richtig. Ich habe mich da noch nicht so durchringen können. Ich meine so die erste Zeit, wo das alles so neu strukturiert wurde, hätte ich nach einer Woche am liebsten gesagt ... also ich will unbedingt in die Kundenberatung, weil, wie gesagt, die Anfangszeit war halt doch ganz schön schlimm. Und ja, wie gesagt, Kundenstruktur hier und wenn man manchmal so sieht, wie die Kunden sich verhalten und die sind ja so was von aggressiv teilweise und wie gesagt, hier haben wir ja auch viele nicht unbedingt deutsche Kunden und also kann ich es mir in der Zweigstelle eigentlich nicht vorstellen, in die Kundenberatung zu wollen. Wie gesagt, vielleicht mal irgendwann in eine zentrale Abteilung oder irgend eine andere Filiale. Dadurch, daß wir noch nicht wissen, wo wir vielleicht in ein paar Jahren wohnen, weil wir unbedingt eigentlich aus DH weg wollen, ja, will ich mich da jetzt nicht so festlegen, daß ich sage, also ich will jetzt unbedingt dahin, sonst habe ich nachher vielleicht einen noch weiteren Weg." (067: 918/930)[14]

Das Erreichen beruflicher Ziele setzte v.a. während der (die Restrukturierung begleitenden) Um- und Neuverteilung des Personals eine zunehmende Eigeninitiative voraus. So visierte beispielsweise Frau M. schon bald nach ihrer Absetzung wieder eine Leitungsposition an und ist schließlich zu Beginn der Restrukturierung 1995 zur rechten Zeit am rechten Ort, um 1996 wieder Leiterin einer Filiale zu werden.

„Ich bin also nach der Fusion als Anlageberater tätig gewesen ... war aber dort nur kurze Zeit, ein Jahr, weil mich das irgendwie nicht befriedigt hat, überhaupt nicht, weil ich eigentlich enttäuscht war, daß ich nicht als Stellvertreter eingesetzt wurde, wie es üblich war, sondern nur als Anlageberater. Habe mich dann auf Eigeninitiative beworben, daß ich dort wegkomme und wieder als Stellvertreter zumindest arbeiten kann, bin dann hier 1993 als Stellvertreter hergekommen und bin wieder seit voriges Jahr, 96, wieder als Leiter, da der Leiter sich wegbeworben hat, der hier mal war und habe dann die Chance hier ergriffen und habe mich hierfür beworben natürlich, daß ich hier den Leiter übernehmen kann." (060: 30/42)

Frau S. hat - ähnlich wie Frau M. - die notwendige Qualifikation für die Firmenkundenbetreuung noch nicht, dennoch sehen ihre Chancen wunschgemäß versetzt zu werden nicht schlecht aus, denn ihr „hat es hier im Hause keiner übelgenommen" (070: 479/480), daß sie den Fachlehrgang noch nicht geschafft hat. Den Lehrgang wird sie dennoch zum nächstmöglichen Zeitpunkt nachholen, denn „auf der einen Seite ist die praktische Arbeit ... und die theoretische sollte man eben auch haben ..." (070: 481/483). Auch Frau S. verfolgt die betrieblichen Entwicklungen und bemüht sich, ihre eigenen beruflichen Interessen durch Eigeninitiative durchzusetzen, wobei sie auf die Unterstützung ihrer Vorgesetzten zurückgreifen kann.

„Na, das kam ungefähr - das war immer schon im Gespräch, daß in den kleinen Filialen die Firmenkredite rausgenommen werden sollten und aber da es jetzt - ungefähr vor sechs Wochen habe ich es definitiv erfahren, ... und hatte einfach mich erst mal in der (Filiale X), den Leiter, der da für Firmenkunden zuständig ist, angerufen, aber er hatte noch keine

---

14 Aus diesen Äußerungen von Frau L. wird deutlich, daß über betriebliche Anforderungen hinaus auch andere Aspekte in die berufliche Entwicklung eingehen. Dies können zum einen kulturelle und politische Einstellungen und Wertorientierungen sein. Zum anderen spielen auch die Anforderungen und Wünsche aus anderen Lebensbereichen eine Rolle. Frau L. legt offenbar großen Wert darauf, daß ihr Arbeitsort relativ nah an ihrem Wohnort ist und setzt damit Prioritäten, die mit den Kriterien des Unternehmens kollidieren können und somit ihre beruflichen Entwicklungsmöglichkeiten einzuschränken drohen. Die Vereinbarung von beruflichen und außerberuflichen Anforderungen und Ansprüchen muß von den Frauen individuell geleistet werden, wobei sie dem Unternehmen gegenüber hohe Flexibilität und volle Einsatzfähigkeit zeigen müssen.

genaue Information. Dann bin ich über die Bereichsleitung gegangen, da hat sogar meine Leiterin für mich angerufen und hat gefragt, wie es aussieht, ob schon irgendwas bekannt ist und hat mich sozusagen als Interessentin angemeldet und dann hatte ich ungefähr vor drei Wochen ein ganz spontanes Gespräch." (070: 135/147)

Die nun notwendig werdende Eigeninitiative für die Verwirklichung der beruflichen Ziele stellt für die Frauen eine neue Anforderung dar, für die sie aus ihrer Leitungstätigkeit zu DDR-Zeiten kaum Routine mitbrachten. Der Weg zur Position der Zweigstellenleiterin war in der Ostberliner Sparkasse eher bestimmt von betrieblichen Notwendigkeiten als von individuellem Karrierestreben.

„Auffällig ist, daß ihre damaligen Karrieren offenbar nicht bzw. nur bedingt an Kriterien von heutigen, stringent ‚modernen' Karrieren ausgerichtet waren, nämlich berufliche Positionen möglichst weit oben in der betrieblichen Hierarchie anzustreben." (Hüning/Peinl/Walter 1997: 165).

Neben formalen fachlichen Qualifikationen einerseits sowie überfachlichen Kompetenzen andererseits sind als dritte Dimension der Differenzierung die betrieblicherseits vorgegebenen Entwicklungswege von Bedeutung. Vom Unternehmen werden differenzierte Anforderungen gestellt, zu denen sich die Frauen verhalten müssen. Als ehemalige Führungskräfte einer Ostberliner Zweigstelle sind sie nicht nur mit den allgemeinen Anforderungen an Kommunikation, Verkaufs- und KundInnenorientierung konfrontiert, sondern speziell auch mit den sich verändernden Erwartungen, die an Führungskräfte gestellt werden. Im folgenden Abschnitt, den wir als ‚Selbstverortung' bezeichnen, wollen wir deutlich machen, wie sich die Spezialisierung von Privatkundenberatung und Firmenkundenberatung einerseits sowie die tendenzielle Trennung von Fach- und Führungskarrieren andererseits abzuzeichnen beginnt.

## *Selbstverortung im Unternehmen*

Der Beginn der Restrukturierungen 1995 stellte die ehemaligen Zweigstellenleiterinnen vor die Notwendigkeit, sich im Unternehmen neu zu orientieren. Nachdem der Fusionsprozeß zunächst vom Erwerb formaler Qualifikationen geprägt war und dies in der relativ strukturierten Form aufeinander aufbauender Lehrgänge geschah, befinden sich die Frauen nun im Strudel personeller Veränderungen. Deren Richtung und Ziel sind ihnen zum einen nicht unbedingt klar und stellen sie zum anderen teilweise vor solche Entscheidungen, wie z.B. einen Filialwechsel in Kauf zu nehmen oder in ein anderes Tätigkeitsfeld - auf eine andere ‚Schiene' - zu wechseln.

„Inzwischen ... überschlug sich ja auch in der Zeit alles. Habe ich dann mitbekommen, ja, also Vertreter gibt es ja eigentlich in der Form gar nicht mehr ... Wenn man in der PK-Schiene (Privatkunden) bleiben möchte, dann müßte man also so eine Art Teamleiter machen mit Vertreterfunktion und wenn man jetzt in den Bereich Firmenkunden oder Individualkunden gehen möchte, dann muß man den Spezialisten machen, um dann Vertreterfunktion je nach Lage der Filiale übernehmen zu können. Aber wie gesagt, die richtigen Vertreter gibt es nicht." (063: 95/112)

Für Frau R. steht fest, welches ihre ‚Schiene' ist. Sie möchte ihr spezifisches Qualifikationsprofil wahren, wofür sie einen Wechsel ihres Arbeitsumfeldes in Kauf nimmt. Sie bewirbt sich auf den Leitungsposten des Geschäftsfeldes ‚Privatkunden' in einer anderen Filiale. Frau R. zeigt also Mobilität hinsichtlich ihres Arbeitsortes, nicht jedoch im Hinblick auf ihr Tätigkeitsfeld.

„PK ist meine Strecke, Firmenkunden usw., das Geschäft habe ich die ganzen Jahre nicht gemacht. Da kann ich nun nicht auf einmal den Spezialisten machen, weil ich bin keiner. ... Ja, dann habe ich gesagt, das mache ich nicht, weil wenn du in dieser Schiene (als ‚Spezialistin') drin bist, dann wieder umzuschwenken auf die andere Richtung, ist sehr schwer. ... Dann habe ich mich also kurzerhand beworben, es sind Ausschreibungen erfolgt, wo also PK-Leiter gesucht worden sind. Und zwischendurch wäre ich eventuell als Teamleiter in der Filiale geblieben, bis ich eben was gefunden hätte." (063: 122/156)

Auch Frau S. entschließt sich, die Filiale zu wechseln, um ihren beruflichen Interessen als spezialisierte Firmenkundenberaterin gerecht werden zu können:

„Und weil ich mich entscheiden muß, was ich mache. Wenn ich hier bleibe, habe ich zwar die Vertreterfunktion, betreue ausschließlich Individualkunden, also Anlagegeschäft, und dort bei den Firmenkunden, das sind teilweise auch Individualkunden, die man auch ... auf der Anlageseite betreuen muß .... Aber hauptsächlich werde ich mich dann doch in die Kredite stürzen müssen, Beschlüsse schreiben und und und." (070: 159/171)

Während diese beiden Frauen sich klar für eine Spezialisierung entschieden haben, ist Frau T. eher mit einem Dilemma konfrontiert. Einerseits fühlt sie sich in ihrer derzeitigen Filiale ausgesprochen wohl, muß aber andererseits befürchten, mit der drohenden Ausgliederung der GeschäftskundInnen einen ihr wichtigen Tätigkeitsbereiche zu verlieren.

„Man kann auch bestimmte Entscheidungen nicht nachvollziehen, also wie z.B. die letzte Entscheidung, ... daß man also die Firmenkunden nicht mehr in allen Filialen betreut. Ich werde in Zukunft keine Firmenkunden mehr betreuen ... es ist eine Entscheidung, die im Haus getroffen wurde, mit der muß ich leben, die fällt mir sehr schwer. Ich habe sie selber noch nicht verarbeitet und muß sie aber umsetzen." (065: 267/288).

Neben der Frage der fachlichen Spezialisierung, müssen sich die Frauen zu veränderten Anforderungen an Führungskräfte verhalten. Die Rolle von Führungskräften wird von Seiten der LBB folgendermaßen formuliert:

„Die Führung/Steuerung der Filiale mit der Kundengruppenverantwortung zu kombinieren und erfolgsmäßig wie organisatorisch umzusetzen, erfordert ein hohes Maß an Flexibilität, Eigenverantwortlichkeit und Koordinationsgeschick ... Das ganzheitliche Denken und Handeln und die Verantwortung für die Kunden der Filiale ist selbstverständlich." (LBB-Umsetzungsleitfaden 1995).

Elementare Bestandteile der Leitungstätigkeit im Rahmen der Profit-Center sind

„übergreifende Steuerungsaufgaben bei Veränderungsprozessen, Wahrnehmung kundengruppenübergreifender Repräsentationen, Organisation und Durchführung von Kommunikations- und Informationsveranstaltungen und die Sicherung und Koordination der Effizienz von Arbeitsabläufen" (LBB-Umsetzungsleitfaden 1995).

„Sie müssen sich mal vorstellen, Sie sind selbständig und müssen ihren Laden am Laufen halten, dann können Sie nach acht Stunden nicht wegrennen, dann arbeiten Sie 12, 14 oder 16 Stunden und das vergleiche ich so ein bißchen mit meinem Job, wenn ich hier Leiter bin ..." (063:485/515).

Filialleiterinnen tragen eine hohe Verantwortung und müssen große Flexibilität und Einsatzbereitschaft zeigen.

„Ja, oder z.B., wenn ich merke, daß ein Mitarbeiter ein Problem hat, dann muß man darauf sofort eingehen. Ich kann also nicht warten und kann sagen, also ich mache jetzt erst meine Listen zu Ende oder muß mich erst mal hier um irgendwelche trockenen Dinge kümmern, die vielleicht auch noch eine Stunde haben, sondern da muß man sofort reagieren" (065: 83/86).

Auf der einen Seite steht die Verantwortung für die Mitarbeiterinnen und den reibungslosen Arbeitsablauf in der Filiale, daß „ich weiß, wie hoch die Leistungsbereitschaft ist von jedem und ich weiß auch, wie hoch die Leistungskraft von jedem ist" (065: 234/235). Auf der anderen Seite ist die Leiterin gegenüber dem Unternehmen verantwortlich für die wirtschaftliche Effizienz der Filiale, „d.h. am Ende des Jahres möchte ein Unternehmen nicht rote sondern schwarze Zahlen schreiben" (065: 52). Dies wird teilweise als Konflikt erfahren.

„Da muß man natürlich aufpassen, daß man da also nicht zu sehr ins Negative übergeht und dann doch sagt, also sicherlich für das Haus - du mußt ja für das Haus arbeiten, ist ja klar. Aber ich muß auch versuchen, meine Mitarbeiter zu motivieren, daß die für das Haus arbeiten und wenn ich dann selber da nicht immer hinter allem so stehen kann, erschwert mir es das sicherlich und von daher ist es doch relativ - oder es ist schwerer geworden." (063: 267/280)

Frau S. zieht für sich den Schluß, keine Führungsverantwortung mehr übernehmen zu wollen. Dabei spielt vor allem ihre Beobachtung eine Rolle, daß das allgemeine Klima im Betrieb härter geworden ist, und mehr Druck von Vorgesetzten ausgeübt werden muß.

„Man ist härter geworden, daß man härter zu sich selber sein muß und nicht mehr alles im Interesse des Mitarbeiters machen kann." (070: 668/670)

Ihrer eigenen Einschätzung nach ist sie zwar durchaus in der Lage, auch unangenehme Dinge den MitarbeiterInnen gegenüber durchsetzten zu können, strebt jedoch eine solche Funktion nicht an, denn als Beraterin von Firmenkunden, „da muß ich bloß hart gegenüber den Kunden sein" (070: 675/676).

## 4. Fazit

Die Auswirkungen der betrieblichen Umstrukturierungen der Ostberliner Sparkasse im Fusionsprozeß 1990-1994 einerseits sowie im Restrukturierungsprozeß seit 1995 andererseits stellen sich als eine zunehmende Differenzierung der Berufsverläufe der ehemaligen Zweigstellenleiterinnen dar und erweisen sich als eine fortlaufende Individualisierung der Sinnbezüge ihres Handelns. Dabei sind jedoch Unterschiede zwischen beiden Prozessen festzuhalten.

Mit der Fusion fand eine Angleichung an (in der Westberliner Sparkasse) bereits bestehende Strukturen statt. Neben diesem klaren Referenzrahmen konnten die Akteurinnen auf eine betriebliche Angebotsstruktur („Integrationsbrücken" – Hüning/Nickel u.a. 1996) zurückgreifen, die ihnen die Integration in das westliche Finanzinstitut zumindest erleichterte. Damit waren auch die Maßstäbe und Leistungskriterien vorgegeben, die ihnen (mehrheitlich) ihre Absetzung und die damit verbundene Herabstufung als gerechtfertigt und die Qualifikationsanforderungen als einsichtig erscheinen ließen. Die vom Unternehmen angebotenen Qualifizierungsmaßnahmen stellten eine vorgegebene Abfolge dar und waren - zumindest in der Anfangszeit - für diese Frauen bevorzugt zugänglich. Sie bewegten sich in einem ‚betrieblichen Schutzraum', der die Individualisierungsanforderungen abfederte.

Mit Beginn der Restrukturierung 1995 ist eine Beschleunigung der betrieblich induzierten Individualisierung zu erkennen, die bereits durch die nunmehr sehr unterschiedlichen Positionen der ehemaligen Zweigstellenleiterinnen vorgezeichnet ist. Die Restrukturierung der Filialen und die damit verbundene Neugliederung der Tätigkeitsfelder machte Personalumsetzungen notwendig. Für die ehemaligen Zweigstellenleiterinnen waren diese Umsetzungen jedoch nicht mehr so eindeutig vorgegeben wie in der Fusionsphase. Der Verlauf der Restrukturierung ist für sie schwieriger zu kalkulieren. Bedeutsam für den weiteren Berufsverlauf wird vor allem die jeweilige Ausgangsposition, d.h. die im Verlauf des Fusionsprozesses erlangte Position. Die Neugliederung der Tätigkeitsfelder und die damit einhergehenden Spezialisierungen machen individuelle Entscheidungen hinsichtlich der gewünschten betrieblichen Laufbahn notwendig.

Die durch den Umbruch 1989/90 induzierte und durch die betriebliche Neustrukturierung 1995 beschleunigte Individualisierung scheint sich zu Trennlinien innerhalb der Genus-Gruppe zu verfestigen und läßt sich gewissermaßen schematisch an einer Gegenüberstellung der Positionen von 1990 und 1997 ablesen. 1990 starteten alle neun Frauen unseres Samples in den betrieblichen Transformationsprozeß als Führungskräfte. 1997 hat sich dieses Bild zu einem breiten Panorama erweitert und spiegelt die ausdifferenzierte Struktur der Filialorganisation wider. Die Differenzierungslinien verlaufen nun einerseits entlang der horizontalen Bereichsaufteilung und umfassen andererseits unterschiedliche hierarchische Positionen. Die betrieblichen Optionen der Frauen setzen sich aus einem Faktorenbündel zusammen: Über die Chancen der Frauen entscheiden die strukturell vorgegebenen Entwicklungslinien, die individuell erworbene Qalifikation, die praktische berufliche Bewährung sowie die innerbetriebliche Konkurrenz. Für die individuelle Verortung im Unternehmen wird es zunehmend wichtiger, die eigenen Kompetenzen zu inszenieren, sich individuell durchzusetzen und ein Gespür für die Widersprüchlichkeit betrieblicher Anforderungen zu entwikkeln. Dies ist eine zusätzliche Schwierigkeit, da die individuelle Gestaltung der beruflichen Zukunft davon abhängig ist, wie die strukturell vorgegebenen Entwicklungsmöglichkeiten und Laufbahnen mit den jeweils erforderlichen Qualifikationen verknüpft sind und transparent genug, um eingeschätzt werden zu können.

Der Restrukturierungsprozeß brachte also für die ehemaligen Zweigstellenleiterinnen eine erneute berufliche Zäsur - wenn auch in von den Individuen klar differenzierter Weise. Mit der arbeitsorganisatorischen Differenzierung der Filialen ging eine verstärkte Individualisierung der Berufsverläufe einher, deren weiterer Verlauf von einem intensiven ‚Selbstmanagement' bestimmt werden wird. Die Differenzierungslinien der beruflichen Entwicklungswege liegen dabei zum einen im Umgang mit den allgemeinen betrieblichen Anforderungen des verkaufsorientierten Dienstleistungsunternehmens, zum zweiten in der Entscheidung zur Spezialisierung auf KundInnengruppen und zum dritten in der Frage, ob eine Führungsposition angestrebt wird oder nicht. Während dabei die Frauen einerseits verstärkt darauf verwiesen sind, ihre beruflichen Vorstellungen individuell durchzusetzen, haben sich auf der anderen Seite die möglichen Gestaltungspfade stark ausdifferenziert. Es zeigt sich, daß der berufliche Verlauf zu einer zunehmend individuellen Herausforderung wird; die Grenzen der beruflichen Entwicklung werden dabei allerdings zunehmend durch die betrieblichen Strukturen gesetzt.

## Literatur

LBB-interne Quellen:
Umsetzungsleitfaden 1995. Konzept zur Neuausrichtung der Filialen.
Leitlinien für Führung und Zusammenarbeit. Ohne Erscheinungsjahr.
Leitlinien für Zusammenarbeit und Führung. 1995.
Geschäftsbericht 1996.
Frauenförderplan 1995.
Leitbild der Bankgesellschaft Berlin 1995.

Claus, Martina (1994): Gewandelte Lebensentwürfe? Zur Situation früherer Ostberliner Sparkassenzweigstellenleiterinnen im Transformationsprozeß ... Diplom-Arbeit. Humboldt Universität zu Berlin.

Hüning, Hasko/ Nickel, Hildegard Maria u.a. (1996): Finanzdienstleistungsbeschäftigung im Umbruch. Betriebliche Strategien und individuelle Handlungsoptionen am Beispiel von Banken und Versicherungen. Forschungsbericht (Manuskript)

Hüning, Hasko/ Peinl, Iris/ Walter, Ines (1997): Suche und Balance. Zu Handlungsmustern ostdeutscher Frauen im betrieblichen Transformationsprozeß. In: Hüning/Nickel (Hg.); Großbetrieblicher Dienstleistungssektor in den neuen Bundesländern. S.157-174.

Kallabis, Johannes (1995): Entwicklungstendenzen im Privatkundengeschäft der Banken und die Integration Ost/West. In: Hüning/ Nickel (Hg.); Gestaltungschancen und Handlungsgrenzen. Zur Transformation des Finanzdienstleistungssektors in Ostdeutschland. KSPW Graue Reihe 95-01.

Nickel, Hildegard Maria (1990): Geschlechtertrennung durch Arbeitsteilung. In: Feministische Studien 8 (1990) 1.

Quack, Sigrid (1997): Karrieren im Glaspalast. Weibliche Führungskräfte in europäischen Banken. WZB-Diskussionspapier des Forschungsschwerpunkt 'Arbeitsmarkt und Beschäftigung'.

*Hasko Hüning/Ulrike Stodt*

# Regulierte Desintegration
# Aspekte des internen Arbeitsmarktes
# der Deutschen Bahn AG

## 1. Problemaufriß

Die seit zwei Jahrzehnten beschleunigte Internationalisierung der Produktion sowie die sprunghaft gestiegene Kapitalmobilität auf den globalen Finanzmärkten stellen mit ihren Implikationen für die Erwerbsarbeit auch im Dienstleistungssektor eine system- und sozialintegrative Herausforderung dar. Es wird in den Unternehmen forciert seit Anfang der 90er Jahre versucht, diesen Anforderungen vermittelt über eine Restrukturierung der Betriebs- und Arbeitsorganisation nachzukommen.

Die in diesen Zeitrahmen fallende *Transformation* der staatssozialistisch regulierten Wirtschaft der DDR und ihre *Integration* in das marktwirtschaftliche System der Bundesrepublik seit 1989/90 sind zwei weitgehend simultan verlaufende Prozesse. Für eine Analyse der Unternehmensreorganisation im Transformationsprozeß stellt sich die Frage, ob und inwieweit es Hinweise dafür gibt, daß die Simultaneität von Transformation und Integration[1] als zwei Aspekte der Fusionierung von Ost- mit West-Unternehmen und ihrer gemeinsamen betrieblichen Neustrukturierung sich zu einem Modus der betrieblichen „Transformation qua Integration" verdichtet, oder auch nicht. Sowohl die (geschlechtsspezifischen) Mobilitätsprozesse des internen Arbeitsmarktes wie auch die regionale Mobilität der MitarbeiterInnen können über die Chancen, Schwierigkeiten und das Gelingen der betrieblichen Sozialintegration Auskunft geben. In diesem Beitrag sollen dafür einige Hinweise gegeben werden.

---

1   Hier ist kurz auf die Differenz von System- und Sozialintegration einzugehen. Betrachtet man die betriebliche Ebene, so stehen Unternehmensführung wie auch die Beschäftigten vor der Aufgabe, nach dem Systembruch in den neuen Bundesländern die Reintegration der Betriebe in das (neue) ökonomische System wie auch den Wandel der betrieblichen Sozialintegration *gleichzeitig* ins Werk zu setzen. „Während beim Problem der Sozialintegration die geordneten oder konfliktgeladenen Beziehungen der Handelnden eines sozialen Systems zur Debatte stehen, dreht es sich beim Problem der Systemintegration um die geordneten oder konfliktgeladenen Beziehungen zwischen den Teilen eines sozialen Systems" (Lockwood 1979:125).

Die Zusammenführung der Deutschen Reichsbahn (DR) und der Deutschen Bundesbahn (DB) zur Deutschen Bahn AG (DB AG) 1994 und die Privatisierung des fusionierten Unternehmens sind Teil ein langwierigen Prozesses, der auch im zehnten Jahr der staatlichen Vereinigung noch andauert. Die mannigfaltigen Veränderungen auf der Organisationsebene sind seit Jahren im Fluß und stellen die Beschäftigten vor differente und komplexe Anforderungen.

Im folgenden soll die Entwicklung der beiden deutschen Bahnen von der staatlichen Vereinigung 1990 über die Zusammenführung der Deutschen Reichsbahn und der Deutschen Bundesbahn zur Deutschen Bahn AG am 1.1.1994 bis zum Jahr 1999 thematisiert werden. Zunächst werden die betrieblichen Reorganisationsprozesse und ihre Auswirkungen auf die Beschäftigung im Unternehmen dargestellt, um sich anschließend dem zentralen internen arbeitsmarktpolitischen Instrument der DB AG, dem Dienstleistungszentrum Arbeit (DZA, seit Juli 1999: DB Arbeit GmbH), unter dem Aspekt des integrationspolitischen Managements zuzuwenden. Dabei wird der betriebliche Transformations- und Integrationsprozeß geschlechtlich fokussiert. Vor dem Hintergrund der weitgehenden Erwerbsintegration von Frauen im DDR-Beschäftigungssystem wird den anhaltenden betrieblichen Restrukturierungen (marktförmige Ökonomisierung etc.) mit ihren geschlechtsspezifischen Rückwirkungen auf die Beschäftigungsperspektiven nachgegangen.

Innerhalb des Unternehmens DB AG wurden und werden Tätigkeitsfelder und Arbeitsschwerpunkte verlagert, Hierarchien neu geschnitten und Betriebsstandorte geschlossen. Der Fortgang des betrieblichen Reorganisationsprozesses hat von Beginn an auch mit der Mobilität (-sbereitschaft) der MitarbeiterInnen zu tun. Mobilität meint in diesem Zusammenhang vorrangig örtliche Mobilität, die mit einer Flexibilität bezüglich der jeweiligen Tätigkeitsfelder der Beschäftigten einhergeht;[2] Mobilität wird als Merkmal des betrieblichen Integrationsgeschehens thematisiert.

## 2. Die Deutsche Bahn AG - die staatlichen Großunternehmen Deutsche Bundesbahn und Deutsche Reichsbahn verschlanken sich zum modernen Dienstleister

Seit der „Wende" in der DDR 1989/90 waren zwischen beiden Bahnen west-östliche Abstimmungen nötig, um die Organisationsstrukturen und Tätigkeitsfelder anzugleichen und Personalneustrukturierungen zu koordinieren.

---

2 Vertikale (Aufstiegs-bzw. Abstiegs-) Mobilität ist nicht der Gegenstand dieses Beitrages.

# Regulierte Desintegration

Das 1994 fusionierte (Gesamt-) Unternehmen DB AG steht noch heute unter Privatisierungsdruck und strukturiert sich nach den Maximen von Vermarktlichung und betriebswirtschaftlicher Effektivierung der innerbetrieblichen Abläufe um.

Das Stichwort Privatisierung war im Zusammenhang mit der Deutschen Bundesbahn schon längere Zeit vor 1989/90 in der Diskussion. 1982/83 wurde vom DB-Vorstand - in Abstimmung mit dem Bund als 100%-Eigentümer - das Reformprojekt "Unternehmensstrategie DB '90" konzipiert,[3] dessen personalpolitischen Konsolidierungsziele auch weitgehend erreicht worden sind: Von 1982-1990 verminderte sich der Personalbestand um 81 500 von 314 500 P[4] auf 233 000 P, also um 25,9%. Gleichzeitig erhöhte sich die Betriebsleistung pro MitarbeiterIn (gemessen in Zugkilometern) um 4,6%.

Doch die personalpolitische Zielerfüllung konnte, da sie keine grundlegenden Veränderungen der Unternehmens- bzw. Organisations- und Ablaufstruktur beinhaltete, die sich rapide verschlechternde Ertragssituation nicht aufhalten. Ausgangspunkt der Reorganisation war ein Unternehmen, das einen ansehnlichen Schuldenberg angehäuft hatte. Dieser lag 1989 bei 44 Milliarden DM.

1989/90 setzte der gesellschaftliche Transformationsprozeß in der DDR ein. Durch die ‚Wende' initiiert erfaßte der Auftrag der Regierungskommission nun auch die Deutsche Reichsbahn. Mit dem Einigungsvertrag[5] zwischen DDR und Bundesrepublik galt seit dem 3.10.1990 das Bundesbahngesetz auch für die DR. Die übergangsweise Trennung in zwei Sondervermögen[6] wurde mit der großen Unterschiedlichkeit bezüglich der personellen und sachlich/technischen Gegebenheiten der beiden Bahnen begründet. Die organisatorisch getrennte, aber koordinierte Führung beider Bahnen sollte die

---

3 Vgl. auch Beschluß des Bundeskabinetts vom 23. November 1983.
4 „P" ist die Personaleinheit der DB.
5 Der Vertrag zur Schaffung einer Währungs-, Wirtschafts- und Sozialunion vom 18.05.1990 ebnete die juristischen Voraussetzungen für die Zusammenführung der Bahnen. Artikel 14 beinhaltet die Strukturanpassungen der Unternehmen und Artikel 26 formuliert, daß Unternehmen in un- oder mittelbarem Staatseigentum nach den Grundsätzen der Wirtschaftlichkeit zu führen und schnellstens wettbewerblich zu strukturieren sind.
6 Zu dem bereits bestehenden Sondervermögen „DB" wurde ein zweites Sondervermögen „DR" eingerichtet. Die beiden Sondervermögen DR und DB wurden zum "Bundeseisenbahnvermögen" (BEV) zusammengeführt. Das BEV wurde in einen unternehmerischen und in einen Verwaltungsbereich unterteilt. Der unternehmerische und profitable Teil des BEV wurde in die selbstverantwortlich handelnde Deutsche Bahn AG umgewandelt und ausgegliedert. Somit scheint die DB AG formal vom öffentlichen Dienstrecht und von nicht marktkonformen politischen Weisungen befreit. Der weiterhin bestehende Verwaltungsbereich des BEV wurde Dienstherr für die verbeamteten DB-MitarbeiterInnen. Er ist für die (finanziellen) Personalangelegenheiten der Versorgungsberechtigten zuständig. Die vom Bund übernommenen Schulden sowie die für den Bahnbetrieb nicht direkt benötigten Immobilien werden von ihm verwaltet.

Zusammenführung von DR und DB technisch und organisatorisch vorbereiten.

## 2.1 Die Phasen der Unternehmensreorganisation: Von der „Kooperativen Restrukturierung" zur „Institutionalisierten Verselbständigung"[7]

Das prägende Kennzeichen des betrieblichen Integrations- und Transformationsprozesses von Reichs- und Bundesbahn zur Deutschen Bahn AG war eine auch noch *nach* der staatlichen Vereinigung zunächst weiterhin bestehende *institutionelle Eigenständigkeit* beider Bahnbetriebe. Damit waren die beiden zentralen Momente vorgegeben, welche den betrieblichen Integrations- und Transformationsprozeß beider Bahnen maßgeblich beeinflußten: Zum einen der mit dem systemischen Stukturbruch in Ostdeutschland für die Reichsbahn *Anpassungsdruck,* zum anderen der mit der politisch vorgegebenen Bahnstrukturreform für *beide* Staatsbahnen gleichermaßen geltende *Wandlungsdruck,* sich zu einem marktkonformen Verkehrsdienstleister zu transformieren. Beide Prozesse waren eng miteinander verflochten und standen in einem Verhältnis wechselseitiger Interdependenz.[8] Dabei markiert das Datum der Fusionierung und Privatisierung (1.1. 1994) einen Umschlagpunkt, an dem sich der betriebliche Transformationsprozeß beider Bahnen auf neuer Stufe fortsetzte. Sein wesentliches Kennzeichen war *beschäftigungsseitig* ein von Anfang an massiv und stetig betriebener Personal*abbau* insbesondere in Ostdeutschland.

Im Verlauf des betrieblichen Integrations- und Transformationsprozesses beider Bahnen lassen sich analytisch fünf Phasen unterscheiden, die wir in unserem Projektzusammenhang

- ‚kooperative Restrukturierung'
- ‚koordinierte Marktorientierung'
- ‚fusionierte Privatisierung'
- ‚divisionalisierte Vermarktlichung' und
- ‚institutionalisierte Verselbständigung' genannt haben (Frey/Hüning/ Nickel 1999)

---

7 Die folgende Darstellung lehnt sich eng an Projektausarbeitungen an, die von Michael Frey erarbeitet worden sind (Manuskript 1998).
8 In diesem Sinne eines doppelten Strukturwandels sprechen wir von Restrukturierung. Neben der Reorganisation bestehender geht es zugleich um die Genese neuer Strukturen; betriebliche Restrukturierung wird als Teil eines umfassenden ökonomisch-sozialen Strukturwandels verstanden.

## ‚Kooperative Restrukturierung' - Getrennte Erneuerung und schrittweise Annäherung (Ende 1989 bis Ende 1990)

Der ökonomische Strukturbruch 1989/90 setzte in der *Reichsbahn* einen strukturellen Anpassungprozeß in Gang, dessen Zentrum die möglichst schnelle Herstellung ihrer Marktfähigkeit bildete. Dies schlug sich in einer durchaus gegenläufig zu nennenden ‚Doppelbewegung' nieder: Einerseits in der Dezentralisation von Aufgaben- und Kompetenzbereichen, andererseits in der Kontraktion von Organisations- und Führungsstrukturen. Dieser Dezentralisations- und Konzentrationsprozeß äußerte sich auf Seiten der *Beschäftigung* in einer drastischen Reduzierung des Personalstandes von ca. 255.000 Dienstkräften Ende 1989 auf ca. 208.000 Dienstkräfte zum Ende 1991.

Das Verhältnis zwischen *Reichs-* und Bundesbahn läßt sich in dieser Phase als schrittweise *Annäherung durch Kooperation* charakterisieren. Die spontane Ad-hoc-Zusammenarbeit auf lokaler und regionaler Ebene nach der Öffnung der Grenze wurde schon bald durch erste Ansätze einer ‚geordneten' Kooperation auf direktionaler Ebene ergänzt. Frühzeitig (März 1990) war von den Führungsspitzen beider Bahnen ein Konzept zur stufenweisen Zusammenführung präsentiert worden.

## ‚Koordinierte Marktorientierung' - ‚Blockierte Fusion' und strategische Neuorientierung (Ende 1990 bis Mitte 1993)

Demgegenüber markierte der Einigungsvertrag die (politisch) machbare Perspektive - nämlich die Koordination beider Bahnen mit dem fernen Ziel ihrer technischen und organisatorischen Zusammenführung. Mit dieser gleichsam ‚blockierten Fusion' wurde ein Strategiewechsel der betrieblichen Akteure eingeleitet: Erstens intensivierten beide Bahnen ab Ende 1990 ihre marktbezogene Zusammenarbeit deutlich. Zweitens wurde in beiden Bahnen zur Mitte 1992 eine marktorientierte Organisationsstruktur eingeführt. Reichs- und Bundesbahn wurden nun einheitlich strukturiert. An die Stelle der bislang nach Kernfunktionen gegliederten Ressorts traten nach Kerngeschäften unterteilte und ergebnisverantwortliche Unternehmensbereiche.[9] Zusammen mit der Organisations- wurde auch eine neue Führungsstruktur eingeführt: Die oberste Führungsebene beider Bahnen wurde nun nach dem Modell der Personalunion strukturiert, d.h. die Stellen und Aufgaben beider Vorstände wurden in Personalunion wahrgenommen. Die ‚koordinierte Marktaus-

---

9 Die damalige Divisionalisierung betraf nur die zentrale Aufbauorganisation von Reichs- und Bundesbahn. Die gesamte direktionale Ebene (d.h. zehn Bundesbahndirektionen und fünf Reichsbahndirektionen) einschließlich aller nachgeordneten regionalen wie lokalen Dienststellen blieb davon ausgenommen. Gleiches galt für die Zentralstellen beider Bahnen.

richtung' beider Bahnen rückte in den Mittelpunkt dieser Phase. Dies hieß auf der betrieblichen Ebene auf die Angleichung ihrer sehr unterschiedlich geprägten Strukturen und Kulturen hinzuwirken und eine „Politik des Zusammenwachsens über die personale Zusammenführung" zu betreiben (vgl. DB 1992: 10). Als ein Ausdruck dafür kann der gegenseitige Personalaustausch gelten, wie er seit Anfang 1991 zwischen beiden Bahnen praktiziert wurde.[10]

Die Unternehmenssituation der *Reichsbahn* muß in dieser Phase als desaströs bezeichnet werden. Ihr Kennzeichen war nicht Auf-, sondern *Einbruch*. Dies betraf zum einen ihre Marktstellung: Infolge des ökonomischen Strukturbruchs sackte ihr Anteil am Güter- und Personenverkehr drastisch. Das rückläufige Geschäft schlug unmittelbar auf die Personalentwicklung durch: Zwischen Ende 1989 und Ende 1992 wurden über 60.000 ReichsbahnerInnen „eingespart". Der an sich positiv zu nennende Verzicht auf betriebsbedingte Kündigungen aber hatte zur Folge, daß auf die Beschäftigten implizit ein nicht unerheblicher Druck lastete, doch möglichst ‚freiwillig' aus dem Beschäftigungsverhältnis zu scheiden. In Verbindung mit dem sogen. ‚Altersübergangsgeld' war dieser Druck insbesondere für ältere ReichsbahnerInnen sehr hoch.[11]

## *‚Fusionierte Privatisierung' - ‚institutionalisierte Konfliktregulierung' und Risiken betrieblich-sozialer Desintegration (Mitte 1993 bis Ende 1993)*

Diese Phase stand ganz im Zeichen der geplanten Bahnstrukturreform. Unter dem Aspekt des betrieblichen Integrations- und Transformationsprozesses bedeutet dies, daß ein Großteil der Entwicklungen durch *externe (politische)* Weichenstellungen beeinflußt wurde. Mit der Bahnstrukturreform stand nicht nur die betrieblich-soziale *Integration* von Reichs- und Bundesbahn auf der Tagesordnung, sondern die *Transformation* zweier öffentlich-rechtlich verfaßter Staatsbahnen in ein privatrechtliches Verkehrsunternehmen.
Die Bewältigung dieser Problemlage vollzog sich über einen Mechanismus *institutionalisierter Problem- und Konfliktregulierung*, der der strikten Tren-

---

10 Er verlief in beide Richtungen mit jeweils umgekehrten Vorzeichen: Während die Bundesbahn Fach- und Führungskräfte zur Reichsbahn entsandte, um dort den Aufbau neuer Strukturen zu unterstützen, entlieh im Gegenzug die Reichsbahn Dienstkräfte an die Bundesbahn, um dort Personallücken zu schließen. Beschäftigungspolitisch kam dieser zwischenbetrieblichen Personalhilfe die Funktion zu, daß die Reichsbahn dadurch einen, wenn auch nur kleinen Teil ihres Personalüberhangs sozialverträglich abbauen konnte.

11 Der Anteil von Frauen an den Reichsbahnbeschäftigten sank von 31,6 Prozent Ende 1990 über 31 Prozent Ende 1991 auf 29,8 Prozent zum Ende 1992. Obgleich damit noch ein relativ moderater Beschäftigungsrückgang von Frauen zu verzeichnen ist, waren es allerdings Frauen, die weit überproportional im sogen. ‚Personalmehrbestand' vertreten waren: Ihr Anteil betrug hier Ende 1991 rund 47 Prozent.

nung von marktlicher und staatlicher Rationalität entsprang. Im regulativen Zusammenspiel beider Logiken wurden die Kosten und Probleme der Privatisierung bzw. der ‚Vermarktlichung' von der betrieblichen auf die politische Ebene transferiert. Dieser Modus der ‚Problem*bewältigung* durch Problem*verlagerung*' barg ein nicht unwesentliches Potential betrieblich-sozialer Desintegration und drohte, betriebliche Segmentationslinien weiter zu verfestigen. Die Ambivalenz dieser Art von Problembewältigung zeigte sich insbesondere bei der Regulierung des Beschäftigungsproblems im Bereich der Reichsbahn: Die Gefahr einer drohenden Massenentlassung im Zuge der Bahnprivatisierung konnte zwar durch eine staatlich finanzierte ‚Arbeitsplatzgarantie' verhindert werden.[12] Dies führte jedoch im Vorfeld der Privatisierung dazu, daß sich der auf den ReichsbahnerInnen eh schon lastende Druck (s.o.) verschärfte, ihr Beschäftigungsverhältnis aufzulösen.[13] Nach der Privatisierung mündete die staatliche ‚Bestandsgarantie' in einen quasi institutionalisierten ‚Personalmehrbestand'. Die durch Rationalisierungsmaßnahmen freigesetzten Beschäftigten wurden in „Restrukturierungsabteilungen" erfaßt und vom regulären Bahngeschäft separat geführt. Der Schwerpunkt dieser Einrichtungen lag im Bereich der ehemaligen Reichsbahn.[14]

In dieser Phase war die *Unternehmensentwicklung* beider Bahnen durch Instabilitäten (makro-) ökonomischer Art gekennzeichnet. Die wirtschaftlichen Rahmenbedingungen verschlechterten sich im Jahre 1993 massiv. Die mit dem auslaufenden Vereinigungsboom zusammenhängende rezessive Entwicklung führte zu einem Nachfrageeinbruch Die schwierige Unternehmenssituation beider Bahnen fand ihren Niederschlag in der Beschäftigtenentwicklung: Der Personalstand der Bundesbahn betrug Ende 1993 rund 229.000 Beschäftigte und reduzierte sich damit gegenüber Ende 1992 um gut 7.000 Dienstkräfte. Bei der Reichsbahn waren Ende 1993 rund 148.000 Dienst-

---

12 In Artikel 2 § 22 des Gesetzes zur Neuordnung des Eisenbahnwesens (ENeuOG) verpflichtete sich der Bund zur Übernahme sog. Altlasten im Bereich der ehemaligen DR. Dazu zählen auch erhöhte Personalaufwendungen aufgrund des technisch-organisatorischen Rückstands der DR. Diese Verpflichtung wurde auf die Dauer von neun Jahren begrenzt und läuft Ende 2002 aus.
13 Vor dem Hintergrund auslaufender Kündigungsmöglichkeiten nach dem Einigungsvertrag und bedrängt durch diesbezügliche Empfehlungen aus dem politischen Raum gab der Reichsbahnvorstand im Juli 1993 ein „übertarifliches" Abfindungsangebot bei freiwilliger Beendigung des Beschäftigungsverhältnisses bekannt. Diese z.T. kampagnenhafte Abfindungsaktion erhöhte den Druck auf die Beschäftigten massiv, ablesbar an der Zahl „freiwillig" ausgeschiedener ReichsbahnerInnen: Bis zum Jahresende 1993 machten rund 26.000 MitarbeiterInnen davon Gebrauch. Knapp die Hälfte von ihnen - und damit weit überproportional - waren Frauen.
14 Eine in unseren Interviews für die Restrukturierungsabteilungen gebrauchte Umschreibung lautete nicht selten „Abschiebebahnhof". Wir haben die diesbezüglichen Maßnahmen wegen ihrer beschäftigungspolitischen Ambivalenz - einerseits Erhalt von Beschäftigung, andererseits Segmentierung derselben - auch als „zweiten" Arbeitsmarkt charakterisiert (s.u.).

kräfte beschäftigt, deren Zahl sich gegenüber Ende 1992 um 37.000 verringerte.

## Startstruktur: ‚Divisionalisierte Vermarktlichung' - ‚vertikale Desintegration' (Anfang 1994 bis Ende 1997)

Mit der Bahnstrukturreform erhielt die Bahn eine neue Führungs- und Organisationsstruktur, die den extern eingeleiteten Wandel von der ‚Behörden-' zur ‚Unternehmerbahn' auch intern dokumentieren sollte. Eine sogenannte ‚Startstruktur' aus neun Geschäftsbereichen und vier Zentralbereichen wurde geschaffen. Die Geschäftsbereiche operieren weitgehend eigenständig am Markt und genießen Finanz- und Personalhoheit. Den Zentralbereichen obliegen die Querschnittsaufgaben der Koordination und Steuerung. Gegenüber den Geschäftsbereichen üben sie die fachliche Richtlinienkompetenz aus.

Für eine solche *marktorientierte Dezentralisierung*[15] der Unternehmensstruktur war der organisatorische Rahmen bereits seit Mitte 1992 vorhanden (s.o.); die ‚Startstruktur' ging einen entscheidenden Schritt weiter: Im Gegenzug zur Bildung der Geschäftsbereiche wurden die bisherigen sogen. ‚Mittelinstanzen' von Reichs- und Bundesbahn - also die regionalen Direktionen und zentralen Ämter - aufgelöst. An die Stelle der direktionalen Gliederung trat eine *dezentrale* Organisation des Bahngeschäfts mit Regionalbereichen und Niederlassungen. Die Regionalbereiche wurden über Zielvereinbarungen und Teilergebnisverantwortung geführt.

Der Aufbau der neuen Geschäftsbereiche (Divisionalisierung: ‚Unternehmen im Unternehmen') und die Neuverteilung von Aufgaben und Kompetenzen erforderten umfangreiche Standort- und Personalverlagerungen. Die organisatorischen Maßnahmen zur Umsetzung der neuen Unternehmensstruktur stellten hohe Anforderungen an die örtliche Mobilität und berufliche Flexibilität insbesondere der ostdeutschen Beschäftigten. Mit der Divisionalisierung ging ein organisatorisches Problem einher: Durch die Aufteilung in relativ autonome Geschäftsbereiche wurde der hochgradig integrierte Großbetrieb ‚Bahn' gleichsam verikal desintegriert. Dadurch wird der unternehmerische ‚Bereichsegoismus' gefördert und die bereichsübergreifende Kooperation erschwert.

Die Einführung der divisionalen Unternehmensstruktur und die damit einhergehende ‚Vermarktlichung' der internen Austauschbeziehungen (interne Leistungsverrechnung) schlugen sich auch beschäftigungsseitig nieder. Die

---

15 Diese von uns im Projektzusammenhang gewählte Begriffsbildung lehnt sich an die von Sauer/Döhl gefundene Formulierung der „marktgesteuerten Dezentralisierung" an; wir möchten in unserem Zusammenhang vermeiden, den Markt als eigenständigen Akteur organisatorischer Gestaltung zu fassen, um der in unserem spezifischen Untersuchungsfeld engen Verbindung von marktinduzierter und politischer Gestaltung Rechnung zu tragen.

Entwicklung des Personalbestandes war einerseits von umfangreichen Personal*bewegungen* zwischen den Unternehmesbereichen geprägt, andererseits von einem forcierten Personal*abbau*. Betrug der Personalstand Anfang 1994 noch knapp 365.000 Beschäftigte, so lag er Ende 1997 bei nur noch gut 223.000 Beschäftigten.

*Zielstruktur: ‚Institutionalisierte Verselbständigung' - Fliehkräfte der Restrukturierung (seit 1998)*

Ende 1997 wurde eine neue Phase der Unternehmensentwicklung eingeleitet: Auf seiner Sitzung im Dezember 1997 stellte der Aufsichtsrat der DB AG die Weichen für die künftige ‚*Zielstruktur*' des Unternehmes. Sie schreibt die Ausgliederung und unternehmensrechtliche Verselbständigung von Unternehmensbereichen vor; beschlossen wurde eine mehrstufige Konzernstruktur mit eigenständigen Aktiengesellschaften unter dem Dach einer führenden Management-Holding. Die neuen Aktiengesellschaften wurden als sogen. ‚Führungsgesellschaften' konzipiert. Ihnen sind sämtliche Tochtergesellschaften des jeweiligen Unternehmensbereichs zugeordnet. Den Aktiengesellschaften wird von der Konzernleitung weitgehende unternehmerische Autonomie eingeräumt. Die Holding beschränkt sich auf steuernde, koordinierende uund kontrollierende Grundsatzaufgaben. Bis mindestens 2003 (dem Zeitpunkt des geplanten Börsenganges) bleibt der Bund Eigentümer der DB AG. Schon ab 1998 arbeiten die Aktiengesellschaften weitgehend in ihrer „Zielstruktur", d.h. in einem „Probelauf" (Ludewig) oder in einer „Als-ob-Phase", wie dieser Test des zukünftigen betrieblichen und geschäftlichen Alltags betriebsintern auch genannt wird.

Die unternehmensrechtliche Verselbständigung spitzt das bereits mit der Divisionalisierung aufgeworfene Problem der internen Kooperation auf neue Weise zu. Die ‚vertikale Desintegration' des Großbetriebes Eisenbahn setzt sich auf institutionalisierter Stufe fort. Damit verbindet sich die Perspektive von neuen Differenzierungslinien in den betrieblichen Arbeits- und Sozialbeziehungen. Denn künftig ist jede der Aktiengesellschaften ein tariffähiger Verhandlungspartner und dementsprechend werden die Arbeits- und Einkommensbedingungen in jedem der selbständigen Unternehmen unterschiedlich gestaltet werden. Ob das ‚Verbundunternehmen Eisenbahn' solch institutionalisierten Fliehkräften in ausreichendem Maße integrierende Gegenkräfte (Arbeitsorganisation/Sozialbeziehungen etc.) entgegenzusetzen vermag, ist zu prüfen.

## 2.2 Der interne Arbeitsmarkt - Geschlechtsspezifische Segregations- und Segmentationslinien im betrieblichen Raum

In diesem Kapitel wird die Beschäftigtenentwicklung der Deutschen Bahn AG von 1990 bis 1999 beleuchtet. Dabei wird versucht, mögliche Segmentations- und auch Segregationslinien sowie Spezifika in der (quantitativen) Entwicklung des internen Arbeitsmarktes der DB AG aufzuzeigen.

Interne Arbeitsmärkte[16] können als ein Phänomen großbetrieblicher Unternehmensstrukturen analysiert werden. Die Betrachtung der Arbeitsmarktsegmentation in der DB AG richtet sich zunächst auf die Analyse eines internen, institutionalisierten und weitgehend verregelten Arbeitsmarktes im öffentlichen Sektor, der sich im Zuge von Privatisierung und interner ‚Vermarktwirtschaftlichung' weiter aufspaltet. Segmentation meint die Neugliederung in Teilarbeitsmärkte der neugegründeten Geschäftsbereiche und der sich (unter dem Dach der Holding) tendenziell verselbständigenden Aktiengesellschaften. Innerhalb dieser Teilarbeitsmärkte unterliegen die „Allokation, Gratifizierung und Qualifizierung der Arbeitskräfte" nicht mehr wie früher einer „mehr oder weniger starken institutionalisierten Regelung" (Sengenberger 1979: 15). Die bisher eher administrativ gesteuerten Beschäftigungseinheiten erfahren im Verlaufe der Divisionalisierung (1994-1997) und der Implantation der Konzernstruktur (seit 1998) eine Brechung ihrer institutionellen Regeln: Der durch die Spitze eines bürokratischen Managements etablierte Steuerungsmechanismus „Preis" soll sie - auch untereinander - an Verhaltensweisen des externen Arbeitsmarktes heranführen. Das Dienstleistungszentrum Arbeit (DZA) hatte die damit verknüpfte notwendige Kanalisierung der internen Arbeitskräftemobilität zu bewerkstelligen und sozial abzustützen.

---

16  Ein kurzer Blick auf die internen Arbeitsmärkte beider Unternehmen vor 1990 ist hier angebracht: Grünert und Lutz (1996) bezeichnen den gesamten Arbeitsmarkt der DDR im Kontext der planwirtschaftlichen Bedingungen als internen Arbeitsmarkt. Sie begründen das damit, daß in der DDR nahezu alle "Erwerbswilligen" in den Arbeitsmarkt integriert waren; ein Marktprinzip im eigentlichen Sinne war allerdings nicht zu finden. Beschäftigungsintensive Planerfüllung bestimmte die staatlich gelenkte Beschäftigungspolitik. Das traf auch auf die Reichsbahn zu: wer in einem staatlichen Betrieb einen Arbeitsplatz innehatte, war bis zum Ende des Arbeitslebens abgesichert. Die Deutsche Bundesbahn als bundeseigene Behörde war ebenfalls nicht gezwungen, eine marktkonforme Beschäftigungspolitik zu betreiben. Geprägt durch Aufstiegsketten (Sengenberger) wurden aus dem eigenen Nachwuchs die Leitungskräfte von morgen. Wer in die behördliche Beamtenlaufbahn einstieg, dessen berufliche Laufbahn war absehbar und abgesichert - in der Form der Beamtenlaufbahn. Erst mit der Ausrichtung auf die Privatisierung zur DB AG problematisierte sich diese frühere Rekrutierungspolitik (bereits seit 1991 ging die Bundesbahn keine neuen Beamtenverhältnisse mehr ein).

## Zieldreieck

Unsere Ausgangsthese ist: Die innerbetriebliche Arbeitsmarktpolitik der DB AG steht - insbesondere seit 1994 - im Spannungsfeld des Zieldreiecks von (abzubauender) Alimentierung, betrieblicher Personalentwicklung in Richtung Marktorientierung und sozialpolitischer Abfederung der Umstrukturierung. Sie zielt auf die örtliche sowie berufliche Mobilität von großen Teilen der Belegschaft. Die Frage für das Unternehmen lautet, ob beschäftigungsseitig eine Brücke zwischen dem ökonomisch-organisatorischen Strukturwandel, der sozialen Absicherung der bislang im Unternehmen verbliebenen MitarbeiterInnen und der individuellen beruflichen Neuorientierung gefunden werden kann.

Die Einrichtung eines zweiten internen Arbeitsmarktes in Form zunächst der Restrukturierungsabteilungen in den Geschäftsbereichen und dann in Form des im Jahre 1997 gegründeten Dienstleistungszentrums Arbeit (DZA) als zentralisierte Nachfolgeinstitution der dezentralen Restrukturierungsabteilungen kann als Versuch gewertet werden, eine solche Brücke zu finden.

Die Grundidee eines zweiten konzernweiten Arbeitsmarktes ist es, den vorhandenen, aber unter den Bedingungen der betrieblichen Restrukturierung ökonomisch nicht realisierbaren Bedarf an Arbeit durch geförderte Beschäftigung aufzufangen.[17]

Wir wollen uns im folgenden der Frage zuwenden, wie die Akzente im zweiten internen Arbeitsmarkt der DB AG gesetzt wurden bzw. z.Zt. gesetzt werden.

## Beschäftigungsentwicklung der DR und DB 1990-1993

Im Jahre 1990 war die (quantitative) Beschäftigtensituation in der DR und DB eine gänzlich unterschiedliche (vgl. Grafiken 1 und 2): Zu diesem Zeitpunkt (31.12.1990) waren in der DR 236.121 Personen und in der DB 245.915 Personen beschäftigt. Um das quantitative Verhältnis der Beschäftigten beider Bahnen deutlich zu machen, werden die Beschäftigtenzahlen in bezug zur jeweiligen Schienenlänge gesetzt; für die DR ergibt sich eine Zahl von 14,8 Beschäftigten pro Betriebskilometer und für die DB 8,9 Beschäftigte pro Betriebskilometer.[18] Dieser immense Unterschied kam auch dadurch zustande, daß die DB schon in den 80er Jahren eine ‚Personalabspeckung'

---

17  Zu der damit verknüpften Intention soll hier nur auf die Debatte um den zweiten Arbeitsmarkt seit Anfang der 90er Jahre verwiesen werden (vgl. zusammenfassend Wagner 1994)
18  Diese Zahlen beziehen sich auf das Jahr 1991.

(s.o.) durchlaufen hat. Die DR mußte für die geplante Zusammenführung versuchen, ihren Personalbestand in die Nähe des Niveaus der DB zu bringen. D.h., es wurden Stellenstreichungen im großen Umfang durchgeführt. Da der Personalabbau aber ausschließlich über sozialverträgliche Maßnahmen und natürliche Fluktuation durchgeführt werden sollte, entstand ein Personalmehrbestand innerhalb der DR.

Die Kooperation der beiden Bahnen zwischen 1990 und 1993 machte sich auch im Bereich der internen Arbeitsmärkte bemerkbar. In bestimmten Bereichen der DB, z.B. bei den Lokführern, herrschte Personalbedarf, der aus der DR rekrutiert wurde. Personalüberhang in den neuen und Personalbedarf in den alten Bundesländern ist bis heute kennzeichnend für die Situation des internen Arbeitsmarktes der Bahn. Aus dieser Konstellation resultieren für die Beschäftigten der (ehemaligen) Reichsbahn hohe räumliche Mobilitätsanforderungen.

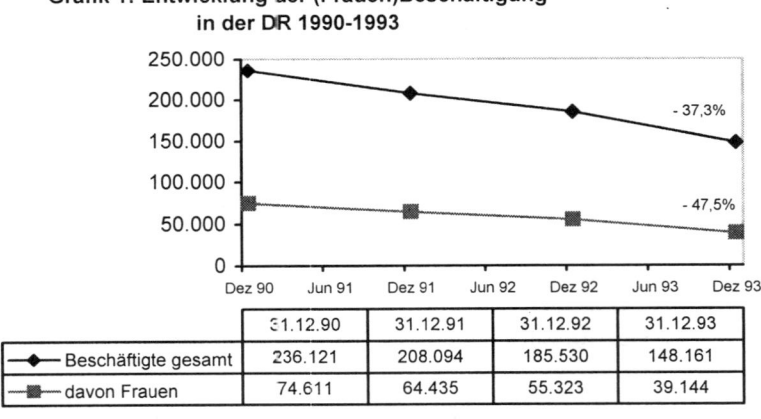

**Grafik 1: Entwicklung der (Frauen)Beschäftigung in der DR 1990-1993**

|  | 31.12.90 | 31.12.91 | 31.12.92 | 31.12.93 |
|---|---|---|---|---|
| Beschäftigte gesamt | 236.121 | 208.094 | 185.530 | 148.161 |
| davon Frauen | 74.611 | 64.435 | 55.323 | 39.144 |

Quelle: betriebsinterne Dokumente, eigene Darstellung

Im Hinblick auf die Frauenerwerbstätigkeit ist im Vergleich der beiden Bahnen ein großer Unterschied feststellbar. Die DB, mit einem Frauenanteil von durchschnittlich ca. 6% (vgl. Grafik 2), ist ein eindeutig männlich segregiertes Unternehmen. Die DR hingegen, die mit einem Frauenanteil von über 31% (vgl. Grafik 1) in den Fusionsprozeß gelangte, kann als Mischbranche bezeichnet werden.

Grafik 1 veranschaulicht den Prozeß der Unternehmensrestrukturierung auf der Ebene der Beschäftigtenentwicklung:

Regulierte Desintegration

Zwischen Ende 1990 und Ende 1993 ist die Gesamtzahl der Beschäftigten der DR um 37,3% (d.h. 87.960 Beschäftigte) zurück gegangen. Dabei ist der Anteil von weiblichen Beschäftigten mit 47,5% überproportional betroffen gewesen, knapp die Hälfte der ehemals 74.611 (Ende 1990) beschäftigten Frauen der DR haben in der Zeit bis Ende 1993 das Unternehmen verlassen. Hier deuten sich zum einen *zunehmende Segregationslinien* an. Zum anderen zeigt sich, daß dieser Prozeß auch mit *Selbstselektionsprozessen* auf seiten der Reichsbahnerinnen verbunden ist. Wie durch ExpertInnengespräch bestätigt, deutet die überproportionale Abnahme des Frauenanteils auf eine überproportionale Akzeptanz verschiedener Abfindungsregelungen von Frauen hin.

**Grafik 2: Entwicklung der (Frauen)Beschäftigung in der DB 1990-1993**

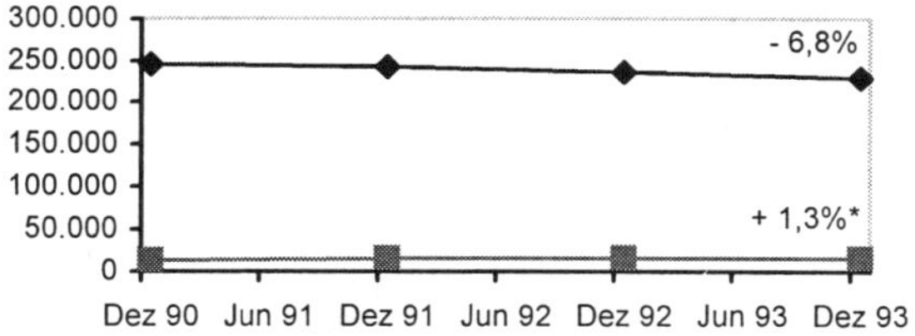

|  | 31.12.90 | 31.12.91 | 31.12.92 | 31.12.93 |
|---|---|---|---|---|
| Beschäftigte gesamt | 245.915 | 242.735 | 236.593 | 229.310 |
| davon Frauen | 13.051 | 15.606 | 16.618 | 15.812 |

Quelle: betriebsinterne Dokumente, eigene Darstellung
\* Veränderung im Vergleich zu 1991, da im Jahr 1990 die Zahl der in der DB beschäftigten Frauen nicht die weiblichen Auszubildenenden beinhaltet (im Gegesatz zu den folgenden Jahren).

Die Beschäftigtenentwicklung innerhalb der DB stellt sich im betrachteten Zeitraum (vgl. Grafik 2) entspannter dar als in der DR: Die Zahl der Beschäftigten hat insgesamt um 6,8% abgenommen. Für weibliche Beschäftigte der DB hatte diese Entwicklung wenig Konsequenzen: In absoluten Zahlen ist 1991/92 sogar ein Zuwachs zu verzeichnen, der 1993 allerdings wieder (leicht) rückläufig war. Insgesamt stagniert ihr Anteil bei etwa 6,5%-7%.

Hier bleibt die Frage offen,[19] inwieweit diese Entwicklung auf auf die Kooperation der beiden Bahnen (hier ihrer internen Arbeitsmärkte) zurückzuführen ist.

---

19 Eine entsprechend notwendige Ausdifferenzierung des Zahlenmaterials liegt nicht vor.

## Beschäftigungsentwicklung der DB AG von 1994 bis 1998

Die oben dargestellte Entwicklungen brechen mit der Gründung der DB AG 1994 nicht ab. Im Gegenteil, es gibt Hinweise[20] dafür, daß jetzt auch der Bereich der ehemaligen DB vermehrt vom Personalabbau betroffen war. Die durchgreifende marktorientierte Dezentralisierung, die die einzelnen Geschäftsbereiche ergebnisorientiert und auch in Konkurrenz zu einander agieren läßt, zieht die Schnur des Kostendrucks weiter zusammen.

Grafik 3: Entwicklung der (Frauen)Beschäftigung DB AG 1994-1998

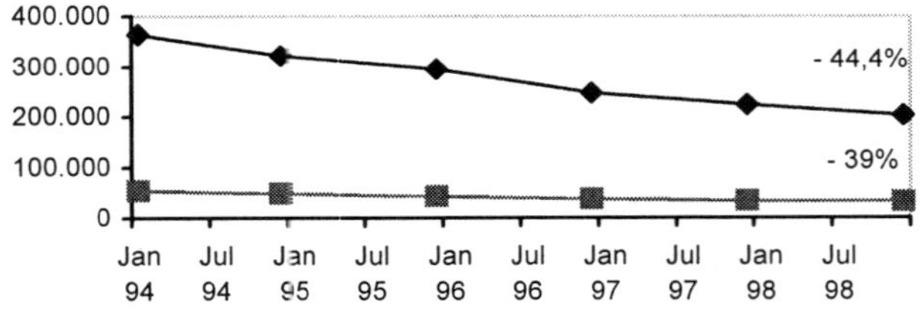

|  | 01.01.94 | 31.12.94 | 31.12.95 | 31.12.96 | 31.12.97 | 31.12.98 |
|---|---|---|---|---|---|---|
| Beschäftigte insgesamt | 364.960 | 322.383 | 294.844 | 246.859 | 223.523 | 202.793 |
| weibliche Beschäftigte | 53.900 | 48.971 | 43.556 | 37.945 | 34.165 | 32.852 |

Quelle: betriebsinterne Dokumente, eigene Darstellung

Der Personalbestand der DB AG hat sich vom 1.1.1994 bis Ende 1998 um 44,4% verringert, d.h. 162.167 Beschäftigte sind innerhalb von vier Jahren aus dem Unternehmen ausgeschieden (vgl. Grafik 3). Dieser Personalabbau ist zahlenmäßig bei den männlichen Beschäftigten etwas stärker. Die Zahl der beschäftigten Frauen hat innerhalb des betrachteten Zeitraums um 21.048 (39%) abgenommen. Der Frauenanteil im Gesamtunternehmen scheint mit ca. 15% einen relativ konstanten Pegel erreicht zu haben.

---

20 Leider läßt die Datenlage keine durchgängige Unterscheidung in ABL und NBL (also ehemaliger Bereich der DR und der DB) zu.

## Beschäftigungsentwicklung einzelner Geschäftsbereiche

Die von uns betrachteten Geschäftsbereiche - Personenbahnhöfe, Fernverkehr und Netz - sind von dem fortschreitenden Personalabbau in unterschiedlichem Ausmaß betroffen.
Der Geschäftsbereich Netz, der in puncto Personalumfang der größte Geschäftsbereich ist, hat innerhalb der vier Jahre seit 1994 44,5% seiner Beschäftigten abgebaut. Auch der Geschäftsbereich Fernverkehr ist durch einen kontinuierlichen Personalrückgang von insgesamt 19,1% gekennzeichnet.

Die Besonderheit des *Geschäftbereiches Personenbahnhöfe* ist, daß er, im Gegensatz zu den übrigen Geschäftsbereichen, erst zum 1.1.1994 im Unternehmen etabliert worden ist.

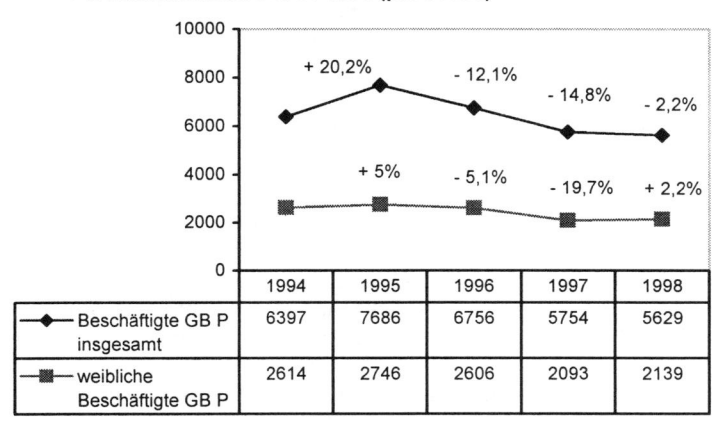

**Grafik 4: Entwicklung der (Frauen)Beschäftigung im GB Personenbahnhöfe 1994-1998 (per 31.12.)**

| | 1994 | 1995 | 1996 | 1997 | 1998 |
|---|---|---|---|---|---|
| ◆ Beschäftigte GB P insgesamt | 6397 | 7686 | 6756 | 5754 | 5629 |
| ■ weibliche Beschäftigte GB P | 2614 | 2746 | 2606 | 2093 | 2139 |

Quelle: betriebsinterne Dokumente, eigene Darstellung (Prozentangaben im Vergleich zum Vorjahr)

Die Funktionen und Aufgaben - die Bewirtschaftung und Vermarktung der Bahnhöfe - gab es vorher in dieser besonderen organisatorischen Form nicht. Kennzeichnend für diesen Geschäftsbereich sind serviceorientierte Tätigkeiten (3S-Zentrale, Servicepoint, etc.), die unmittelbaren Kundenkontakt beinhalten. D.h. für die Beschäftigungsentwicklung, daß hier zunächst eine Aufbauphase zu erwarten war, die aufgrund der Tätigkeitsprofile auch eine erweiterte Erwerbsmöglichkeit für Frauen darstellt. (Vgl. auch den Beitrag von I. Peinl in diesem Band)

In Grafik 4 wird die Prosperitätsphase[21] des GB Personenbahnhöfe in puncto Beschäftigtenzahlen bis Ende 1995 deutlich. Von Ende 1995 bis Ende 1997 fällt die Zahl der Beschäftigten um 25% ab.

**Grafik 5: Entwicklung der Frauenbeschäftigung im GB Personenbahnhöfe in den NBL/ABL 1994-1997**

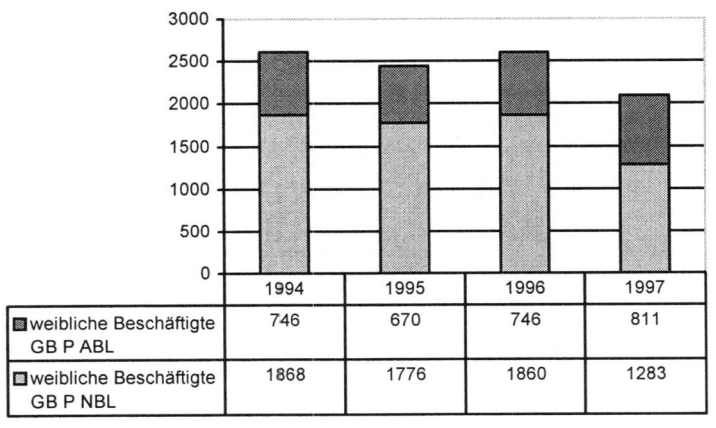

| | 1994 | 1995 | 1996 | 1997 |
|---|---|---|---|---|
| ■ weibliche Beschäftigte GB P ABL | 746 | 670 | 746 | 811 |
| ▨ weibliche Beschäftigte GB P NBL | 1868 | 1776 | 1860 | 1283 |

Quelle: betriebsinterne Dokumente, eigene Darstellung

Interessant ist, daß der Frauenanteil in diesem Bereich deutlich über dem Unternehmensdurchschnitt von ca. 15% liegt. Dies gilt sowohl für die neuen als auch für die alten Bundesländer. Grafik 5 zeigt allerdings, daß der Rückgang zu Lasten der Frauen in den NBL geht. In den ABL hingegen nimmt die Zahl der im Bereich Personenbahnhöfe beschäftigten Frauen weiter zu.

Für ehemalige Reichsbahnerinnen stellt sich die Situation im *Geschäftsbereich Fernverkehr* ähnlich dar

Die Grafiken 6 und 7 verdeutlichen, daß sie den Geschäftsbereich überproportional verlassen (müssen). Der Anteil der Frauen hat sich um 10 Prozentpunkte vermindert. In den neuen Bundesländern entwickelt sich der Geschäftsbereich Fernverkehr weg von einem weiblich segregiertem Bereich.

---

21 Die Beschäftigten wurden verstärkt aus dem Personalmehrbestand rekrutiert.

Regulierte Desintegration

**Grafik 6: Entwicklung der (Frauen)Beschäftigung im GB Fernverkehr 1994-1998 (per 31.12)**

|  | 1994 | 1995 | 1996 | 1997 | 1998 |
|---|---|---|---|---|---|
| ◆ Beschäftigte GB F insgesamt | 20998 | 19577 | 18757 | 17797 | 35938 |
| ■ weibliche Beschäftigte GB F | 7539 | 6916 | 6691 | 6275 | 9200 |

Prozentangaben (im Vergleich zum Vorjahr): -6,8%, -4,2%, -5,1%, +100,1%*; -8,3%, -3,3%, -6,2%, +46,6%**

Quelle: betriebsinterne Dokumente, eigene Darstellung (Prozentangaben im Vergleich zum Vorjahr)
* ** Im Zuge der 2. Stufe der Bahnreform sind der GB Fernverkehr in die Konzernsparte DB Reise und Touristik und der GB Netz in die DB Netz AG aufgegangen; demzufolge beinhalten sie weitere Gesellschaften, die den Personalanstieg 1998 generieren

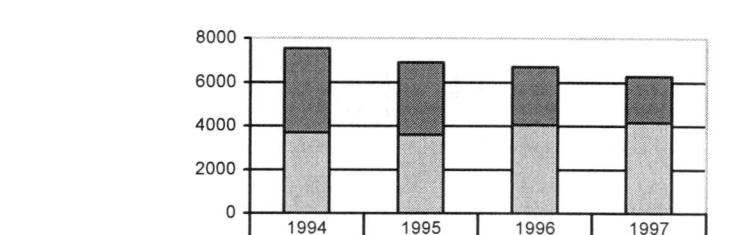

**Grafik 7: Entwicklung der Frauenbeschäftigung im GB Fernverkehr in den NBL/ABL 1994-1997**

|  | 1994 | 1995 | 1996 | 1997 |
|---|---|---|---|---|
| ▨ weibliche Beschäftigte GB F NBL | 3865 | 3327 | 2642 | 2104 |
| ▢ weibliche Beschäftigte GB F ABL | 3674 | 3589 | 4049 | 4171 |

Quelle: betriebsinterne Dokumente, eigene Darstellung

Die Zahl der beschäftigten Frauen in den alten Bundesländern hingegen ist (leicht) zunehmend. Auch hier liegt der Frauenanteil über dem Unternehmensdurchschnitt. Zwischen den alten und den neuen Bundesländern deuten sich die *konträr verlaufende Entwicklungslinien* an: Während der Anteil von

Frauen in den neuen Bundesländern kontinuierlich abnimmt, ist in den alten ein Zuwachs erkennbar. Insgesamt ist der Rückgang der weiblichen Beschäftigten aber im Bereich Fernverkehr etwas höher als der generelle Beschäftigungsrückgang in diesem Geschäftsbereich; d.h., hier zeichnen sich zunehmend Schließungsprozesse gegenüber der Frauenbeschäftigung in den neuen Bundesländern ab.

Der *Geschäftsbereich Netz* ist, wie oben schon angesprochen, am stärksten vom Personalabbau betroffen. Seit Ende 1994 ist der Personalbestand insgesamt um 29,3% zurückgegangen (vgl. Grafik 8). Die weiblichen Beschäftigten sind hier nicht überproportional betroffen. Wobei der Frauenanteil, im Gegensatz zu den anderen beiden Geschäftsbereichen, nicht über dem Unternehmensdurchschnitt liegt auf den Gebieten der ehemaligen DR liegt der Durchschnitt bei ca. 28%, bei der DB. bei 5,5% (vgl. Grafik 9).

**Grafik 8: Entwicklung der (Frauen)Beschäftigung im GB Netz 1994-1998 (per 31.12.)**

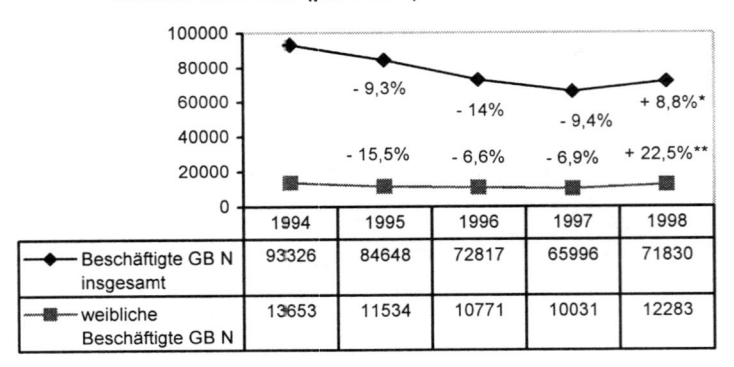

| | 1994 | 1995 | 1996 | 1997 | 1998 |
|---|---|---|---|---|---|
| Beschäftigte GB N insgesamt | 93326 | 84648 | 72817 | 65996 | 71830 |
| weibliche Beschäftigte GB N | 13653 | 11534 | 10771 | 10031 | 12283 |

Beschäftigte GB N insgesamt: -9,3% / -14% / -9,4% / +8,8%*
weibliche Beschäftigte GB N: -15,5% / -6,6% / -6,9% / +22,5%**

Quelle: betriebsinterne Dokumente, eigene Darstellung (Prozentangaben im Vergleich zum Vorjahr)

Für den Bereich Netz läßt sich durch den Personalabbau bisher keine Verschiebung der männlichen und weiblichen Beschäftigtenzahlen erkennen. Aber gerade in diesem Bereich wird weiterhin verstärkt Personal abgebaut werden (z.B. in den Stellwerken); ob das weiterhin in einer relativ geschlechtsneutralen Form geschehen wird, bleibt abzuwarten.

Regulierte Desintegration 193

**Grafik 9: Entwicklung der Frauenbeschäftigung im GB Netz in den NBL/ABL 1994-1997**

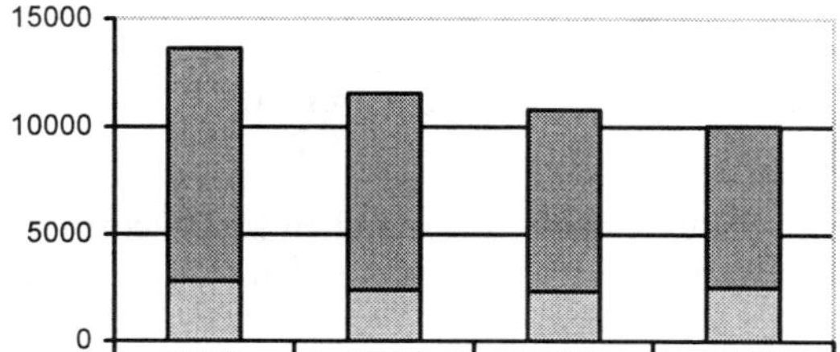

|  | 1994 | 1995 | 1996 | 1997 |
|---|---|---|---|---|
| weibliche Beschäftigte GB N NBL | 10804 | 9108 | 8394 | 7461 |
| weibliche Beschäftigte GB N ABL | 2849 | 2426 | 2377 | 2570 |

Quelle: betriebsinterne Dokumente, eigene Darstellung

## 2.3 Probleme des internen Arbeitsmarktes im Prozeß interner Vermarktlichung

Die (betrieblichen) Transformationsprozesse in den ehemals staatssozialistischen Ländern und die Transformation des (westlichen) Regulationsmodells haben zwar gänzlich unterschiedliche Ausgangspunkte, aber ein zentrales Merkmal gemeinsam, nämlich einen seit bald zehn Jahren beschleunigten Personalabbau zu bewältigen. Dabei wird in dem hier zur Diskussion stehenden Dienstleistungsunternehmen zu einem neuen Konzept betriebsnaher Arbeitsmarktpolitik gegriffen: Mobilitätsförderung, d.h. „den betrieblichen Personalabbau als Vermittlung in neue Arbeitsverhältnisse zu praktizieren" (Schrader 1998: 53).

Mit Gründung der DB AG erreichte das öffentliche Unternehmen mit ihrer Gründung die Grenzen der (politischen) Erträglichkeit beim Personalabbau. Die Unternehmensführung versucht sich seither auf dem Felde einer ‚präventiven Arbeitsmarktpolitik'. Zwar steckt sowohl die Branche (Verkehr/ Bahn) wie auch das Unternehmen in einer strukturellen Krise, doch war 1994/95 nicht daran zu denken, das Unternehmen zu schließen bzw. betriebsbedingte Kündigungen durchzusetzen. Es galt, die Nichterwerbstätigkeit politisch zu regulieren. Zu diesem Zweck wurden die ‚überzähligen MitarbeiterInnen' aus dem operativen Geschehen der Geschäftsbereiche ausgegliedert und in sogenannte „Restrukturierungsabteilungen" übergeführt, um den Personalmehrbestand sichtbar zu machen.

## Das Dienstleistungszentrum Arbeit

Die Notwendigkeit eines professionellen Managements des seit Einsetzen der Restrukuturierungsprozesse existierenden Personalmehrbestandes kristallisierte sich schrittweise in den Jahren nach der Fusion heraus. Der Mehrbestand drückte das Betriebsergebnis der Geschäftsbereiche nach unten. So wurde entschieden, den Mehrbestand zentral zu managen - in der Form des zum 1.3. 1997 gegründeten „Dienstleistungszentrums Arbeit". Die Weiterentwicklung der Restrukturierungsabteilungen[22] zum DZA und seine Institutionalisierung[23] zum zentralisierten zweiten Arbeitsmarkt ist ein Ergebnis von Aushandlungen zwischen dem Vorstand und dem Gesamtbetriebsrat: Einerseits faßte man das Problem der Finanzierung des Mehrbestandes zentralisiert zusammen, um die ergebnisorientierten Geschäftsbereiche zu entlasten; mit dem weiterhin geltenden Verzicht auf betriebsbedingte Kündigungen wurde zum anderen der sozialpolitischen Verantwortung Rechnung getragen.

Die Aufgaben des DZA liegen gemäß der Gesamtbetriebsvereinbarung über den konzernweiten Arbeitsmarkt der DB AG-Unternehmen in der Vermittlung sozial verträglicher Wechsel auf freie Stellen innerhalb des Konzerns, in der Förderung beruflicher Mobilität sowie in der Beratungsfunktion für die Geschäftsbereiche bezüglich mobilitätsfördernder Maßnahmen. Nach wie vor befindet sich die überwiegende Zahl der offenen Stellen der DB AG (84%) in den alten Bundesländern (DZA: 10/1997).

Das DZA hat also die Funktion einer internen Arbeitsvermittlung. Es soll als ‚Brücke' für eine qualifizierte Rückkehr in den Konzern selbst bzw. als

---

22 Die dezentral organisierten Restrukturierungsabteilungen wurden 1995 gegründet. Insgesamt haben bis 1997 ca. 50.000 Beschäftigte die Restrukturieungsabteilungen durchlaufen, d.h. sie sind entweder (sozialverträglich) aus dem Unternehmen ausgeschieden oder wurden unbefristet bzw. befristet innerhalb des Konzens vermittelt.

23 Als Institutionalisierung bezeichnen wir den Vorgang deshalb, weil es keine zeitliche oder sonstige Befristung für dieses Instrument gibt. Die Förderung räumlicher wie auch beruflicher Mobilität (im Sprachgebrauch der DB AG: Flexibilisierung der beruflichen und Tätigkeitsfelder) haben das Ziel, den Subjekten zu einer beruflichen Neuorientierung und zum Abschluß neuer, wenn möglich unbefristeter Arbeitsverhältnisse zu verhelfen. Beides setzt im DZA eine gute Kenntnis über die Struktur und Entwicklung der konzernweiten Teilarbeitsmärkte wie aber auch der Branchen- und regionalen Arbeitsmärkte in der Bundesrepublik voraus. Der erfogreiche Transfer dieses Instrumentes und seine endgültige Etablierung im Konzern sowie als erfolgreiches Leiharbeitsunternehmen am bundesweiten (externen) Arbeitsmarkt, bleibt abzuwarten.

Vermittlung an Dritte fungieren. Dazu müssen alle innerhalb des Konzerns freiwerdenden Stellen dem DZA gemeldet und zusätzlich im betriebsinternen "Stellenmarkt aktuell" veröffentlicht werden. Lehnt ein Beschäftigter einen Wechsel auf eine als zumutbar eingestufte Stelle ab, erfolgt eine Abmahnung. Nach zweimaliger Abmahnung kann eine personenbezogene Kündigung ausgesprochen werden.

Organisatorisch besteht das DZA gegenwärtig aus einer zentralen Koordinationsstelle und 14 regionalen Vermittlungsbüros, von denen sich sechs in den alten und acht in den neuen Bundesländern befinden.

Diese Struktur bildet nicht einfach die Struktur der DB AG ab, sondern hat die weiterführende Option für eine „relative Verselbständigung" des DZA als eine eigenständige und ergebnisorientierte GmbH. Sie soll perspektivisch als Leiharbeitsfirma/Zeitarbeit auf dem bundesweiten Arbeitsmarkt agieren. Die Zentralisierung des Personalmehrbestandes aus den vormals dezentralen Restrukturierungsabteilungen war mithin zugleich die organisatorische Basis für diese „zukunftsweisende" Option.

## Personalbewegungen im Dienstleistungszentrum Arbeit

Vom 1.3.1997 bis zum 31.12.1998 wurden insgesamt 13.908[24] Beschäftigte in das Dienstleistungszentrum Arbeit versetzt. Zum 31. Dezember 1998 verblieben 3.707 Beschäftigte, so daß insgesamt innerhalb dieses Zeitraumes 11.930[25] Personen das DZA wieder verließen. Von diesen haben 1.903 (16%) auf dem Wege der Fluktuation (davon 56 durch Kündigung seitens des Unternehmens), 5.169 (43%) durch Vermittlung auf Arbeitsplätze und 4.858 (41%) Beschäftigte durch einvernehmliches Ausscheiden (Aufhebungsvertrag mit bzw. ohne Abfindung, Vorruhestand, vorzeitige Versetzung in den Ruhestand) das DZA verlassen.

Die Personalüberlassung (Zeitarbeit) als arbeitsmarktpolitisches (Integrations-) Instrument gewinnt vor allem seit 1998 zunehmend an Bedeutung: von 100 aktuell zur Verfügung stehenden MitarbeiterInnen befanden sich durchschnittlich 75 innerhalb oder außerhalb des Konzerns in Personalüberlassung.

Die Schwerpunkte des konzernweiten Stellenabbaus schlagen sich auch in der Statistik des DZA nieder. Vor allem aus den gewerblich-technisch ausgerichteten Geschäftsbereichen wie Werke, Bahnbau, Traktion, Cargo und Stückgut und dem Schwerpunkt der verwalterischen Aufgaben, dem Ge-

---

24  Hinzu kommen 1.729 Personalzugänge aus dem passiven Personalbestand („Zur Realisierung von Arbeitsvermittlung und Leiharbeit aktuell nicht zur Verfügung stehende Mitarbeiter, (z.B. befristet versetzt/abgeordnet, Dauerkranke, Wehrdienst, Mutterjahr, Beurlaubung, etc.)" (DB AG 1997c: 11.97))
25  Die gezeichneten Personalbewegungen schließen den passiven Bestand ein.

schäftsbereich Netz werden MitarbeiterInnen in das DZA übergeleitet. In diesen Bereichen ist auch zukünftig mit weiterem Personalabbau zu rechnen. In den kundenorientierten Bereichen, wie z.B. in den Geschäftsbereichen Personenbahnhöfe und Fernverkehr (vgl. Grafiken 4 und 6) , ist der Beschäftigungsaufbau abgebremst und in eine Konsolidierung der Personalsituation übergegangen; zu rechnen ist auch hier nicht mit einem Beschäftigungsaufbau in größerem Umfang. Insgesamt gibt es, neben der Tatsache, daß Frauen einen hohen Anteil am Personalbestand des DZA haben, einige weitere Auffälligkeiten:

- Ein hoher Krankenstand von durchschnittlich 15%; er liegt weit über dem des Bahnbereichsdurchschnittes von 6,1%.
- Der Anteil schwerbehinderter Personen liegt weit über dem Durchschnitt des Bahnbereiches: 12,2% der betreuten MitarbeiterInnen sind - im Vergleich zu 3,1% im Bahnbereich - schwerbehindert.
- Der Altersdurchschnitt fällt im DZA höher aus als im Bahnbereich. 25,2% der betreuten MitarbeiterInnen sind zwischen 45 bis 54 Jahre alt, im Bahnbereich ist dieselbe Altersgruppe nur mit 15,1% vertreten.

Die ‚Brückenfunktion' als zweiter interner Arbeitsmarkt zum ersten hat offensichtlich nur für einen Teil der Beschäftigten gegriffen (und hier wahrscheinlich als ‚Einbahnstraße' aus dem Unternehmen heraus). Der konzeptionelle Reintegrationsansatz ist somit ins Hintertreffen geraten. Vielmehr bestätigt sich, daß die Versetzungspolitik in den Personalmehrbestand wie auch in die Restrukturierungsabteilungen den Beigeschmack des ‚Entledigens von unproduktiven MitarbeiterInnen' (vgl. Interview 532/13/586-631) hatte.

Hier zeichnet sich eine Problemlage ab, die wir auf dem externen Arbeitsmarkt schon länger beobachten können: Langzeitarbeitslosigkeit. Es scheinen sich unter den in das DZA übergeleiteten Beschäftigten die klassischen Problemgruppen des externen Arbeitsmarktes herauszuschälen (Ältere, Behinderte, Frauen, gering Qualifizierte). So ist auch hier festzustellen, daß sich von den mit der Gründung des DZA aus den Restrukturierungsabteilungen übernommenen Beschäftigten ca. 2.000 Personen bereits seit 10-18 Monaten in den Restrukturierungs- abteilungen befanden (vgl. DZA Monatsberichte).

Diese ‚Sediment-Bildung' kann aber auch als Ergebnis einer *nicht stringent durchgeführten Restrukturierungspolitik* angesehen werden: Mit dem Blick auf das Eigeninteresse der Geschäftsbereiche wurde darauf vertraut, daß die Restrukturierungsabteilungen bzw. das DZA die Lasten tragen und die Problemlage managen werden. Daraus resultiert der Möglichkeit nach die Gefahr, daß die durch den Ausschluß der betriebsbedingten Kündigungen eingegangene sozialpolitische Verpflichtung für bestimmte Beschäftigtengruppen zu einer reinen Versorgungspolitik degenerieren kann. Diese Ent-

# Regulierte Desintegration

wicklung stellt die betriebliche Arbeitsmarktpolitik vor die Frage, wie integrativ sie auf Dauer wirken kann.

Die angestrebte Ergebnisorientierung des DZA wird wohl letztlich auch dafür eine „marktkonforme" Problemlösung erzwingen. Der in den Geschäftsbereichen und Aktiengesellschaften weiterhin betriebene Personalabbau impliziert(e) die Möglichkeit, vermehrt diejenigen MitarbeiterInnen ins DZA überzuleiten, die nicht optimal zum Betriebsergebnis beitragen. Das DZA sah sich gezwungen, eine >aktive Mitbestimmung< darüber auszuhandeln, welche MitarbeiterInnen ihm zugeleitet werden oder nicht (,Bonus-Malus-Regelung').

Was sagen uns die Zahlen der Personalbewegung über die kurze Geschichte des DZA?

Grafik 10 verdeutlicht, daß sowohl in den neuen Bundesländern (NBL) als auch in den alten Bundesländern (ABL) eine weitere Personalreduktion stattgefunden hat.

**Grafik 10: Entwicklung der Beschäftigung im DZA nach ABL/NBL**

|   | 31.03.97 | 30.06.97 | 30.09.97 | 31.12.97 | 31.03.98 | 30.06.98 | 30.09.98 | 31.12.98 |
|---|---|---|---|---|---|---|---|---|
| NBL | 2.630 | 2.932 | 3.287 | 3.083 | 2.563 | 2.333 | 2003 | 1737 |
| ABL | 1.598 | 2.185 | 2.553 | 2.641 | 3.220 | 2.839 | 2310 | 1970 |

Quelle: betriebsinterne Dokumente, eigene Darstellung

Der Personalabbau trifft inzwischen im Bereich der DB AG die alten und neuen Bundesländer nahezu gleichermaßen. Dies stellt, verglichen mit dem Zeitraum bis 1994, eine neue Entwicklung dar. Der gegenwärtige Personalabbau scheint also durch die Verschlankung der gesamten DB AG und nicht (mehr) mehrheitlich durch die Umstrukturierungen in den neuen Bundesländern verursacht zu sein.

Dementsprechend steigt auch der Anteil der in das DZA übergeleiteten und von ihm betreuten Mitarbeiter und Mitarbeiterinnen aus den ABL an: waren zu Beginn noch 62,4% der Beschäftigten in den NBL verortet, so sind es Ende 1998 noch 46,9%. Dabei scheint, so ist begründet zu vermuten, ein erheblicher Teil der aus den NBL stammenden Beschäftigten schon aus Zeiten der Restrukturierungsabteilungen zu resultieren und damit die relativ lange durchschnittliche Betriebszugehörigkeit zum DZA zu erklären (insgesamt ca. 7 Monate). Es zeichnet sich ab, daß sich das Verhältnis ABL/NBL im DZA dem des Bahnbereichs annähert. Dies bedeutet nicht, daß sich die Situation für die Beschäftigten in den NBL hinsichtlich des Personalabbaus entspannt, sondern nur, daß sich der marktorientierte Zwang zur Rentabilität nun auch verstärkt für die Beschäftigen in den ABL in Form von Personalabbau bemerkbar macht.

Obgleich im Verlauf 1997/1998 weiter Personal im Bahnbereich abgebaut wurde, blieb der Anteil weiblicher Beschäftigter relativ konstant (vgl. Grafik 3). Der Abbau ging also einigermaßen paritätisch zu Lasten von Männern und Frauen vor sich. Gleichzeitig ist ein MitarbeiterInnenzuwachs im DZA zu konstatieren, der im Verhältnis wie in absoluten Zahlen mehrheitlich durch männliche Beschäftigte bestimmt wird, d.h., das bahnweite Geschlechterverhältnis spiegelt sich hier nicht 1:1 wieder (vgl. Grafik 11).

**Grafik 11: Entwicklung der Beschäftigung im DZA nach Geschlecht**

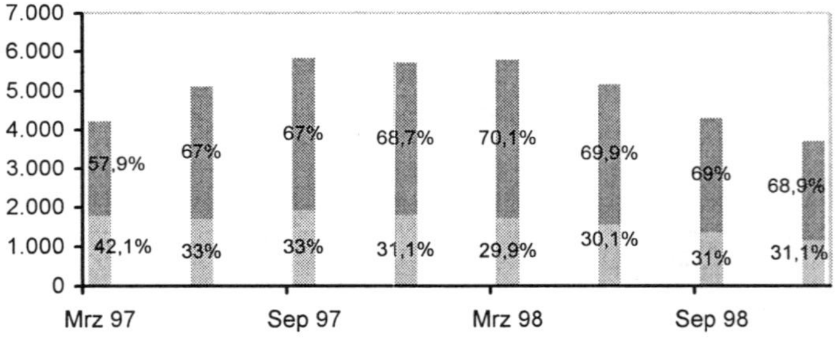

|         | 31.03.97 | 30.06.97 | 30.09.97 | 31.12.97 | 31.03.98 | 30.06.98 | 30.09.98 | 31.12.98 |
|---------|----------|----------|----------|----------|----------|----------|----------|----------|
| Männer  | 2.441    | 3.425    | 3.914    | 3.932    | 4.056    | 3.614    | 2975     | 2554     |
| Fauen   | 1.787    | 1.692    | 1.926    | 1.792    | 1.727    | 1.558    | 1338     | 1153     |

Quelle: betriebsinterne Dokumente, eigene Darstellung

Dies könnte darauf hindeuten, daß Frauen vermehrt ein Ausscheiden aus dem Unternehmen qua sozialverträglicher Maßnahme dem letztlich ungewissen Verbleiben im DZA vorziehen. Dies könnte angesichts des wachsenden Restrukturierungsdrucks im Unternehmen als eine Form von Selbstselektion interpretiert werden. Weshalb Frauen vermehrt auf diese Möglichkeit zurückgreifen, bleibt vorerst offen. Wir vermuten u.a., daß zum einen innerhalb der Familien ein stabiles Einkommen erreicht ist, die Frauen zum andern die komplizierten Jahre des gesellschaftlichen Umbruchs überbrückt haben und sich nun den hohen betrieblichen Anforderungen an ihre entziehen (s. dazu auch Völker in diesem Band).

## DZA: Arbeitsamt mit Zeitarbeit

Es ist nicht zu übersehen, daß sich die anfängliche Beschäftigungsstrategie des DZA, viele Einzelfallösungen zu finden, also einer Individualisierungsoption den Vorzug zu geben, sich zunehmend als >Individualisierungsfalle< für die betreuten MitarbeiterInnen entpuppt: Für die Individuen stellt sich die Situation als ein mit einem hohen Grad an Offenheit und Unsicherheit verbundener Prozeß dar, der berufliche Entwicklungsoptionen kaum erkennen läßt. Angesichts der angespannten Situation auf dem Arbeitsmarkt der Bundesrepublik ist davon auszugehen, daß in der augenblicklichen Phase konzerninterne Bewegungen der MitarbeiterInnen gegenüber außerbetrieblichen Stellenwechseln eine nach wie vor höhere Bedeutung haben. Auch wenn sich mit der Realisierung der zweiten Stufe der Bahnreform, die das DZA in eine eigenständige Rechtsform, die DB Arbeit GmbH (seit Juli 1999), wandelt, neue Tendenzen abzeichnen und weitere Geschäftsfelder (Personalüberlassung/ Zeitarbeit) mit eisenbahntypischen Funktionen erschlossen werden sollen, wird man abwarten müssen, ob es der DB Arbeit GmbH gelingt, mit der verstärkten Politik der Öffnung zum externen Arbeitsmarkt die oben gezeigten geschlechtsspezifischen Grenzziehungen durchlässiger zu machen.

Die Restrukturierungsabteilungen in den Geschäftsbereichen und das DZA wurden in der DB AG initiert, um die Prozesse der Reduktion und des Umbaus des Arbeitskräftepotentials sowie seine Mobilität innerhalb des Unternehmens wie auch zum externen Arbeitsmarkt zu kanalisieren und sozial abzufangen. Die Institutionalisierung des DZA als interner, zunächst relativ geschlossener Arbeitsmarkt war nicht als Konstituierung einer 'administrativen Beschäftigungseinheit' vorgesehen. Es ging nicht um „relative Sicherheit" mit Aufstiegs- und Anciennitätsordnung, die „sozialintegrative und arbeitskulturelle Faktoren auch in Form von Loyalitätsbindung einbezieht" (Stöhr 1998:37), sondern >marktorientierte Dezentralisierung< war auch das Stichwort für die Etablierung des DZA. Obgleich als zentrale Instituion gegründet, förderte es eher die Segmentation der betrieblichen Arbeitsmärkte und ist nur bedingt ein Riegel gegen den weiteren Abbau und die Externalisierung von Beschäftigten aus den internen Arbeitsmärkten des Konzerns.

## Asymmetrisches Mobilitätsregime

Mobilität ist ein Begriff, der für die Deutsche Bahn AG in doppelter Hinsicht zentrale Bedeutung hat. Einerseits wird das ehrgeizige Ziel verfolgt, im Verlaufe eines politisch vorgegebenen knappen Zeitrahmens ein schlankes und dienstleistungsorientiertes Transportunternehmen zu werden und damit den Übergang der betrieblichen Beschäftigungsstrukturen weg von den gewerblich-technischen hin zu den kaufmännisch-serviceorientierten Tätigkeiten zu schaffen.

Besonders in den neuen Ländern existiert ein Personalüberhang. Im Gebiet der ehemaligen Bundesbahn sind durch Laufbahnschließungen z.T. Nachwuchsprobleme bzw. Personalbedarfe entstanden. Darüber hinaus setzen bundesweit greifende Prozesse Arbeitskräfte im Unternehmen frei. So werden die Beschäftigten der ehemaligen Reichsbahn mit überregionalen Mobilitätsanforderungen konfrontiert.

Unter diesen Gegebenheiten steht für die DB AG die Förderung der internen Arbeitsplatzmobilität an vorderer Stelle (vgl. § 7, Artikel 1 der Gesamtbetriebsvereinbarung). Durch Mobilitätshilfen (Wohnungssuche, Hilfe bei der Suche für einen Arbeitsplatz des Partners/in, Finanzierung des Umzuges, u.ä.) sollen verstärkt Beschäftigte von Ost nach West wandern. 1994 nahmen 392, 1995 972, 1996 2.443 Beschäftigte aus den neuen Bundesländern einen Arbeitsplatz im früheren Bundesgebiet an; für 1997 sind die Zahlen leicht rückläufig: 2.159 Ost-MitarbeiterInnen verlegten ihren Wohnsitz in die alten Bundesländer. Die West-Ost-Migration verlief in den letzten Jahren deutlich zurückhaltender: 1995 registrierte die Bahn 508, 1996 625 und 1997 777 Versetzungen (DB-Personaldaten 1997). Wir haben es hier offenbar mit einem asymmetrischen Mobilitätsregime zu tun.

Die Unternehmenspolitik sieht Mobilität als individuelle Gestaltungsoption zur Sicherung der beruflichen Zukunft: *„(...) jeder muß halt auch wissen, daß Mobilität etwas ist, womit man sein eigenes Schicksal steuern kann"* (532/13/908-996).

Die grundsätzliche Mobilitätsbereitschaft - auch bei Frauen - ist einesteils relativ hoch; andernteils erweisen sich die im Vergleich zu erwerbstätigen West-Frauen weniger individualisierten Lebensumstände von Ost-Frauen als Mobilitätsschwelle. Der Verzicht des Unternehmens auf betriebsbedingte Kündigungen erhöht(e) den Druck auf die Frauen, entweder ein Arbeitsplatzangebot in den alten Bundesländern anzunehmen, oder sich der Gefahr einer personenbezogenen Kündigung auszusetzen. In den Interviews finden sich zahlreiche Hinweise, daß sich viele Frauen durch die Akzeptanz von Abfindungsregelungen dieser Drucksituation entledig(t)en.

Angesichts „fallender Grenzen" wird „geographische Mobilität zu einer zentralen Ressource der Berufsarbeit" (Beck-Gernsheim 1994: 714). In dem

Maße, wie sich mit den gefallenen Grenzen zwischen dem Ost-Unternehmen Reichsbahn und dem West-Unternehmen Bundesbahn auch der Verkehrs- und Wirtschaftsraum des (Gesamt-) Unternehmens DB AG georgaphisch erweitert hat, ist die räumliche Mobilität für Ost-MitarbeiterInnen dringlicher als früher zu einer Ressource der Sicherung eigener Erwerbstätigkeit und von beruflicher Position geworden. Dem damit verknüpften Dilemma haben sich Ost-MitarbeiterInnen entweder durch Selbstselektion (z.b. auch per Abfindung) aus dem Unternehmen entzogen, oder aber sie haben ihm dadurch >widerstanden<, daß sie den Wechsel innerhalb des segmentierten internen Arbeitsmarktes mit der Mobilität der beruflichen und/oder der Tätigkeitsfelder verknüpften und so den Druck räumlicher Mobilität abfangen konnten.

Insgesamt aber scheint sich unter den Beschäftigten der ehemaligen DR ein Arrangement mit der Ungewißheit durchzusetzen: „Heute lebt man da schon irgendwie mit, ich weiß nicht. Ich meine, es ist schon manchmal so, daß man sich dann hinsetzt und denkt, ach, na ja, noch ein Jahr und dann mal wieder gucken" (509/1408).

## 3. Fazit

Zieht man ein Resümee, so befindet sich die Deurtsche Bahn AG offenbar noch immer inmitten unruhiger Zeiten. Die Entwicklung und Neustrukturierung des betrieblichen Personalbestandes bleiben diskontinuierlich, der Personalabbau hat auch 1999 die Talsohle noch nicht erreicht.

Die Herausforderung für ein Konzept betrieblicher Arbeitsmarktpolitik resultiert aus dem spezifischen Charakter der Krise des betrieblichen Arbeitsmarktes der DB AG, sich nämlich aus den ökonomisch-sozialen Wandlungsprozessen des westdeutschen Regulationsmodells einerseits und aus den Umbrüchen und Transformationen staatssozialistischer Regulierung zu speisen. In dem west-östlich fusionierten Arbeitsmarkt der DB AG gab es zu keinem Zeitpunkt im betrieblichen Transformationsprozeß die Situation, daß der Personalabbau durch ein wachsendes Beschäftigungssegment adäquat hätte kompensiert werden können. Das berufliche und auch geographische „Wohin" der Mobilität war damit nur bedingt offen.

Die betrieblichen Restrukturierungsprozesse (>marktorientierte Dezentralisierung<) haben den internen Arbeitsmarkt als administrative Beschäftigungseinheit aufgelöst; sie haben neben neu etablierten Beschäftigungs- und Tätigkeitsfeldern, die für einen Teil der MitarbeiterInnen erweiterte Optionen bereithielten, zugleich auch die Personalreduktion massiv vorangetrieben und neue Segmentations- und Segregationslinien hervorgebracht und (bisher noch) nicht zur Stabilität und Dauerhaftigkeit auf den internen Arbeitsmärkten geführt. Markteffizienz und Dezentralisierung exkludieren Frauen allerdings nicht per se vom Arbeitsmarkt, sondern eröffnen ihnen durchaus auch ambivalente Wege. Die neuen Grenzziehungen zwischen den einzelnen Unternehmensbereichen und Aktiengesellschaften mit ihrer jeweils eigenen Allokationshoheit der Arbeitskräfte bezüglich z.B. der (Tarif-) Entgelte und Qualifizierungen verfestigen sich, könn(t)en allerdings u.U. auch durch die dem Dienstleistungszentrum Arbeit zugestandene Allokationsfunktion der konzernweiten Arbeitsvermittlung fließend gehalten werden. Doch nach wie vor ist das Arbeitskräfteangebot im Konzern höher als die Nachfrage. Die individuell notwendigen Vorleistungen, um im konzernweiten Arbeitsmarkt zu verbleiben bzw. um auf dem externen Arbeitsmarkt als LeiharbeiterIn des DZA wettbewerbsfähig sein zu können, steigen.

Die betriebliche Restrukturierung ist nicht als ein Projekt der integrativen Konsensbildung über die institutionelle Umgestaltung von Arbeit und ihrer Reorganisation angelegt und betrieben worden; eine unternehmensinterne Produktivitätskonstellation, die auch die MitarbeiterInnen einbezieht, ist - wenn überhaupt - nur in Ansätzen versucht worden. Es gibt durchaus Hinweise, daß sich neben den Strukturen interner ‚Vermarktwirtschaftlichung' Tendenzen verschlankt modifizierter, bürokratischer Herrschaftsstrukturen reetablieren.

Die dargestellten institutionalisierten Fliehkräfte werden - so ist zu vermuten - mit dem näherrückenden Termin des Börsengangs der Aktiengesellschaften im Jahre 2003 die desintegrativen Tendenzen im - so ist heute schon zu formulieren - *ehemaligen* „Verbundunternehmen Eisenbahn" stärken.

# Literatur

Beck-Gernsheim, Elisabeth (1994): Mobilitätsleistungen und Mobilitätsbarrieren von Frauen. Perspektiven der Arbeitsmarktentwicklung im neuen Europa. In: Beckmann, Petra/Engelbrech, Gerhard (Hrsg.): Arenitsmarkt für Frauen 2000. Ein Schritt vor oder ein Schritt zurück? Kompendium zur Erwerbstätigkeit von Frauen. IAB Beiträge zur Arbeitsmarkt- und Berufsforschung 179, Nürnberg, S. 712-726

Engelbrech, Gerhard (1992): Der Arbeitsmarkt für Frauen in den alten und neuen Bundesländern, in: Engelbrech, Gerhard/Schenk, Sabine/Wagner, Petra (Hrsg.): Bedingungen der Frauenerwerbsarbeit im deutsch-deutschen Einigungsprozeß, Institut für Arbeitsmarkt und Berufsforschung (IAB), Beiträge zur Arbeitsmarkt und Berufsforschung 167, Nürnberg, S.20-33

Frey, Michael/Hüning, Hasko/Nickel, Hildegard Maria (1999): Marktorientierte Reorganisation von Dienstleistungsarbeit. Chancen und Risiken einer 'Vermarktlichung' betrieblicher Arbeits- und Sozialbeziehungen aus geschlechtersoziologischer Perspektive. Vortrag auf der Frühjahrssitzung der DGS-Sektion „Industrie- und Betriebssoziologie" April 1999 in Bochum (Manuskript)

Grünert, Holle/Lutz, Burkhart (1996): Transformationsprozeß und Arbeitsmarktsegmentation, in: Nickel, Hildegard Maria/Kühl, Jürgen/Schenk, Sabine (Hrsg.): Erwerbsarbeit und Beschäftigung im Umbruch, Berlin, S.3-28

Hartmann, Adolf/Klippel, Siegfried (1993): Neuorientierung der Personalpolitik bei der DB AG, in: Die Deutsche Bahn, 6/1993, S.447-450

Hüning, Hasko/Stodt, Ulrike (1998): Management zwischen sozialpolitischer Verantwortung und unternehmerischem Kalkül. Zum internen Arbeitsmarkt der Deutschen Bahn AG, in: Zeitschrift für Frauenforschung 1+2/1998, S.25-33

Klippel, Siegfried (1991): Unternehmensstrategie '90. Eine Bilanz aus personaldienstlicher Sicht, in: Die Bundesbahn, 1/1991, S.57-60

Lockwood, David (1979): Soziale Integration und Systemintegration. In: Wolfgang Zapf (Hrsg.): Theorien des sozialen Wandels, Königstein/Ts.

Lutz, Burkhart/Sengenberger, Werner (1974): Arbeitsmarktstrukturen und öffentliche Arbeitsmarktpolitik, Göttingen

Schrader, Michael (1998): Bewältigung von Personalabbau durch Mobilitätsförderung. Ein Ansatz frühzeitiger und betriebsnaher Arbeitsmarktpolitik. In: Arbeit, Heft 1, Jg. 7, S. 53-72

Sengenberger, Werner (1979): Zur Dynamik der Arbeitsmarktsegmentierung. Thesen zur Struktur und Entwicklung des Arbeitsmarktes in der Bundesrepublik Deutschland. In: Brinkmann, Christian u.a. (Hrsg.): Arbeitsmarktsegmentation, Nürnberg, S. 1-44

Stodt, Ulrike (1998): Die Deutsche Bahn AG - ein Dienstleistungsunternehmen im Umbruch. In: ZiF (Hrsg.): Bulletin 16: Chancenstrukturen weiblicher Erwerbsarbeit. Berlin

Stodt, Ulrike (1999): Dienstleistungsunternehmen und Frauenbeschäftigung - Entwicklungen interne Arbeitsmärkte am Beispiel der Deutschen Bahn AG, Diplomarbeit am Fachbereich Sozialwissenschaften der Humboldt Universität Berlin.

Stöhr, Andreas P. (1998): Zur Restrukturierung des internen Arbeitsmarktes in der Deutschen Bahn AG. In: Hüning, Hasko/Nickel, Hildegard Maria et al.: Transformation - betriebliche Reorganisation - Geschlechterverhältnisse. Frauen im betrieblichen Transformationsprozeß der neuen Bundesländer, Zeitschrift für Frauenforschung, 16. Jg., Heft 1+2/1998, Bielefeld, S. 34-39

Wagner, Alexandra (1994): Ein Zweiter Arbeitsmarkt zur Beschäftigungssicherung? In: Möllenberg, Franz-Josef/Wittorf, Reiner (Hrsg.): Arbeit ist nicht nur ein Kostenfaktor. Herausforderungen und Perspektiven der Tarifpolitik. Hamburg

Wellner, Dieter (1990): Überlegungen für eine künftige Deutsche Bahn: Verknüpfung der Deutschen Bundesbahn und der Deutschen Reichsbahn, in: Zeitschrift für internationales Verkehrswesen, Jg. 42, Heft 2/1990, S.65-68

*Susanne Völker*

# Erwerbsorientierungen und betriebliche Transformation. Selbstverortungen und Handlungsstrategien ostdeutscher Frauen bei der Deutschen Bahn AG

## 1. Problemaufriß

In der sozialwissenschaftlichen Literatur wird gegenwärtig vielfach eine - trotz Arbeitsplatzabbau und geschlechtsspezifische Verdrängungsprozesse am Arbeitsmarkt - *anhaltende Erwerbsorientierung von Ostfrauen* konstatiert.[1] Dabei wurde nach der Wende gerade angesichts der auszufüllenden ‚Tertiärisierungslücke' in Ostdeutschland (vgl. dazu kritisch: Hüning/Nickel 1996) der *tertiäre Sektor* mit seinem vergleichsweise hohen Frauenanteil zum neuen Hoffnungsträger für eine qualifizierte Erwerbstätigkeit in den neuen Bundesländern erklärt, insbesondere für weibliche Beschäftigte.[2]

Im Mittelpunkt dieses Aufsatzes steht die Frage nach der Beschaffenheit der Erwerbsorientierungen von ostdeutschen Frauen. Das Unternehmen DB AG stellt dabei ein spezifisch (vor)strukturiertes Gelegenheitsfeld dar. Das Forschungsprojekt,[3] in dessen Zusammenhang dieser Beitrag entstand, kon-

---

1   Bspw. kommt das Institut für Wirtschaftsforschung Halle (IWH) zu dem Schluß, daß die Haltung ostdeutscher Frauen zur eigenen Erwerbsarbeit (im Gegensatz zu westdeutschen Frauen) weder durch finanzielle Aspekte noch durch die Anzahl der Kinder entscheidend beeinflußt wird. Die Befunde deuten vielmehr darauf hin, „daß eine berufliche Tätigkeit eher als Wert an sich aufgefaßt wird und Frauen im Osten ihr soziales Umfeld und ihre gesellschaftliche Anerkennung in der Erwerbsarbeit suchen" (Kempe 1998: 25).
2   In dem durch die KSPW geförderten Forschungsprojekt „Finanzdienstleistungsbeschäftigung im Umbruch" wurde am Beispiel der Landesbank Berlin (LBB) aufgezeigt, daß die auf die frühzeitige Fusion (1990) der Berliner Sparkassen (Ost und West) unter dem Dach der LBB folgende Phase in den Jahren 1990 bis Ende 1993 als betriebliche Aufbauphase charakterisiert werden kann. In diesen Jahren wurde der weitaus überwiegende Teil der ostdeutschen Angestellten (zu 90% Frauen) in das fusionierte Unternehmen übernommen und vielfältige Integrationsangebote (bspw. die umfassende und breitangelegte Qualifizierung der MitarbeiterInnen) offeriert. Allerdings zeichnen sich mit der zweiten Umstrukturierungsphase ab Ende 1993/ Anfang 1994 die Grenzen der Beschäftigungsmöglichkeiten insbesondere durch das Einsetzen vielschichtiger Rationalisierungsmaßnahmen ab. (Vgl. dazu Hüning/Nickel u.a. 1998 sowie Manske/Meißner in dem vorliegenden Band)
3   Das Forschungsprojekt „Frauen im betrieblichen Transformationsprozeß der neuen Bundesländer. Zu weiblichen Handlungsoptionen in der Finanzdienstleistungs- und Verkehrs-

zentriert seine Betriebsstudie auf die Geschäftsbereiche Personenbahnhöfe, Fernverkehr und Netz in unterschiedlichen ostdeutschen Regionen. Dies ist insofern voraussetzungsvoll für die hier diskutierte Frage des Zusammenspiels von betrieblichen Strukturen und habitualisierten Orientierungsmustern der weiblichen Beschäftigten, als die einzelnen Geschäftsbereiche sehr unterschiedliche Handlungsfelder darstellen. So zeichnen sich die Geschäftsbereiche (GB) Fernverkehr und Personenbahnhöfe in Ostdeutschland durch einen sehr hohen Anteil an weiblichen Beschäftigten[4] aus; ihr Tätigkeitsfeld zielt mit seiner starken Kundennähe auf das Kernstück der betrieblichen Umstrukturierung zu einem modernen, flexiblen Dienstleistungsunternehmen. Der GB Netz dagegen ist mit seinen stärker technischen Aufgaben (Ausbau und Wartung des Schienennetzes) deutlich männlich segregiert.[5]

Im folgenden gilt es, den Zusammenhang zwischen den mit den betrieblichen Umgestaltungen einhergehenden neuen Erwartungen und Arbeitsanforderungen seitens des Unternehmens, also den sich wandelnden Arbeitsbedingungen einerseits und der 'Passfähigkeit' bzw. 'Eigenlogik' der Erwerbsorientierung von Ostfrauen und ihrer alltäglichen Arbeitspraxis andererseits zu beleuchten. Hierbei nehmen die Frauen je spezifische Gewichtungen vor, die über den engen Rahmen der betrieblichen Forderung nach ‚freier' Verfügbarkeit der Arbeitskraft hinausgehen, ja diese u.U. ein Stück weit ignorieren und sich insofern als ‚eigensinnig' erweisen. Dieser - z.T. friktionsreiche - Zusammenhang zwischen betrieblicher und außerbetrieblicher Lebenswelt soll aus der Perspektive der Beschäftigten rekonstruiert werden. Dabei möchte ich vor allem drei Fragenkomplexe in den Mittelpunkt rücken:

1. Wie nehmen ostdeutsche Frauen den betrieblichen Raum in seinen Umstrukturierungsdynamiken wahr? Wo verorten sie sich selbst in diesem Prozeß?

---

branche" (Laufzeit: März 1996 bis Dezember 1998) wurde von der Deutschen Forschungsgemeinschaft gefördert. Der Forschungszusammenhang unter der Leitung von Hildegard Maria Nickel und Hasko Hüning existiert in wechselnder personeller Besetzung als Ost-West-Kooperation der Humboldt-Universität zu Berlin und der Freien Universität Berlin bereits seit Frühjahr 1991 und arbeitete seitdem zu betrieblichen Transformationsprozessen im Finanzdienstleistungsbereich (seit 1996) in der Verkehrsbranche.

[4] Der Frauenanteil beträgt im Jahr 1997 im GB Fernverkehr 61,2% (in den alten Bundesländern dagegen 28,8%), im GB Personenbahnhöfe 62,7% (in den ABL 21,8%). Der GB Personenbahnhöfe wurde erst 1994 eingerichtet; seine MitarbeiterInnenzahl expandierte unternehmensweit bis Ende 1995; sie ist jedoch bereits seit Ende 1996 rückläufig. Gleichzeitig stieg hier der Anteil der Mitarbeiterinnen unternehmensweit. Der erst seit September 1997 belegbare Rückgang der weiblichen Beschäftigten in Ostdeutschland deutet möglicherweise auf Mobilitätszwänge gen Westen hin. Die Beschäftigtenzahlen im Bereich Fernverkehr sind bereits seit 1994 rückläufig. Auch hier lassen sich Mobilitätsbewegungen ostdeutscher Frauen in die alten Bundesländer vermuten (vgl. hierzu Hüning/Stodt in diesem Band).

[5] Hier beträgt der Anteil weiblicher Beschäftigter 1997 im Osten Deutschlands 29,2%, im Westen dagegen lediglich (deutlich unter Unternehmensdurchschnitt) 6,2 %.

2. Wie läßt sich am Beispiel von fünf ausgewählten Beschäftigten-Interviews die vielfach konstatierte Erwerbsorientierung beschreiben? Welche Unterschiede lassen sich herausarbeiten? Inwieweit bietet die jeweils spezifische Erwerbsorientierung der befragten Frauen ein Instrumentarium, um unter den gegenwärtig und künftig diskontinuierlichen Bedingungen der Erwerbsarbeit zu bestehen?
3. Welche Erfahrungen und ‚Selbstverständlichkeiten' (Dietzsch/Dölling 1996) bringen ostdeutsche Frauen mit in das betriebliche Transformationsroulette?

## 2. Bedingungen der Erwerbsorientierung: Gelegenheitsstrukturen

Auf der Grundlage von fünf ausgewählten Interviews mit ostdeutschen Frauen, die zum Erhebungszeitpunkt Mitarbeiterinnen der DB AG waren, sollen erste Anhaltspunkte für sehr unterschiedliche Deutungen der betrieblichen Dynamiken und damit verbunden der differierenden Handlungsstrategien zur Durchsetzung der eigenen Vorstellungen von Erwerbsarbeit herausgearbeitet werden.[6] Dabei sind alle fünf Frauen in einem spezifischen Unternehmenssegment, nämlich den ‚feminisierten' Geschäftsbereichen Personenbahnhöfe und Fernverkehr tätig. Diese bieten den Frauen widersprüchliche ‚Gelegenheitsstrukturen' hinsichtlich der (dauerhaften) Sicherung ihrer Erwerbsarbeit sowie der Eroberung gehobener betrieblicher Positionen. Stellen beide Bereiche die Kernstücke der Unternehmensorientierung auf kundennahe flexible Dienstleistung dar und bilden insofern ein ‚zukunftsträchtiges' Segment der Unternehmensentwicklung ab, sind gerade sie von gravierenden, andauernden Umstrukturierungen und Rationalisierungen betroffen. Noch ist nicht auszumachen, in welchem Umfang sich mit der Ausgestaltung einer anspruchsvollen Kundenorientierung professionalisierte, qualifizierte Berufsfelder eröffnen. Einiges spricht für tiefgreifende berufliche Differenzierungsprozesse zwischen den Erwerbspositionen der Frauen. So scheint sich langfristig ein quantitativ breites Feld gering qualifizierter Tätigkeiten mit flexiblen (Schicht-) Arbeitszeiten zu etablieren. Gleichzeitig kristallisiert sich ein klei-

---

[6] Die fünf hier vorgestellten Interviews entstanden im Rahmen des o.g. Forschungsprojekts. Sie gehören unserem Gesamtsample von 29 Beschäftigten-Interviews (20 Frauen (6 Westfrauen, davon 5 jünger als 45 Jahre / 14 Ost-Frauen, davon 8 jünger als 45 Jahre) und 9 Männern (2 Westmänner unter 45 Jahren / 7 Ostmänner, davon 6 jünger als 45 Jahre)) an. Alle Interviews wurden in dem Zeitraum März bis Mai 1997 erhoben. Die folgende Interpretation ausgewählter kontrastierender Fälle zielt auf eine erste Annäherung an die Spezifität von unterschiedlichen Erwerbsorientierungen und erhebt keine Ansprüche auf 'Vollständigkeit' oder Repräsentativität.

neres hochqualifiziertes Berufssegment auf der mittleren Hierarchieebene heraus. Diese Leitungsfunktionen, deren Aufgabenbereiche in der konzeptionellen Erarbeitung und personalpolitischen Umsetzung eines modernen Dienstleistungsprofils liegen, stellen Qualifizierungs- und Aufstiegschancen gerade auch für Frauen dar.

Wenn hier von ‚Gelegenheitsstrukturen' für die weiblichen Beschäftigten gesprochen wird, so zielt der Begriff auf das Zusammenspiel von solchermaßen vorstrukturierten betrieblichen Entwicklungsmöglichkeiten und den Interessen sowie inner- wie außerbetrieblichen Handlungsspielräumen von Frauen. ‚Gelegenheitsstrukturen' beschreiben demnach die Möglichkeit (oder eben auch die Unmöglichkeit) für Frauen, die eigenen Erwerbs- und Lebensinteressen mit dem betrieblichen Feld ‚nutzbringend' in Einklang zu bringen. Die gegenwärtig verflüssigten, sich erst nach und nach konturierenden betrieblichen Strukturen verlangen ihnen dabei ein hohes Maß an Beweglichkeit ab, was von den Beschäftigten sehr unterschiedlich - als Chance oder als Bedrohung - bewertet wird. Die Gründe dieser differierenden Bewertung lassen sich an verschiedenen Koordinaten festmachen, die sich individuell als Ressourcen oder Gestaltungshemmnisse erweisen: an der jeweiligen Qualifikation und bereits eingenommenen Stellung innerhalb des Unternehmens, an der gesamten Lebens- (insbesondere Familien)situation,[7] am Alter der Befragten, ihren Lebensentwürfen und -vorstellungen und an der Einbettung der Erwerbsarbeit in diese.

Entsprechend wurde hier mit der Auswahl der fünf Befragten ein möglichst breites Spektrum zu erfassen versucht: die Altersspanne reicht von 22 bis 53 Jahren, die betriebliche Position von operativer Servicearbeit über dispositive Tätigkeiten auf der mittlerer Hierarchieebene bis hin zu Führungsfunktionen; die einzelnen Lebenssituationen bergen dementsprechend sehr unterschiedliche Be- und Entlastungen.

## 3. Integration von Erwerbs- und Familien/Partnerschaftsbereich - Synchronisierung und Hierarchisierung

Die Lebensorientierung der befragten Frauen dreht sich um die *Integration von Erwerbs- und ‚Privat'bereich in ein lebbares Arrangement*. Dabei ver-

---

[7] Für den Handlungsspielraum und die Zuversicht der Bewältigung betrieblicher Anforderungen spielt die Lebensform der Angestellten eine entscheidende Rolle, etwa wenn (kleine) Kinder zu versorgen sind oder der Partner seinen Arbeitsplatz verloren hat und die Frauen 'Familienernährerinnen' sind. Die be- oder entlastende Rolle familiärer Zusammenhänge soll hier exemplarisch dargestellt werden.

## Selbstverortungen und Handlungsstrategien

binden sich mit den verschiedenen Arrangements auch ganz unterschiedliche Optionen im Erwerbsbereich. Die von den Frauen angezielte Parallelität von privaten Lebensinhalten und Berufsarbeit wird je nach Situation des Partners, nach Intensität der Versorgungsleistungen für andere, aber auch je nach Arbeitsethos und betrieblicher Position in unterschiedlichen Handlungsstrategien sichtbar, die zugleich (u.U. ungewollte) Prioritätensetzungen und damit ungleiche Chancen im betrieblichen Raum hervorbringen. Diese verschiedenen Balanceakte sollen im folgenden betrachtet werden.[8]

Für Frau Schmidt[9] hat sich nach der Wende der berufliche Gestaltungs- und Verausgabungsraum rasant erweitert.

„Für mich sichtbar ist Leistung mehr anerkannt worden. Mir ist eine Aufgabe übertragen worden, die weit über dem Fachlichen und den Verantwortungskompetenzen lag, die ich bis dato hatte" (504, 1)[10]

resümiert sie.

Ihre starke Arbeitsorientierung und das Leben im familiären Zusammenhang verwirklicht sie durch Pendeln zwischen *zwei synchronen, jedoch streng voneinander getrennten Welten*. Das Wochenende gehört ihrer Familie, in der Woche füllt sie mit ganzer Person und von familiären Verpflichtungen unbelastet ihre Funktion als Bahnhofsmanagerin aus. Diese zeitliche und räumliche Trennung beider Lebensbereiche verschafft ihr optimale Präsenz bei der Erwerbsarbeit und vermeidet Friktionen zwischen Privat- und Berufssphäre.

„Positiv wirkt sich aus, muß ich wirklich so sagen, obwohl das vielleicht für einen Außenstehenden nicht ganz nachvollziehbar ist, positiv wirkt sich für mich die räumliche Trennung aus. Meine Familie kriegt in der Woche die beruflichen Belastungen gar nicht mit und ich bin unter der Woche nicht unter Druck" (504, 57).

Frau Heinrichs[11] bekleidet bezogen auf ihren dispositiven Spielraum eine mittlere Position in der betrieblichen Hierarchie. Aufstiegsangebote hat sie jedoch abgelehnt:

---

[8] Um einen Einblick in die je spezifischen Lebensbedingungen, unter denen sich die unterschiedlichen Erwerbsorientierungen der Frauen figurieren, zu geben, sind die Lebensumstände der Befragten in einer Fußnote zu Beginn der Einzeldarstellungen kurz vorgestellt. Die im folgenden verwandten Namen der befragten Frauen sind zur besseren Darstellung frei erfunden.

[9] Frau Schmidt (53 Jahre alt) arbeitet in einer Führungsposition im GB Personenbahnhöfe. Sie absolvierte in der DDR ein Fachhochschulstudium und ist seit den 1970er Jahren Angestellte der Deutschen Reichsbahn. Sie hat zwei erwachsene Kinder. Innerhalb ihrer Lebensgemeinschaft ist sie die Hauptverdienerin; ihr Partner ist krankheitsbedingt nicht (mehr) erwerbstätig. Frau Schmidt wohnt mit ihrer Familie in einer ca. 150 km von ihrem heutigen Arbeitsort entfernten Kreisstadt. Dort liegt ihr Hauptwohnsitz und „Familienschwerpunkt" (504, 3); in der Woche lebt sie jedoch an ihrem Arbeitsort.

[10] Die abgesetzten Zitate sind den Interviewtranskripten entnommen. Die Klammern im Anschluß an die Zitate beinhalten die jeweilige Interview-Nummer und die entsprechende Transkriptseitenzahl. Alle Eigennamen von Personen und Städten wurden anonymisiert.

[11] Frau Heinrichs (44 Jahre alt) hat ebenfalls einen qualifizierten Hochschulabschluß im

„Ja, man hatte mir das (Personalleiterin zu werden, SV) angeboten und ich habe gesagt, ich möchte das nicht. Und das hängt unter anderem mit den Skrupeln zusammen, was ich Leuten heute sagen muß und tun muß, wenn ich hier meine Planstellen auf dem Schreibtisch jongliere, ist das erstmal noch anonym. Aber das, was ich jetzt als Vertreter (der Chefin, SV) mit diesem Menschen zu tun habe, reicht mir vollauf, daß ich nicht schlafen kann. Also auch noch Chef sein, muß nicht sein."(505, 43)

Die Ereignisse seit '89 haben Frau Heinrichs zur alleinigen Verdienerin in ihrer Familie gemacht. Aufgrund ihres gehobenen Einkommens erhält ihr Mann zudem keine Lohnersatzleistungen. Auch ihre Kinder sind angesichts des unzureichenden Lehrstellenangebots in Ostdeutschland auf elterliche Unterstützung und Beratung angewiesen. Gleichzeitig haben die Entscheidungen, die Frau Heinrichs im Rahmen ihres Arbeitsfeldes treffen muß, wie etwa die Neubewertung von Tätigkeiten, die konkrete Umsetzung von Stellenstreichungen oder die ‚Versetzung' freigesetzter MitarbeiterInnen, unter den veränderten gesellschaftlichen und betrieblichen Bedingungen an sozialer Dramatik gewonnen. Die positive Bewertung ihrer qualifizierten, Eigenständigkeit und Kompetenz erfordernden Erwerbsarbeit reibt sich an der subjektiv schwer auszufüllenden betrieblichen Vermittlungsposition zwischen Geschäftsleitungspolitik und Beschäftigteninteressen. Frau Heinrichs sucht nach sozialverträglichen Lösungswegen, die den KollegInnen dennoch oft große Anstrengungen und Opfer abfordern. Die von ihr gewählte *Strategie der ‚reflexiven Karrierebeschränkung'* trägt ihren subjektiven, psychischen Belastungsgrenzen ebenso Rechnung wie ihrer Verantwortung gegenüber ihrer Familie als deren Ernährer- und Erhalterin.

Frau Weiß[12] sieht sich mit ihrer Tätigkeit als Zugchefin an die Grenzen ihrer momentanen beruflichen Entwicklungsmöglichkeiten im Unternehmen DB AG gelangt:

„Ärgerlich ist natürlich, ich habe jetzt mit meinen fast 30 Jahren das Höchste erreicht, was ich kann. Ich müßte im Prinzip jetzt nachdenken, irgendwas anderes doch zu machen, ich kann ja nicht ewig Eisenbahn fahren." (517, 7)

So erscheint der Zeitpunkt für eine Familiengründung günstig: auf einem gehobenen Qualifikationslevel angekommen möchte sie eine zweijährige Familienpause in Anspruch nehmen. Die Integration von Berufskarriere und Familienleben sucht sie über das ‚Pendlermodell' (Dietzsch/Dölling 1996), also über das ‚Pendeln' zwischen Erwerb und kurzzeitiger Familienphase zu ge-

---

Bereich Personalwirtschaft und arbeitet seit den 1970er Jahren bei der Reichsbahn. Heute bekleidet sie eine Sachbearbeiterinnenstelle im Personalwesen des GB Personenbahnhöfe. Ihre familiäre Situation - ihr Ehemann ist langzeitarbeitslos - macht ihre Erwerbsarbeit als Alleinverdienerin zur ökonomischen Notwendigkeit. Gleichzeitig fordern ihre beiden Kinder Fürsorge- und Betreuungsleistungen ab.

12 Frau Weiß (29 Jahre alt) ist gelernte Facharbeiterin für Eisenbahntransporttechnik. Bereits in der Wendezeit begann sie eine Weiterbildung zur Zugführerin. Heute arbeitet sie als Zugchefin eines IC im GB Fernverkehr. Ihr Partner ist ebenfalls erwerbstätig.

## Selbstverortungen und Handlungsstrategien

währleisten. Dabei ist sie sich sowohl ihrer Leistungskraft, als auch der Unterstützung ihres Partners sicher.

„Es kommt wirklich darauf an, ob der Partner dann das so mitmacht. Und da habe ich mir den richtigen gewählt." (517, 16)

Frau Gerke[13] bilanziert ihr Erwerbsleben zwar generell als positiv herausfordernd, doch sie weist deutlich auf uneingelöste Bedürfnisse und Interessen, auf einen zweiten, ungelebten Lebensentwurf hin:

„Ich kann aber nicht sagen, daß ich jetzt diese Tätigkeit nicht gerne mache, so ist es nicht. Ich hätte ganz einfach, wenn ich so zurückblicke, lieber was anderes gemacht. Und ganz speziell fällt mir dazu Krankenschwester ein." (510, 28)

Unter ihrer jahrzehntelangen Vollerwerbstätigkeit hat ihrer Meinung nach das Familienleben gelitten. Dennoch stand offenbar für Frau Gerke eine Reduktion der Erwerbsarbeit auf eine Teilzeittätigkeit aus finanziellen Erwägungen heraus nie zur Debatte. *Priorität* hat für Frau Gerkes Handeln ihr *familiärer Zusammenhang verbunden mit einem ökonomischen Zwang zur Berufstätigkeit.* Ihre starke Familienorientierung zeigt sich in der hohen Bereitschaft, familiäre Fürsorge- und Pflegeaufgaben verantwortlich zu übernehmen und über berufliches Weiterkommen zu stellen.

Frau Schumann[14] hat gerade eineinhalb Dienstjahre bei der DB AG vorzuweisen - ein Umstand, der sie zusammen mit ihren übrigen Personaldaten: ledig, jung, kinderlos, d.h. laut betrieblichem Sozialplan zu einer mobilen Arbeitskraft macht. Und ihre betrieblichen Entwicklungsmöglichkeiten zeigen aus Unternehmenssicht eindeutig nach Westdeutschland:

„....die wollen, daß wir rüber gehen. Wir sind jung, so unter dem Motto: macht euch da rüber." (507, 35).

Frau Schumann befindet sich in einer schwierigen beruflichen Situation: sie bekleidet als 'Springerin' keine längerfristig abgesicherte Planstelle, sie ist nicht nur zeitlich, sondern tendenziell auch örtlich flexibel einsetzbar. Gleich-

---

[13] Frau Gerke (46 Jahre alt) hat als gelernte Industriekauffrau keine bahnspezifische Qualifikation, sie ist erst Ende der 1980er Jahre bei der Reichsbahn angestellt. Nach der Wende wird ihr weiterer Erwerbsverlauf so massiv wie bei keiner der anderen vier Frauen von betrieblichen Umstrukturierungen und Rationalisierungen betroffenen. Heute arbeitet Frau Gerke nach unterschiedlichen Einsätzen im Kundenservicebereich des GB Personenbahnhöfe als Mitarbeiterin im Servicebüro eines Kreisstadt-Bahnhofes. Neben der 'selbstverständlichen' Erwerbsarbeit ist ihr Leben stark familienzentriert. Sie lebt gemeinsam mit ihrem Ehemann, ihren beiden jugendlichen Kindern und pflegebedürftigen Verwandten in einem Haushalt. Für familiäre Betreuungsaufgaben mußte sie ihren vorherigen Schichtarbeitsplatz aufgeben.

[14] Frau Schumann (22 Jahre alt) absolvierte ihre Ausbildung als Kauffrau im Eisenbahn- und Straßenverkehr bereits bei der Reichsbahn der Nachwendezeit. Heute arbeitet sie als „Springer" im Service-Point eines Kreisstadtbahnhofs. Sie lebt in einer festen Partnerschaft.

zeitig zeigen ihr die Erfahrungen von jungen KollegInnen ihres Alters und ihrer Qualifikation, daß auch der Gang gen Westen keine beruflichen Sicherheiten garantiert, sondern den Beginn einer 'Karriere' kurzfristiger Versetzungen bedeuten kann. Frau Schumann verweigert sich denn auch den an sie gestellten Mobilitätsforderungen. Sie setzt stattdessen auf Ausharren bis zum (möglicherweise) bitteren Ende: der Änderungskündigung, die nur die Wahl zwischen einem entfernten Arbeitsplatz oder der Kündigung läßt. Diese sehr risikoreiche Strategie des Ausharrens gründet dabei in ihrem Lebensentwurf, in dem stabile soziale Beziehungen, die Etablierung an einem konstanten Ort, die Schaffung einer verläßlichen Heimat erste Priorität haben. Die Verwirklichung hat sie sich über den Freundeskreis ihres Partners und über die kostenintensive Einrichtung der gemeinsamen Wohnung in ländlicher Umgebung geschaffen. Sie ist nach ihrem Verständnis gerade *nicht mobil*, sondern *auf der eigenen Scholle fest verwurzelt*.

Deutlich wird, daß die für Frauen selbstverständliche Erwerbsarbeit in ganz unterschiedliche Arrangements eingebettet ist, neben Modellen der Berufszentrierung (Frau Schmidt), zeigen sich solche der Synchronisierung von Erwerbs- und Familienarbeit (Frau Heinrichs und Frau Weiß) bzw. der starken Gewichtung des privaten Bereichs sozialer (Frau Schumann) und familiärer Beziehungen (Frau Gerke). Diese Arrangements scheinen Konsequenzen für die betriebliche Position zu haben. Eine Leitungsfunktion korrespondiert offenbar mit einer berufszentrierten Lebensorganisation; eine Prioritätensetzung auf das außerbetriebliche Lebensfeld reduziert dagegen den innerbetrieblichen Handlungsspielraum erheblich. Die Schwerpunktsetzungen scheinen jedoch nicht immer frei gewählt zu sein, sie hängen vielmehr von den (Un)Möglichkeiten des familiären ‚Lastenausgleichs' ab.

## 4. Betriebliche Gestaltungsräume und Selbstverortungen

*Zur Phasenabhängigkeit betrieblicher ‚Gelegenheitsstrukturen'*

Aus der betriebsinternen Perspektive der Beschäftigten stellen sich die Handlungsmöglichkeiten spezifisch zeitlich strukturiert und nach Tätigkeitsfeldern differenziert dar. Insbesondere zwei Frauen, die Personalsachbearbeiterin Frau Heinrichs und die Bahnhofsmanagerin Frau Schmidt, koppeln die eigenen Lern- und Gestaltungserfahrungen an den Zeitverlauf der betrieblichen Umstrukturierung. Während Frau Heinrichs dabei für sich die Rolle der Ausführenden in Anspruch nimmt, die die Konsequenzen aus der Fusion beider Bahnen und der Umorganisation des Gesamtunternehmens auf dem Gebiet des Personalwesens umzusetzen hat, versteht sich Frau Schmidt als konzeptionelle Gestalterin der Dienstleistungsorientierung des Unternehmens. Entsprechend schätzt Frau Heinrichs den Gestaltungsspielraum in den beiden Phasen der Angleichung der DR an die DB und der Unternehmensfusion gering ein. In diesen Phasen standen in ihrem Arbeitsfeld vor allem der Wegfall von Arbeitsplätzen und die Um- bzw. Neubewertung der Tätigkeiten nach dem ‚Modell West' im Vordergrund. Während also für Frau Heinrichs vor allem zunächst Anpassungsleistungen gefragt sind, wertet Frau Schmidt die Zeit der Fusion als Aufbrechen der Handlungsmöglichkeiten der (mittleren) Führungskräfte und der betrieblichen Aktivposten. Nach einer ersten Zeit des gegenseitigen ost-westlichen Mißtrauens und Beobachtens machte sich Ende 1991/Anfang 1992 eine Art Aufbruchstimmung unter den „Machern" breit:

„„...und die Macher, die fingen nun plötzlich an, die Ärmel hochzukrempeln und zu sagen, nun laßt uns mal endlich machen, was kann man aus der Situation machen." (504, 61)

Der weitere Verlauf der betrieblichen Umstrukturierung, dessen Kernstück die Divisionalisierung des Unternehmens in eigenständig wirtschaftende Geschäftsbereiche seit Anfang 1994 war, wird von beiden Frauen ausgesprochen kritisch eingeschätzt. Sie traf - so Frau Heinrichs - die westdeutschen und ostdeutschen Unternehmensteile gleichermaßen:

„Ich denke zu dem Zeitpunkt, wo Bundesbahn und Reichsbahn gemeinsam umstrukturiert wurden und für alle das Neue kam: Es war keiner mehr da, der auf bestimmten Gebieten eben schon sagen konnte, das habe ich schon gemacht, das weiß ich und das ist ganz toll, sondern es mußten sich alle umstellen." (505, 31/32)

In diese Phase fällt für Frau Schmidt der Zusammenbruch der Handlungsfähigkeit einer großen Zahl insbesondere weiblicher Angestellter auf den unteren Hierarchieebenen. Die massiv einsetzende Überleitung von Beschäftigten in die neu eingerichteten Restrukturierungsabteilungen der einzelnen Geschäftsbereiche bedeutete für eine große Zahl von Frauen, den Arbeitsplatz zu verlieren. Viele ältere Frauen vollzogen den Gang in den Vorruhestand wider Willen, weil sie die massiven Mobilitätsanforderungen, die sich mit neuen Tätigkeitsangeboten verbanden, auf Dauer nicht erfüllen konnten.

Daß ein Ende der betrieblichen Umstrukturierung auch längerfristig nicht in Sicht ist, sich die Beschäftigten vielmehr auf dauerhafte, sich überlappende Veränderungsdynamiken einstellen müssen, macht das Resümee von Frau Heinrichs deutlich:

„Es kam immer die nächste Strukturänderung. Man ist von einer Struktur in die andere gestolpert und hat heute zum Teil noch Restsachen aus der ersten Struktur. (...) Das wird noch nicht die letzte (Strukturveränderung, SV) sein. Es werden ja noch Bereiche ausgegliedert, also das ist ein fortlaufender Prozeß, ja." (505, 51)

## Betriebliche Umstrukturierung aus der Beschäftigtenperspektive: Gestalterin oder Ausgelieferte?

In allen fünf Interviews verorten die befragten Frauen ihre eigene Position und ihre Handlungsspielräume als aktive (Mit-)Gestalterin der Umstrukturierungsprozesse oder als Betroffene mit eher geringeren Einflußmöglichkeiten. Dabei verläuft die Wahrnehmung von Gestaltungsräumen z.T. quer zu den jeweiligen Positionen in der betrieblichen Hierarchie oder zur Altersgruppenzugehörigkeit. Vielmehr bestimmen Aspekte der *Anerkennung der erbrachten Arbeit* und der individuellen *Kalkulierbarkeit des künftigen Erwerbsverlaufs* die Arbeitsmotivation der Frauen und ihre Verortung auf der Aktiv- oder Passivseite betrieblicher Veränderungen.

So verwundert es wenig, daß für die Bahnhofsmanagerin Frau Schmidt der betriebliche Handlungs- und Erprobungsraum nach der ‚Wende' geradezu zu explodieren scheint. Sie ist beteiligt an der Entwicklung und Umsetzung des neuen Gesichtes der Bahnhöfe und des veränderten Verständnisses von Kundenorientierung („Vertrauen statt Kontrolle"). So beschreibt sie ihr erstes BahnhofsmanagerInnen-Treffen:

„Da wurden am Anfang mit uns die Dinge wirklich sehr nah, sehr lebendig besprochen. Da wurde uns nicht eine fertige Philosophie vorgesetzt, sondern die Philosophie wurde mit uns entwickelt. Und das war ein Umgang, der hat mich begeistert. Das war der erste Eindruck bei diesem ersten Bahnhofsmanagertreffen, mit welch einer Sprache schon alleine die Geschäftsbereichsleitung mit ihren Bahnhofsmanagern umging und Visionen entwickelte und die alle mit ins Boot lud und die Tür aufmachte und sagte: das können wir bloß mit Euch. Also das war schon faszinierend."(504, 26)

Nach dem Wegfall der Handlungsbarrieren der DDR-Zeit in dieser Weise in die betrieblichen Prozesse integriert, kann sich Frau Schmidt die beruflichen Chancen ‚grenzenlos' zu Nutze machen:

„Da gibt es überhaupt keine Grenzen, da gibt es nichts, wo man sagt, das geht einfach nicht, das machen wir nicht mehr, das haben wir noch nie gemacht, das wollen wir nicht, das gibt es also in unserem Geschäftsbereich wirklichen nicht. Vielleicht übertreibe ich jetzt ein bißchen und bin vielleicht zu euphorisch, aber -.."(504, 47)

Vordergründig im Gegensatz zu ihrem extrem diskontinuierlichen Berufsverlauf nach der ‚Wende' und ihrer vergleichsweise niedrigen betrieblichen Position schätzt Frau Gerke ihre Gestaltungsmöglichkeiten momentan ebenfalls positiv ein:

„Ja, ich kann das (eigene Vorschläge zum Arbeitsablauf, SV) in jedem Fall einbringen und ich kann das auch nur von mir sagen, das wird auch sehr gern angenommen und ich möchte fast sagen, daß das gewünscht wird von der Leitung, auf jeden Fall." (510, 12)

Sie hat eine lange berufliche Durststrecke, insbesondere die unbefriedigende Zeit im Personalmehrbestand, durchgestanden und auf stabilere Erwerbsmöglichkeiten gewartet. Im Gegensatz zu Frau Schumann wurde ihr aufgrund ihres - bezogen auf das Erwerbsleben - fortgeschrittenen Alters und ihrer familiären Eingebundenheit weniger Mobilität abverlangt. Gleichzeitig waren jedoch auch die betrieblichen Aufstiegschancen eng begrenzt. Frau Gerkes Strategie, trotz schlechter, unterfordernder Arbeitsbedingungen dabeizubleiben, ist aufgegangen. Sie betreibt ihre spezialisierten Aufgaben im Servicebereich sehr gewissenhaft und dies wird von ihren Vorgesetzen gewürdigt. Das Thema ‚Anerkennung der vollbrachten Leistung' ist für sie positiv besetzt und unterstützt ihr Selbstverständnis von einer aktiv mitgestaltenden Mitarbeiterin.

Ganz anders verhält sich dagegen Frau Heinrichs zu dem auch für sie erweiterten betrieblichen Gestaltungsraum. Zwar nimmt sie die höheren Ansprüche und die mittlerweile gewachsene Eigenständigkeit in ihrem Arbeitsbereichs positiv und motivierend wahr:

„Als wir auf Bundesbahn umgestellt wurden, daß also ganz genau uns vorgegeben war von der Zentrale, wieviel Planstellen, mit welcher Bewertung in welcher Abteilung (wir, SV) haben durften. Und das ist dann zunehmend lockerer geworden, daß man also gesagt hat, okay, die Arbeit wird unten gemacht. Wir geben euch ein großes Ziel, den Rest macht ihr unten alleine. Und damit ist natürlich auch mehr Verantwortung dafür runtergekommen, aber irgendwie auch ein anderes Erfolgserlebnis dann." (505, 12/13)

Ihre Sichtweise auf die von ihr besetzte betriebliche Position ist dabei ausgesprochen ambivalent. Dies gründet einmal in ihrer komplizierten Zwischenposition zwischen Leitungsfunktion und Ausführung, denn letztlich besteht Frau Heinrichs' Aufgabe darin, die Interessengegensätze beider Seiten unter der Maßgabe der Unternehmenspolitik bestens auszutarieren. Frau Heinrichs ist zudem auch im privaten Bereich mit ähnlichen Problemen konfrontiert wie die von den betrieblichen Umstrukturierungen betroffenen DBAG-Beschäftigten, über deren Schicksale sie mitbestimmt. Dies hält sie auf Distanz zu ihrer Tätigkeit; sie verbleibt in einer Zwischenposition zwischen Mitgestalterin der betrieblichen Transformation und betroffener Beobachterin:

„Und ich habe auch immer ein bißchen Probleme und stelle mir vor, eines Tages sitzt du auf der anderen Seite vom Tisch und jemand sagt zu dir so was. Wie würde ich reagieren? (...) Und von daher habe ich also heute mit meinem Job ein bißchen mehr Schwierigkeiten. Nicht, daß ich es nicht schaffe, aber einfach von der Mentalität." (505, 3/4)

Das Thema ‚Anerkennung der erbrachten Arbeit' ist bei Frau Weiß in negativer Weise virulent. Die IC-Chefin sieht sich nicht als aktive Mitgestalterin der ‚Neuen Bahn'. Für sie hat sich mit der ‚Wende' wenig verändert und ihre berufliche Entwicklung ist eher an eine Aufstiegsgrenze gelangt. Eigene Änderungsvorstellungen und Aktivitäten kann sie wenig einbringen:

„Also das ist dann so eine Art Resignation, was soll es denn, sich darüber aufzuregen, das bringt dann auch nichts mehr, und große Beschwerdebriefe oder Zugberichte, die man da vielleicht auch schreiben wird, da kommt keine Antwort." (517, 9)

Der Grund für ihre negative Einschätzung von Gestaltungsmöglichkeiten ist die mangelnde Unterstützung ihrer Qualifikationsbestrebungen durch Vorgesetzte. Darüber hinaus versetzt sie die Betriebsphilosophie ‚Bahn als moderner Dienstleister' wenig in Aufbruchstimmung, denn sie wird von ihr eher als Abwertung der vor der ‚Wende' geleisteten Arbeit wahrgenommen:

„Das sind alles Dinge, die habe ich früher genauso getan und habe mich genauso um meinen Kunden gekümmert und das wird jetzt aber so hochgespielt, wir sind das Serviceunternehmen, ob das nun gut oder schlecht ist. (...) Und früher war das nicht so und da wurde es trotzdem gemacht." (517, 8)

Frau Schumann fühlt sich im wahrsten Sinne des Wortes verraten und verkauft: „Und dann wollen sie uns da rüber (nach Westen, SV) verkaufen." (507, 39) Trotz aller Qualifizierungsanstrengungen (Absolvieren eines Englischkurses, Teilnahme an eintägigen Servicetrainings oder an einer obligatorischen vierwöchigen Weiterbildung), besteht für sie kaum Hoffnung, auf Verbleib an ihrem jetzigen Arbeitsplatz oder gar eine Planstelle zu bekommen. Sie fühlt sich gegenüber älteren KollegInnen mit Familie benachteiligt, da Flexibilitäts- und Mobilitätszumutungen verstärkt die jungen MitarbeiterInnen treffen. Gleichzeitig sieht sie keinen Weg, sich um einen ihren Vorstellungen entsprechenden Arbeitsplatz verdient zu machen. Sie nimmt sich ausschließlich als Opfer einer nicht nachvollziehbaren Unternehmenspolitik wahr.

## 5. Differenzierte Erwerbsorientierungen

Der Gemeinsamkeit der ‚Selbstverständlichkeit' einer tendenziell lebenslangen Erwerbsarbeit stehen sehr unterschiedliche Bedeutungzuschreibungen gegenüber - von Selbstverwirklichung und hoher betrieblicher Bindung über soziale Aufstiegsaspirationen bis hin zu stark familiären und sozialen Vergemeinschaftungen unterworfenen Erwerbsarrangements. Damit verändern sich auch die Zielvorstellungen, die die Frauen mit ihrer beruflichen Entwicklung verbinden.

*Arbeit als Selbstverwirklichung - maximaler Einsatz für das Unternehmen*

Frau Schmidt geht es im Beruf um Entfaltung ihrer Leistungsfähigkeit, um „Kreativität" und Verausgabung ihrer - gesamten - Person für den Betrieb und die ihr unterstellten MitarbeiterInnen. Sie möchte beruflich herausgefor-

## Selbstverortungen und Handlungsstrategien

dert werden, etwas eigenständig gestalten und entwickeln können. Wird ihr dies geboten, stellt sie andere Bereiche zurück:

„Lange gezögert habe ich nicht, als mir das Angebot gemacht worden ist (eine Leitungsfunktion zu übernehmen, SV), weil ich da ziemlich realistisch und nüchtern war. Ich habe gesehen, daß es in D. keine großen Chancen mehr geben wird. Mir macht Arbeit sehr viel Spaß, das ist für mich wirklich, also das klingt zwar immer so furchtbar hochtrabend, wenn man sagt, es ist Selbstverwirklichung und so, also mir macht Arbeit Spaß, weil ich da irgendwas bewirken kann, weil ich gerne aktiv bin, (...) Also sehr schwergefallen ist es mir nicht, obwohl das familiär eine Riesenumstellung war, das muß ich zugeben." (504, 2)

Wesentliches Motiv für ihre Bereitschaft, viel Energie in den Beruf zu investieren, ist der eigene, ganz persönliche, nachvollziehbare Erfolg, etwas durch das eigene Wirken in Bewegung setzen zu können. Mit diesem intrinsischen Arbeitsverständnis und jener hohen Identifikation mit dem Betrieb, sich selbst als dessen Repräsentantin zu verstehen, zeichnet sich Frau Schmidt als Führungskraft aus.

### *Reflexive Karrierebeschränkung*

Für Frau Heinrichs lassen sich die Interessen an einer qualifizierten Erwerbstätigkeit und an mehr Zeitressourcen für die Familie nicht befriedigend miteinander verbinden. Sie arbeitet Normalarbeitszeit, um ihre gegenwärtige Tätigkeit weiterführen zu können:

„Ja, aber verkürztes Arbeiten nicht nur auf Hilfsarbeiterplätzen.(...) Ich könnte mir dann auch nicht mehr vorstellen, daß ich als Fahrkartenverkäufer arbeite. Also so ein bißchen was selbst machen, entscheiden, denken und so, das ist schon sehr schön. Und das ist aber meistens, wenn ich verkürzt arbeite, nicht gern gesehen. Also wenn ich hier sagen muß, ich will jetzt mal eine Weile nur sechs Stunden arbeiten, das würde man sicher nicht akzeptieren." (505, 38)

Qualifizierte Erwerbsarbeit bedeutet für sie Horizonterweiterung und Herausforderung der eigenen Kompetenz. Sie ist Ort sozialer Kontakte und Kommunikation über den familiären Zusammenhang hinaus und erfüllt gleichzeitig die ökonomische Notwendigkeit des Broterwerbs, der für Frau Heinrichs als alleinige ‚Familienernährerin' besonders wichtig ist. Unter den Bedingungen der Kostenreduzierung und des Personalabbaus versucht Frau Heinrichs als ‚Personalerin' soziale Härten abzufedern und Beschäftigteninteressen weitgehend zu berücksichtigen - die Grenzen ihres Handlungsspielraums sind ihr allerdings allzu deutlich und setzen ihr psychisch zu. Letztlich reibt sich Frau Heinrichs' Festhalten an gesellschaftlichen Zielen wie sozialer Gerechtigkeit und Chancengleichheit an dem engen Handlungsrahmen der betrieblichen Umstrukturierung. Dies läßt sie eine distanzierte, ‚reflexive Karrierebeschränkung'[15] praktizieren, indem sie sich der Übernahme größerer persönlicher Verantwortung für die Durchsetzung der Unternehmenspolitik verweigert. Trotz des massiven Rationalisierungsdrucks in ihrem Tätigkeitsfeld bleibt ein ‚überschüssiger Rest' an Identifikation mit ‚der Bahn' als Betrieb und an Selbstdefinition als ‚Eisenbahnerin':

„‚...aber ich möchte vielleicht sagen, daß ich also trotz allem, was ich hier vielleicht gesagt habe, gern bei der Bahn arbeite, nach wie vor. (...) Und nicht, weil die Bahn nicht entläßt (gemeint ist die Beschäftigungsgarantie bis 1998, SV), sondern weil sie irgendwo meine Welt ist." (505, 52)

## *Individuelle Aufstiegsorientierung und Statuszuwachs*

Ganz anders läßt sich das Verhältnis von Frau Weiß zum Unternehmen Bahn beschreiben: Entsprechend der Orientierung auf ihr individuelles „Weiterkommen" ist die Bahn als Arbeitgeber solange attraktiv, als sie berufliche Aufstiegsaspirationen bedienen kann. Erweist sich der berufliche Entwicklungspfad als Sackgasse, ist die Bereitschaft, den Betrieb zu wechseln und sich anderweitig einen größeren Handlungsspielraum zu organisieren, außerordentlich hoch. Momentan ist Frau Weiß mit ihrer beruflichen Situation (noch) zufrieden: nicht nur die Vergütung ‚stimmt', auch die Ausweitung ihres Verantwortungsbereiches und die Aufwertung ihrer betrieblichen Position bringen ihr das angestrebte Mehr an Anerkennung ein:

„‚...man wird nicht mehr so abgestempelt: naja Zugbegleiter, Schaffner. Das ist eben halt auch im Freundeskreis: Aha, was? Schaffner? Nee, Zugchefin. Das ist schon ein Unterschied." (517, 6)

Gleichzeitig faßt Frau Weiß die Erweiterung ihrer Qualifikation durch den Besuch von EDV- und Buchführungskursen in der Abendschule ins Auge, um einen Arbeitsplatzwechsel vorzugsweise in die Touristikbranche vorzubereiten. Kennzeichnend für ihre Erwerbsorientierung ist die Bevorzugung individueller Aufstiegsaspirationen vor betrieblichem Engagement. D.h., sie ver-

---

15 Mit ‚reflexiver Karrierebeschränkung' ist hier eine spezifische Handlungsstrategie gemeint, die offerierte, offenstehende berufliche Aufstiegsmöglichkeiten 'freiwillig' ausschlägt. Die Gründe für diese 'Selbstbeschränkung', die sich auch in weiteren, hier nicht vorgestellten Interviews mit weiblichen Beschäftigten zeigte, sind vielfältig. Sie liegen bspw. in der Ablehnung der persönlichen Verantwortung für bestimmte Unternehmenspolitiken, in der befürchteten Zuspitzung des Vereinbarkeitsproblems zwischen beruflichen und privaten (familiären) Verpflichtungen oder auch in der Weigerung, sich geschlechtsspezifischen Konkurrenzen und Durchsetzungskämpfen auszusetzen. So unterschiedlich und vielschichtig die Motivationen einer reflexiven Karrierebeschränkung sind, Kern dieser Handlungsstrategie ist die Antizipation von Problemen, die sich mit einem beruflichen Aufstieg verbinden - und die Entscheidung, den 'Preis' des Aufstiegs nicht zahlen zu wollen und/oder zu können.

steht sich weniger als Repräsentantin des Unternehmens Bahn, und die Unternehmensphilosophie und -entwicklung sind für sie lediglich in unmittelbarem Bezug auf ihre eigene Person interessant. Für Aktivitäten über den eigenen Arbeitsbereich hinaus, die nicht der Verfolgung von Karrierezielen dienen, wird Frau Weiß vermutlich schwer zu bewegen sein:

„Weil es ist wirklich so, ich komme hierher, ziehe mich um, steige in meinen Zug und mache dort meinen Job und gehe dann wieder, und gucke am Monatsende, was auf meinem Konto drauf ist. Das ist vielleicht jetzt ein bissel kraß gesehen. Man kümmert sich schon um andere Dinge, aber mich persönlich interessiert das nicht, mich berührt das nicht, ich brauche es nicht ... (517, 27)

*Familienzentrierte Erwerbsorientierung*

Frau Gerkes Selbstverortung im betrieblichen Kontext läßt sich als ‚periphere Position' beschreiben. Sie sieht sich zwar sehr wohl als ‚Eisenbahnerin', ist allerdings nicht im ‚Herzstück' des Unternehmens, im ‚produktiven Bereich' tätig, sondern - nach eigenem Dafürhalten - in der Peripherie des Bahnhofs-Services:

„Ich bin schon irgendwo Eisenbahner, weil mich das alles ganz einfach interessiert (...) Ich habe keine Ahnung von den betriebstypischen Sachen, wie die Züge fahren und was da zu bewältigen ist und wie das zu planen ist für die Zukunft ist und habe ich überhaupt keinen Einblick und von daher möchte ich sagen, das ist aber das wesentliche bei der Bahn. Das muß ja erst alles laufen und dann kommt der Kunde. Nicht, daß der Kunde jetzt hinten ansteht, so meine ich das nicht, aber was nützt der Kunde, wenn kein Zug fährt." (510, 31)

Diese Selbstpositionierung ‚am Rande des Geschehens', die sich konträr zur Unternehmensphilosophie ‚Dienstleister Bahn' verhält, deren Kern eben gerade Kundenservice auf höchstem Niveau ausmachen soll, scheint symptomatisch für ihre Erwerbsorientierung. So war die Erwerbsarbeit für Frau Gerke schon immer den familiären Belangen untergeordnet. Ihre jahrzehntelange Vollzeiterwerbstätigkeit war und ist eher dem finanziellen Druck geschuldet, lieber hätte sie Teilzeit gearbeitet.

„Also ich muß sagen, wenn der finanzielle Bedarf nicht immer so gewesen wäre, hätte ich lieber auch zu Ost-Zeiten schon weniger Stunden gearbeitet. Also es ist nicht so, daß ich gesagt hätte, ich hätte immer zu Hause bleiben wollen, aber ich hätte gerne immer mehr Zeit gehabt für meine Kinder. Und das war eben nicht möglich, weder zu Ost-Zeiten noch jetzt." (510, 16)

Während bspw. für Frau Schmidt das vorherrschende Muster des Arbeitshandelns ‚Verausgabung und Herausforderung' als Entfaltung der eigenen Kräfte ist, geht es Frau Gerke stärker um ‚Bewältigung' im Sinne der Meisterung und Vereinbarung der gestellten, nicht so sehr selbst gewählten Anforderungen. Mit dieser eher extrinsischen Arbeitsmotivation geht ein klarer Realitätssinn einher, der sie sowohl vor übersteigerten Erwartungen hinsichtlich eigener betrieblicher Entwicklungsoptionen, als auch vor zu geringem Engagement beim Kampf um den Erhalt und die Stabilisierung der betrieblichen Position schützt. Dies wird deutlich an ihrer Entscheidung, sich bei Gründung des Geschäftsbereichs Personenbahnhöfe 1994 aus dem Personalmehrbestand heraus umgehend in diesen expandierenden Geschäftsbereich zu bewerben:

„Es war eine Chance (in den GB Personenbahnhöfe zu wechseln, SV), die mir geboten wurde. Ich habe sie genutzt und ich muß sagen, ich war auch recht zufrieden."(510,·5)

Zusammenfassend läßt sich ihre Erwerbsorientierung als Balanceakt zwischen Erwerb und Familie unter dem Primat des privaten Bereichs beschreiben. Es geht ihr darum, beide Bereiche parallel gut, respektabel und solide „in eine Reihe zu kriegen".

## *Zielorientierung 'Lebensweltliche und berufliche Stabilität'*

Frau Schumanns Ansprüche an eine befriedigende Erwerbsarbeit lassen sich vielleicht am treffendsten mit dem Motto ‚leben und leben lassen' beschreiben. Im Gegensatz zu ihrer jetzigen unsicheren Springerposition wünscht sie sich einen Arbeitsplatz, der einige ihrer Grundbedürfnisse absichert. Um ein geselliges Miteinander mit anderen in der Freizeit auch leben zu können, möchte sie ungern weiterhin in Schicht arbeiten. Ihre beruflichen Wünsche zielen auf eine zumindest mittelfristige Arbeitsplatzsicherheit sowie auf die Planbarkeit von Arbeitszeit und Arbeitsort. Frau Schumann möchte sich ‚einrichten', sowohl im privaten, als auch im Arbeitsbereich. Wenn sie Kraft und Energie in ein Arbeitsteam investieren soll, so fordert sie auch Gewißheit über ihre Verweildauer an diesem Arbeitsplatz:

„Und vor allen Dingen, man fängt da ja komplett neu an. Ich meine, hier in UD, in dem Arbeitsteam habe ich mich auch eingefuchst, aber ich weiß es nicht. Vielleicht hat man Glück, daß ich es vielleicht noch zwei, drei Jahre schaffe. Ich lasse es einfach auf mich zukommen." (507, 31)

Arbeitsinhaltlich scheint Frau Schumann kein spezifisches Interesse zu haben. Sie möchte anderen helfen und etwas Abwechslung haben; wichtig ist ihr der Zusammenhalt und das Arbeitsklima im Team. Sie strebt keinen beruflichen Aufstieg, sondern vielmehr eine solide, sichere Erwerbstätigkeit, die keine übermäßige Verausgabung und kein ‚zusätzliches' Engagement fordert, an:

„Was ich gern machen würde? Arbeiten gehen. Sicher sein, daß man den Arbeitsplatz behält." (507, 38)

Fraglich ist jedoch, ob sie mit dieser Orientierung genug Ressourcen im Kampf um den Verbleib im Erwerbsbereich einbringen kann, ohne sich außerordentlich berufs- und /oder ortsmobil zeigen zu müssen. Eine stabilere

Berufsentwicklung scheint darüber hinaus eher mit der Notwendigkeit einer spezialisierten höheren Qualifizierung (vgl. Nickel/Schenk 1998) verbunden zu sein. Über eine Weiterqualifizierung denkt Frau Schumann jedoch stärker außerhalb des betrieblichen Feldes der Bahn nach. Sie möchte - sind bei der DB AG berufliche Perspektiven verstellt - Umschulungsangebote in Anspruch nehmen, um ihren festen Lebensrahmen nicht verändern zu müssen:

„Ich sage ganz ehrlich, wenn es wirklich zum Dezember heißen sollte, wir brauchen Sie nicht mehr, dann werde ich mich erstmal auf dem Arbeitsamt richtig sachkundig machen, was es denn da noch gibt.(...) Vielleicht, daß man irgendeine Umschulung macht als Florist..." (507, 36)

## 6. Das Mitgebrachte - spezifische Ressourcen von Ostfrauen?

Alle fünf hier vorgestellten Frauen greifen in ihrer Selbstbeschreibung auf ihre Identität als Ostdeutsche zurück. Dabei wird ‚die Westfrau' zur Negativfolie, deren prekäre Situation sich in einer ungleichgewichtigen Partnerschaft, in ihrer begrenzten Belastbarkeit und ihrem häufigen ‚Nur-Hausfrauen-Dasein' zeigt; ‚Ostfrauen' hingegen sind robuster, verbinden Erwerbstätigkeit mit Mutterschaft und lassen sich vom Partner nicht die Butter vom Brot nehmen. Eindrucksvoll charakterisiert Frau Weiß als eine Art Selbstbeschreibung das typische Ostkind:

„Die sind nicht krank, kränkeln nicht so oft, was man so auch zum West-Kind unterscheiden kann und irgendwie sind wir ... fleißiger ist jetzt falsch gesagt, aber was früher eine West-Frau mit ihrem Haushalt war und ihrem Kind und sich voll ausgelastet fühlt, also das haben wir Frauen nebenbei gemacht und das ist heute noch so. Auch der Ost-Mann oder die Ost-Partnerschaft, da hilft der Mann mehr. Vielleicht sehe ich das nur so, ich denke mir mal, daß da mehr zusammen gemacht wird." (517, 24-25)

Gerade hinsichtlich der Fürsorgearbeiten gegenüber Kindern zeigt sich ein anderes, der früheren DDR-Realität geschuldetes Verständnis von gesellschaftlicher Zuständigkeit, das sich mit der (west-)deutschen Privatisierung der Betreuungsarbeiten reibt. Im Gegensatz zur früher praktizierten Kinderversorgung „nebenbei" in der Mischform zwischen familiärer und öffentlicher Verantwortlichkeit, sehen sich jetzt viele Ost-Frauen durch das Wegbrechen von Krippen- und Hortplätzen oftmals an den Rand ihrer alltäglichen Vereinbarkeitsarrangements gebracht. Zwei befragte Frauen, die einen breiteren Überblick über Personalentwicklungen haben (Frau Heinrichs und Frau Schmidt), konstatieren bereits übereinstimmend eine veränderte Vereinbarkeitspraxis bei jungen Ostfrauen. Es gäbe eine neue Art von Familienplanung. Das Verschieben der Mutterschaft auf einen späteren Zeitpunkt hänge dabei nicht nur mit beruflichen Karriereambitionen oder der Furcht vor Arbeitslosigkeit zusammen. Mutterschaft ohne gleichzeitige Erwerbsarbeit würde darüber hinaus - so die Befürchtung - die Geschlechterbeziehungen zuungunsten von Frauen verschieben. Das Westmodell des männlichen Familienernährers verfehle nämlich nicht nur die ökonomische Realität geringerer Einkommen und männlicher Erwerbslosigkeit in Ostdeutschland, es befände sich momentan auch noch jenseits bisher gelebter Geschlechterarrangements:

„Ich kann mich nicht schützen (vor Erwerbslosigkeit, SV). Es kann jeden von uns treffen und ich glaube, das spielt eine Rolle und da spielen Ängstlichkeiten mehr mit rein als in der Familienplanung in den alten Bundesländern, wo vielleicht auch manches, ich muß es immer wieder sagen, auch historisch anders gewachsen ist. (...) Und manche Männer in den neuen Bundesländern waren ja nicht der Ernährer der Familie. Da war das gar nicht wichtig, wer der Ernährer der Familie war, nicht." (Frau Schmidt, 504, 54)

In den Interviews der vier ‚älteren' Frauen zeigt sich weiter ihr Stolz auf das bereits zu DDR-Zeiten Erbrachte. So stand den zwar gesicherten, aber beengenden Lebenslaufbahnen und der festgefahrenen Bürokratie in der DDR zugleich die alltägliche Notwendigkeit zu unkonventionellen Lösungen und ‚Bewältigungsinnovationen' gegenüber, die sie - so die Frauen - für das gegenwärtige ‚Leben in der (betrieblichen) Umstrukturierung' gut ausgestattet haben. Insofern erweisen sich die in der DDR erworbenen Kompetenzen als durchaus ‚passfähig' für das Handeln auf dem gewandelten betrieblichen ‚Spielfeld':

„Das ist im Prinzip auch wieder, was man halt eben früher versucht hat zu machen, versucht man heute genauso. Und man versucht die Dinge, die unmöglich sind, halt eben doch irgendwie, daß es geht, daß es klappt und wie eine Art Flicken." (Frau Weiß, 517, 4)

Die befragten Frauen können auf früher eingeübte und erfolgreich praktizierte Handlungsmuster zurückgreifen. Eine Tatsache, die ihnen eine selbstbewußte und weniger defensive Aneignung des neuen Handlungsrahmens im fusionierten Unternehmen ermöglicht, obgleich damit durchaus nicht für alle Frauen berufliche Aufstiegsoptionen verbunden oder auch nur von ihnen gewollt sind. Für Frauen mit ambitionierten Berufsvorstellungen bieten die neuen Bedingungen zunächst positive Herausforderungen und ein Ausleben von in DDR-Zeiten eher gebremsten Energien und Potentialen:

„Was ich mitgebracht habe und was ich mir erhalten habe und was eigentlich, muß ich noch mal sagen, nach der Wende erst so richtig anerkannt worden ist und (höher, SV) geschätzt als zu DDR-Zeiten, das war Kreativität und Leistungswille. Und ich glaube nicht, daß ich da überheblich bin, wenn ich sage, daß das das Entscheidende war. Also dieser Umgang, also aus der Situation was machen, mich nicht zufrieden geben mit dem, also wie es bisher gewesen ist, sondern nach Möglichkeit möglichst schnell und möglichst gründlich etwas zu ändern, oder was aufzubauen."(Frau Schmidt, 504, 8)

Während die hier befragten ostdeutschen Frauen trotz aller zeitweiligen Überlastung durch verschiedenste Qualifizierungsanstrengungen nach der

Wende feststellen, daß auch unter den neuen Bedingungen ‚nur mit Wasser gekocht wird' und sie - gelegentlicher westlicher Überheblichkeit zum Trotz - sich mit ihren früher erworbenen Kompetenzen durchaus behaupten können, hat sich angesichts der neuen betrieblichen und gesellschaftlichen Bedingungen der Umgang unter den ArbeitskollegInnen tiefgreifend verändert. Mit den gestiegenen Entfaltungsmöglichkeiten steigt die Konkurrenz untereinander, setzen soziale Differenzierungsprozesse ein, bei denen sich vor allem *der*(die)jenige behauptet, *der*(die) den privaten Ballast familiärer Verpflichtungen außen vor lassen kann, ohne daß angemessene gesellschaftliche Regelungen zur Entlastung vorhanden wären. Chancen verbinden sich jedoch nicht mit der frei verfügbaren Arbeitskraft als solcher, sondern gleichzeitig gilt eine entsprechend hohe Qualifikation (über dem FacharbeiterIn-Abschluß, vgl. Nickel/Schenk 1998) als Eingangstor zu annähernd stabilen Erwerbspositionen.

Die positive Kehrseite der gestiegenen Konkurrenz, also die größere ‚befreiende' Sachlichkeit und Sachbezogenheit im Arbeitsprozeß lassen oftmals den kollegialen Austausch über konkrete Arbeitsinhalte hinaus verschwinden. Hierfür ist angesichts der erhöhten Arbeitsintensität weder Zeit noch der Ort, an dem etwa private Problemlagen thematisiert werden. Die für die DDR typische Verzahnung von privatem und Erwerbsbereich im Alltagshandeln hat sich in die strikte Trennung beider Praxisfelder gewandelt.

## 7. Ostfrauen im betrieblichen Transformationsprozeß - zunehmende Differenzierungen und eigensinnige Selbstverortungen

Die umfassenden Reorganisationsprozesse, die das Unternehmen Deutsche Bahn AG gegenwärtig bestimmen, lassen sich aus der Perspektive der (weiblichen) Beschäftigten als Dynamisierung und Neustrukturierung betrieblicher Gelegenheitsstrukturen charakterisieren. Anhand der Analyse von fünf ausgewählten Mitarbeiterinnen-Interviews ging es mir darum, Handlungsoptionen und -schranken in den Blick zu bekommen, die aus dem Zusammenspiel zwischen individuell unterschiedlichen Erwerbsorientierungen und Lebensarrangements einerseits und in Bewegung geratenen betrieblichen Anforderungsstrukturen andererseits erwachsen.

Dabei läßt sich für alle befragten Ostfrauen erstens festhalten: trotz gesellschaftlich erschwerter Bedingungen zur Vereinbarkeit von Erwerbs- und Privat- (vor allem familiärer) Sphäre bestehen die Frauen auf der *Fortführung ihrer eigenständigen Erwerbsarbeit*. Die DDR als spezifischer gesellschaftlicher Hintergrund fungiert in diesen Zusammenhang einmal als Raum, in dem berufliche Spezialisierungen gerade im Dienstleistungsbereich sehr begrenzt waren, individualisierte Lebensentwürfe von Frauen ‚begradigt', Aufstiegsaspirationen und intrinsische Arbeitsmotivationen häufig ‚enttäuscht' wurden; sie stellte jedoch gleichzeitig ein Möglichkeitsfeld dar, in dem Frauen - auch ‚unfreiwilligerweise' - eine Vereinbarkeit von Familie und Vollerwerbstätigkeit ebenso wie ein spezifisches Mischarrangement zwischen Öffentlichem und ‚Privatem' leben konnten. Insofern verfügen drei[16] der hier vorgestellten Frauen nicht nur über eine gelebte Praxis der Parallelität von Erwerbs- und Familienarbeit, sie haben es auch in der bewegten ‚Nachwendezeit' geschafft, weiterhin an einem - veränderten - Arbeitsplatz präsent zu bleiben.

Unter den gegenwärtigen Bedingungen setzen sich zweitens zunehmend *Differenzierungsprozesse* durch, und dies in zweifacher Hinsicht: zum einen fächert sich das berufliche Tätigkeitsfeld auf. Mit der unternehmensseitigen Dienstleistungsoffensive eröffnen sich nicht nur vielfältigere und anspruchsvollere Tätigkeitsbereiche, darüber hinaus werden betriebliche Hierarchien neu etabliert bzw. neu geschnitten, mit bisher nicht dagewesenen Kompetenzen ausgestattet. Dies zeigt sich bspw. in der Position der Bahnhofsmanagerin. Dabei konturiert sich eine Differenzierungslinie zwischen Leitungsposten mit konzeptionellen Funktionen und dispositiven Tätigkeiten auf mittlerer Hierarchieebene einerseits und den kundenintensiven Servicebereichen der niedrig qualifizierten ‚Jedefrautätigkeiten' andererseits. *Mit diesen unterschiedlichen Tätigkeitssegmenten verbinden sich gleichzeitig Möglichkeiten (oder auch Barrieren) für einen beruflichen Aufstieg und für die Inanspruchnahme von betrieblichen Qualifizierungsmaßnahmen.* Damit sind die Gelegenheitsstrukturen für das erwerbsbezogene Handeln der Frauen je nach Position betrieblicherseits spezifisch vorstrukturiert.

Zugleich stellen die unterschiedlichen Erwerbsorientierungen und konkreten Lebensarrangements Ressourcen oder Hindernisse zur Verankerung im Betrieb dar. Jugend oder familiäre ‚Ungebundenheit' allein erweisen sich nicht als hinreichend, um den eigenen Gestaltungsraum im betrieblichen Feld zu erweitern. *Vielmehr steht die gesamte ‚Lebenskomposition', das Verhältnis der Sphären zueinander auf dem Prüfstand.* So geht eine - in welchem Maß auch immer ‚freiwillige' - Prioritätensetzung zugunsten des ‚privaten' außerbetrieblichen Bereichs mit wachsenden Friktionen mit der Erwerbssphäre (etwa bezogen auf Schichtarbeit oder die Teilnahme an Zusatzqualifizierungen) einher. Neben einer *hohen* Qualifikation ist damit vor allem das Vermögen angesprochen, den eigenen beruflichen Entwicklungspfad aktiv, interessenorientiert und unter Bezugnahme auf betriebliche Anforderungen auszugestalten. Spielräume ergeben sich hierbei über eine arbeitsmarktkon-

---

16  Frau Schumann als Jüngste des Samples begann ihre Ausbildung bei der Deutschen Reichsbahn erst nach der Vereinigung. Frau Weiß war zwar bereits zu DDR-Zeiten erwerbstätig, sie ist jedoch bis heute kinderlos, so daß sich die angesprochene Vereinbarkeitsproblematik für sie (noch) nicht gestellt hat.

forme, nämlich zeitlich entlastende Organisation der Reproduktionssphäre. Insbesondere von familiären Betreuungsarbeiten gilt es, sich zu ein Stück weit zu ‚befreien'. Und da dies wenig sozialpolitische Unterstützung erfährt, sind (in aller Regel) die Frauen auf das - individuelle - Durchsetzen partnerschaftlicher, arbeitsteiliger Arrangements zwischen den Geschlechtern angewiesen (vgl. Krüger 1995: 214). Dies gelingt eher jenen - ‚älteren' - Frauen, die die ‚Familienphase' bereits durchlaufen *und* eine entsprechend hohe Qualifikation erworben haben.

Darüber hinaus fordert die Erwerbsarbeit als solche von den Frauen in stärkerem Maße *Eigeninitiative* ab. Die betrieblichen Umstrukturierungsprozesse bedeuten ja gerade für höhere Berufspositionen, die Gestaltungsoffenheit auch zu nutzen und im Sinne des *SelbstunternehmerInnentums* aktiv auszufüllen, d.h. den betrieblichen Prozessen die eigene ‚Handschrift' zu verleihen und quasi in Eigenregie den beruflichen Entwicklungspfad zu vermessen. Und auch die längerfristige Präsenz in niedriger qualifizierten Segmenten ist kein Selbstläufer: sie verbindet sich im Servicebereich mit der Bereitschaft, sich immer wieder in neue Arbeitsrhythmen und -teams (zeitliche und örtliche Mobilität) einzufinden. Um zusammenzufassen: Alle hier vorgestellten Frauen ‚haben' nicht einfach ihren Arbeitsplatz, sie sind gezwungen, sich immer wieder - erneut - zu und in den betrieblichen Umgestaltungen zu verhalten und zu verorten.

Hier zeigt sich drittens eine Art von Eigensinnigkeit der Frauen, wenn sie auf eine *eigene Definition des Stellenwerts und des ‚Sinnes' von Erwerbsarbeit* bestehen, die nicht nahtlos in der Logik der betrieblichen Anforderungen aufgeht. Dieses Festhalten an einem Stück ‚Definitionsgewalt' bedeutet, die Vorstellungen von dem eigenen Leben nicht ganz und gar den (Arbeits-)Markterfordernissen zu unterwerfen. Energien und hohe Arbeitsmotivationen werden dann freigesetzt, wenn es den Frauen gelingt, durch das Anknüpfen an subjektive Sinnbezüge und durch die Wahrnehmung eigener Interessen die Dynamik betrieblicher Prozesse produktiv aufzunehmen. Es verschärfen sich dagegen mitunter erwerbsbezogene Problemlagen, wenn die Lebensorientierungen und Unternehmensansprüche zunehmend auseinanderklaffen und die betrieblichen Gelegenheitsstrukturen lediglich als Konfliktstrukturen erfahren werden.

## Literatur

Dietzsch, Ina/ Dölling, Irene 1996: Selbstverständlichkeiten im biografischen Konzept ostdeutscher Frauen. Ein Vergleich 1990-1994, in: Berliner Debatte INITIAL 2/1996, S. 11-20

Hüning, Hasko/ Nickel, Hildegard Maria 1996: Großbetriebliche Dienstleistungen. Rascher Aufbau und harte Konsolidierung, in: Lutz/Nickel/Schmidt/Sorge (Hg.). Arbeit, Arbeitsmarkt und Betriebe, Opladen, S. 297-346

Kempe, Wolfram 1998: Hohe Erwerbsbereitschaft ostdeutscher Frauen unabhängig vom Einkommensniveau, in: Institut für Wirtschaftsforschung Halle (Hg.). Wirtschaft im Wandel, 1/1998, S. 20-25

Krüger, Helga 1995: Dominanzen im Geschlechterverhältnis, in: Becker-Schmidt/ Knapp (Hg.), Das Geschlechterverhältnis als Gegenstand der Sozialwissenschaften, Frankfurt am Main, S. 163-194

Nickel, Hildegard Maria/ Schenk, Sabine 1998: Transformationsprozesse in Deutschland: Geschlechterverhältnisse - Frauenerwerbsarbeit - Familienstrukturen in den neuen Bundesländern, in: Zukunftskommission der Friedrich-Ebert-Stiftung. Wirtschaftliche Leistungsfähigkeit, sozialer Zusammenhalt, ökologische Nachhaltigkeit. Drei Ziele - ein Weg. Bonn, S. 309-335

## AutorInnen und HerausgeberInnen

*Sabine Gensior*, Prof. Dr. rer.pol., Brandenburgische Technische Universität (BTU) Cottbus, Lehrstuhl Industriesoziologie, Arbeitsschwerpunkte: Frauenspezifischer Arbeitsmarkt, Technikentwicklung, Sozial- und Bildungspolitik

*Hasko Hüning*, Dipl. Pol., Freie Universität Berlin, Fachbereich Politik- und Sozialwissenschaften, Otto-Suhr-Institut für Politikwissenschaft, Forschungsstelle Transformation und Interdependenz (TRAIN), Arbeitsschwerpunkte: DDR- und Deutschlandforschung, Transformationsprozesse ökonomischsozialer Strukturen und Parteien

*Gudrun-Axeli Knapp*, Prof. Dr., Psychologisches Institut der Universität Hannover, Arbeitsschwerpunkte: Sozialpsychologie des Geschlechterverhältnisses, Feministische Theorie und Methodologie, Machttheorien.

*Alexandra Manske*, M.A., Arbeitsschwerpunkte: Arbeitsmarktpolitik, Geschlechterverhältnisse, betriebliche Transformationsprozesse

*Hanna Meißner*, Dipl. Soz., Arbeitsschwerpunkte: Industriesoziologie und Geschlechterverhältnisse, betriebliche Transformationsprozesse

*Ursula Müller*, Prof. Dr., Universität Bielefeld, Fakultät für Soziologie, Professorin für Sozialwissenschaftliche Frauenforschung und Leiterin des Interdisziplinären Frauenforschungs-Zentrums der Universität Bielefeld, Arbeitsschwerpunkte: Geschlecht und Organisation, Theorie und Methodologie der Frauenforschung, geschlechtsspezifische Arbeitsteilung, Industriesoziologie, berufl. Bildung, Geschlechterbeziehungen, Sexismus im Alltag

*Hildegard Maria Nickel*, Prof. Dr., Humboldt-Universität zu Berlin, Philosophische Fakultät III, Institut für Sozialwissenschaften, Lehrbereichsleiterin Soziologie der Arbeit und Geschlechterverhältnisse und wissenschaftliche Leiterin des Zentrums für interdisziplinäre Frauenforschung (ZiF) der Humboldt-Universität zu Berlin, Arbeitsschwerpunkte: Soziologie der Geschlechterverhältnisse, Frauenerwerbsarbeit, Wandel von Arbeit, gesellschaftliche und betriebliche Transformationsprozesse

*Iris Peinl*, Dr. phil., Humboldt-Universität zu Berlin, Philosophische Fakultät III, Institut für Sozialwissenschaften, wissenschaftliche Assistentin am Lehrbereich Soziologie der Arbeit und Geschlechterverhältnisse, Arbeitsschwerpunkte: gesellschaftliche Transformationen, betriebliche Reorganisationen, Restrukturierungsprozesse von Geschlechterverhältnissen

*Sigrid Quack,* Dr., Wissenschaftszentrum Berlin für Sozialforschung (WZB), Forschungsschwerpunkt I, Arbeitsmarkt und Beschäftigung, Abteilung Organisation und Beschäftigung,

*Ursula Rabe-Kleberg,* Prof. Dr., Martin-Luther-Universität Halle-Wittenberg, Fachbereich Erziehungswissenschaften, Institut für Pädagogik, Arbeitsschwerpunkte: Berufs- und Bildungssoziologie, insbesondere das Verhältnis von Arbeit, Bildung, Geschlecht, traditionelle Frauenberufe, Care-Soziologie, Professionstheorie

*Ulrike Stodt,* Dipl. Soz., Industriesoziologie und Geschlechterverhältnisse, Arbeitsmarkt und Tertiarisierung

*Susanne Völker,* M.A., Humboldt-Universität zu Berlin, Philosophische Fakultät III, Institut für Sozialwissenschaften, wissenschaftliche Mitarbeiterin am Lehrbereich Soziologie der Arbeit und Geschlechterverhältnisse, Arbeitsschwerpunkte: Theorie und Empirie zum Habitus-Feld-Konzept, zum Zusammenhang zwischen Habitus-Dispositionen und gesellschaftlichen Ungleichheitsstrukturen wie Geschlecht und Herkunft, Arbeits- und Erwerbsorientierungen